ヴェーバー経済社会学
への接近

小林 純

日本経済評論社

はしがき

　本書はマックス・ヴェーバーの「経済社会学」の入口までの道のりをたどったものである．ヴェーバー社会科学の方法では欠かせぬ理念型について，時代の文脈でまずおさえ，社会・歴史観については「文化諸領域の固有法則性」をキーワードとしてまとめてみた．そして経済学者ヴェーバーという像を彼のGdS編集作業にそくして描いた．後半では，肝心の経済社会学についてその中身の充分な消化はできていないが，ヴェーバー晩年の関心のおもむくところから見て重要な論点を取り出し，「社会学」の名のもとに提示されたはずの「意味問題」という観点から解釈を付してみた．併せて，ヴェーバーが問題とした論点について，その後の批判的継承という観点からみて，現在の筆者の視野に入ってきたノイラートとポラーニの議論を取り上げた．

　この作業にあたり，近年の研究のあり方について感じたこと，また本書の構成について，以下，簡単に記しておく．

1．大塚久雄編『マックス・ヴェーバー研究』（東京大学出版会，1965年）と橋本努・橋本直人・矢野善郎編『マックス・ヴェーバーの新世紀』（未來社，2000年）の2冊の書物は，この35年の間に日本のヴェーバー研究の状況がどれだけ変化したかをよく物語っている．後者の「はじめに」では，この変化を主体的に受け止めた編者の狙いが端的にこう記された．「ヴェーバーをめぐる討論の意義は，学問領域の越境にある．……私たちは，ヴェーバー研究を一つの領域を超えた討議の土俵として位置づけることを狙っている．」

　個別分野の研究が進んでくると，ヴェーバーの知見が「古くさく」なったり，それまで看過されてきた部分に新たな光を投じることになったり，あるいは再評価がいわれたりする．これはヴェーバーに限らず，一般的に言えることではある．それにしても経済領域でヴェーバーが扱われることがあまりなくなった，

という傾向は目につく．そしてヴェーバー研究が社会学とされる分野での作業であるかのようになった．

　科学論，行為論など社会科学諸分野にまたがる研究を「社会学」が受け持ってくれている．ヴェーバー自身が「社会学」の呼称を用いたから，とも言える．ただ，経済学領域でのヴェーバーのプレゼンスが圧倒的に減少したのは事実である．ほんとうに「乗り越えられた」のであれば，ヴェーバー自身の望みにかなってもおり，それは健全なことだ．ただしそのことは経済学の歴史のなかに書き込まれていたほうがよいだろう．

　学問領域を越境する討議の促進にヴェーバーが役立つのであれば，それは結構なことだ．面倒なのは，越境する議論の提出のさいに，議論の素材が，それ自体なんらかの分野に属しているであろうこと．その分野に通暁していなければ「越境」の意義は理解できないし，次に「越境」の検討は，少なくとも二つ以上の分野に通暁していなければ，まともには行うことができない．そうでないと，ディレッタントのおしゃべりに堕すほかはない．こうして，さきに「討議の土俵」とされたことの積極的な意味がはっきりする．つまり，一人でヴェーバー研究を行うことには「そもそも」大きな限界がある，ということだ．いまヴェーバー研究は，このことを自覚して行われねばならない．

　ただ，これがまた簡単ではないようだ．とくに若い方は，ヴェーバーについての論文・著書があるからといって，どこかの大学に社会学で，あるいは経済学で職を得ることが出来るわけではない．いきおい自分をある分野の専門家として見せなければ，という強い欲求にかられる．経済学のモデルではないが，自分で理解可能なテキスト部分を，個別分野の論理で加工して汎用モデルにしたてて，そこからはみ出ることは「見ない（扱わない）」か，事実（説明されるべきこと）の方が間違っているとしてしまうか，となる．私は，最近のヴェーバー研究の「言説」がやや荒れているという感想を持つが，こうした事情も影響しているのではないだろうか．

　さてその上で，一人でもやれる作業はたくさんあり，その位置づけには協働が可能である，という常識的な見方の優位さを確認したい．

2．経済学史・思想史の領域から討議にどう参加するか，と考えてみる．あまりやられていないが，これは比較的容易なはずである．ヴェーバー自身が経済学の教授だったから．そこで本書では，ヴェーバーが「方法論争」の架橋を意識したであろうことを受け，論争の双方の論点を見直し，さらに双方の参加する経済学教科書の編集過程を追う章を設けた．理念型をめぐる議論と GdS 編集作業である（第Ⅲ・Ⅳ章）．また最近でも扱われることの少ない『経済と社会』第2章のいわゆる「経済社会学」章のごく一部を考察した（第Ⅴ章）．当然ながら経済領域は一つの文化領域にすぎず，したがってヴェーバー独特の文化諸領域の関係づけの理解が前提になる．代表作の「プロテスタンティズムの倫理と資本主義の精神」論文が「経済と宗教」の関連を扱ったものなので，これを素材にヴェーバーの社会・歴史観をやや平易に説明し，筆者の基本的なヴェーバー理解をまず示しておいた（第Ⅱ章）．さらに代表作にして遺作の『経済と社会』では「社会学」という形式が採られる必要のあったことを，ヴェーバーの狙いに即して考察してみた（第Ⅴ章）．そしてその「社会学」が意味問題提起に適した形式であることを少し具体的に考察したが，その結果，40年以上も前の論争に口をはさむことにもなってしまった（第Ⅵ章）．冒頭には研究史・文献サーヴェイをおき（第Ⅰ章），末尾には関連する書評6本を収めた．ヴェーバー研究それ自体に興味のない方は第Ⅱ章から読んでいただければ有り難い．

3．第Ⅰ章では，ヴェーバー研究を，テキストの真意探りと応用研究とに分けてみることにした．双方が支えあうという構図になろうという当たり前の結論になっている．経済思想史分野を中心にしたが，法や社会学分野でも重要と思われるものは拾っておいた．

　第Ⅱ章は，いわばヴェーバー社会科学入門である．「倫理」論文の基本命題を説明し，そこから宗教社会学の構想までを先行研究に依りながら描いてみた．ヴェーバーの社会・歴史観を理解するためには「文化諸領域の固有法則性」という考え方が重要だと考えているので，それを宗教に即して記した．それにし

ても，学生時代からお世話になっている大塚久雄『社会科学の方法』（岩波新書）は水準が高い，と改めて実感した．

　第Ⅲ章では，古典的な「自然科学対精神科学」という科学観を出発点に，ヴェーバーの言説の土俵についてまず理解し，歴史科学の概念構成論までをたどり，理念型論に対するシェルティンクの早期の批判的考察を取り上げて，方法論争をうけて理念型が提起されたといえる面を強調した．

　第Ⅳ章は GdS の編集作業を全集の書簡で追ってみた．この章は，編集についての研究が40年以上前の住谷一彦の論稿以来放っておかれた，ということでは多少の存在価値があろう．ただし公刊資料のみの利用であり，目新しい論点はない．経済学者ヴェーバーであったればこその事業であったという，これも常識的な結論である．

　第Ⅴ章では，中野敏男『マックス・ウェーバーと現代』（1983）とナウ（Nau, *Eine "Wissenschaft von Menschen"*, 1997）に刺激を受けて，前半では，概念論（社会的行為の類型）から「価値への自由」の契機を読みとる作法と，後半では，経済現象の扱い方を第Ⅱ章での一般論にとどまらずに，資本主義や社会主義にまであてはめる試みを記した．後者では，ディーツェルの議論への反応としてヴェーバーの議論が読める，という経済思想史的に面白い局面に光を当てたつもりである．勤務先の演習授業で学生と一緒にスウェドボリ（Swedberg, *Max Weber and the Idea of Economic Sociology*, 1998）の全訳をつくって読んだこともいい準備作業になっている．

　第Ⅵ章は前掲の中野の書の刺激のままにヴェーバーを見ていった先に出てきたものである．ヴェーバーは「社会学」で自由の余地を探っている，という結論．それだけならありふれた結論であるが，筆者としてはヴェーバーの資本主義認識を少しだけ身近に感じることができた．「蘇る価値合理性」とでも題したい気持ちになった．1960年代に議論された「整合合理性」（1913年）概念が1920年では「形式合理性と実質合理性」に解消（？）されたのではないか，と問題提起しておいた．

　第Ⅶ章はまだ試論である．1920年代にヴィーンにいた二人の人物の思想をヴ

ェーバー経済社会学の「批判と継承」という観点で取りあげてみた．ヴェーバーに批判されたノイラートが実物経済・実物計算論で「実質合理性」を受け継いでいること，ポラーニの「経済を社会に埋め戻す」という考え方がまさしく「文化諸領域」の構図に重なり，専属概念への着目が非市場型を含む財配分の類型構成に導いたこと，を述べた．ポラーニの「経済史」講義準備はヴェーバーの批判的継承そのものであったのだ．ノイラート＝ポラーニの「実質合理性」継承関係は，そう述べる論者はいるのだが，きちんと立証されているわけではない．

4．こうしてみると，いかに「経済社会学」章が読まれてこなかったかということに驚く．多くの社会学者が『経済と社会』戦前草稿群（第2部）の検討にむかっていった．ヴェーバー自身の出版とみなしてもよい新稿（「第一部」）の検討は比較的遅れていた．その第2章「経済社会学」が富永健一訳で容易に接近可能となってはいたのだが，ここでは（いろんなことを勘案して，主体的にことを受け止めてみると）まず自身の怠慢を反省するほかはないであろう．今回，外側の形式的な検討と，いくつかの文言および概念の検討とによって，ヴェーバー経済社会学へのあり得る接近回路の一つを示したつもりである．第1次世界大戦後にヴェーバーが新稿を準備したとき，GdSの分冊形式の計画も当初のものからは変わったはずである．「経済社会学」章の形成を丁寧に探る作業は，全集の当該期の書簡集が出されるまで，もうしばらくお預けとなる．

　諸分野の研究成果が山ほど出されているが，それらに学びつつ，この領域はこの先も自分で続けていこうと思う．もう少し続ける意味はありそうだ，という感想をもった．研究者間の「有効な対話」の土俵の設定がなかなか困難な状況だが，その機会のあるときに，少しでも持参できるものを用意するため，まずは本書での成果をさらに整理することから始めたい．

目　次

はしがき　i

第Ⅰ章　ヴェーバー研究の現在 …………………………………… 1

1．研究史概観　1
2．「研究」の「現在」　8
3．真意探り　9
   (1) 社会経済学　9
   (2) 科学論　12
   (3) ニーチェ的契機　14
   (4) 『経済と社会』編纂問題　17
4．「利用」研究　18
   (1) 経済社会学　18
   (2) 歴史社会学　20
   (3) 社会理論　21
5．垣根と通底　24
   付：略年表　マックス・ヴェーバー（1864〜1920）の作品　26

第Ⅱ章　文化諸領域──宗教の場合── ……………………… 27

1．本章の課題　27
2．倫理命題　29
   (1) 資本主義の精神　29
   (2) ルターのベルーフ観念　33
   (3) 禁欲的プロテスタンティズムの職業倫理　35
3．倫理命題から宗教社会学へ　39

(1)　構想　39
　　　(2)　方法の問題(1)　社会科学的認識　43
　　　(3)　方法の問題(2)　経済と宗教　45
　　　(4)　基本的的関心　47

第Ⅲ章　理念型をめぐって……………………………………………53

　　1．本章の課題　53
　　2．「知る」ということ　54
　　　(1)　学問と科学　54
　　　(2)　歴史と自然科学　57
　　　(3)　文化科学と自然科学　58
　　　(4)　観点と概念構成　63
　　　(5)　ヴェーバーの関心　66
　　3．理念型をめぐって
　　　　　　──シェルティンクの批判を手がかりに──　68
　　　(1)　歴史的個体　68
　　　(2)　「方法論争」　70
　　　　①メンガー　70
　　　　②シュモラー　77
　　　(3)　小括　80

第Ⅳ章　GdS の編集……………………………………………87

　　1．はじめに　87
　　　(1)　本章の課題　87
　　　(2)　研究史　88
　　　(3)　作業手順　90
　　2．編集過程　91
　　　(1)　前史　91

(2) 転回　94
　　　(3) 前進と難航　95
　　　(4) 締切　102
　　　(5) タイトル　104
　　　(6) 横槍　106
　　3．詰めの作業　111
　　4．ヴェーバーの執筆部分について　115
　　　(1) 周辺事情　115
　　　(2) 現存稿についての理解　118
　　5．構想の実現過程　120
　　6．暫定的結論　122
　　　(1) 項目からみた意図　122
　　　(2) GdSの位置――結びにかえて――　124

第Ⅴ章　目的合理性と価値合理性――経済領域の合理化――……137
　　1．本章の課題　137
　　2．形式的合理化　138
　　　(1) 貨幣計算　139
　　　(2) 社会学――行為論の準拠枠――　145
　　　(3) 合理化のパラドクス　152
　　3．営利衝動――資本主義の精神――　155
　　　(1) 前史：ディーツェルの議論　155
　　　(2) 「客観性」と「倫理」　158
　　　(3) 社会主義の精神　161
　　4．小括　165

第Ⅵ章　自由のプロジェクト……………………………………169
　　1．本章の課題　169

2．クニース批判　171
　　　3．理解社会学の課題——経済社会学——　173
　　　　(1) 方法的個人主義　173
　　　　(2) 資本主義をあぶり出す　174
　　　　(3) 形式合理性と実質合理性(1)　180
　　　　(4) 形式合理性と実質合理性(2)　184
　　　　(補論) 社会的関係としての所有　188
　　　4．意味を問うこと　190
　　　5．課題としての自由のプロジェクト　194

第Ⅶ章　批判と受容——ノイラートとポラーニ——……………197
　　　1．ノイラート　197
　　　　(1) 経済計算　197
　　　　(2) 実質合理性　200
　　　2．ポラーニ　204
　　　　(1) 透明性の希求　204
　　　　(2) 形式的経済学批判　208

書　評
1．Wolfgang Schwentker, *Max Weber in Japan* ……………………215
2．スティーヴン・コールバーグ著『マックス・ヴェーバーの比較歴史社会学』………………………………………………222
3．橋本努＋橋本直人＋矢野善郎編
　『マックス・ヴェーバーの新世紀——変容する日本社会と認識の回転——』………………………………………………224
4．山之内靖著『日本の社会科学とヴェーバー体験』……………226
5．ヴェーバー関連書四冊…………………………………………230
6．Erik Grimmer-Solem, *The Rise of Historical Economics and Social Reform in Germany 1864-1894* ……………………………234

注　239
文献　253
あとがき　265
人名索引　275

第 I 章　ヴェーバー研究の現在

1. 研究史概観*

　ヴェーバーの活動・著作は多岐にわたっているが，そのそれぞれについて，どんな意図で行われたのか（解釈），その評価・批判をめぐって，またその応用・展開の実践，というこれまた多様なレベルで，しかも諸文化・言語圏で，「ヴェーバー研究」が営まれてきた．今ではヴェーバーの受容史が思想史の研究テーマになるほどである[1]．

　　*本節についてのみ注を節の末尾においた．筆者なりの先行研究の見方をテーマ別に概観できるよう，文献タイトルを示したいためである．

　日本のヴェーバー受容は，まずは経済学者に担われたという歴史がある．戦前日本では，ドイツ社会政策学会での価値判断論争や価値自由論が政策科学の可能性をめぐって検討された．ヴェーバーがドイツ歴史学派をいかに克服していったかということがかつて研究の中心的課題になっていた［出口編 1956］ように，経済学者ヴェーバーの方法論が取り上げられた．「客観性」論文（「社会科学と社会政策にかかわる認識の『客観性』」, 1904年）は，帰納法による歴史学派と演繹法によるオーストリア学派の間で行われた方法論争の両陣営に対する批判として読まれた．そして科学から価値判断を排したヴェーバーは価値中立性つまり価値自由な社会科学の提唱者だ，という像が確立してゆく．さらに，禁欲的プロテスタンティズム諸派の職業倫理が「資本主義の精神」の成立に因果的意義を有したという「倫理命題」や，市民的合理的資本主義の概念の

検討が，日本資本主義論争を念頭においた欧州経済史研究の中で行われていた[2]．労農派には価値判断を排除した理念型的な「資本」概念の構成，講座派には社会の個性的認識を目指す社会科学の希求，という親和的受容基盤が潜在的にあり，戦後の「宇野理論」と「大塚史学」の議論に繋がっている[3]．また戦時期には，日本のアジア進出・植民地経営に伴ってアジア社会論が検討された．さらに戦争準備体制への内面的忌避から，価値と科学の峻別という価値自由・価値中立性のよそおいのもとに自らの研究を継続したいという研究者の自覚的選択もそこに作用していたはずである．研究者としての存在根拠がさらに強く問われた動員体制（戦時）下から終戦直後の時期においては，日本の現実にいかに切り込むかという強烈な社会科学的・現実的な関心から，戦時経済の非合理性批判を意図する資本主義論・合理的官僚制論が検討され，ヴェーバーの著作から近代合理主義の特質とその推進的契機が取り上げられることにもなった[4]．

　この方向は戦後になるとさらにはっきり打ち出されたが，そこに，解禁となったマルクス主義の議論との対決・補完の諸様相が現われた．とくにこの時期には「人間論」の検討がさかんに行われた．一方ではヴェーバーの描く近代社会を支える人間像の希求からとくにエートス論が掘り下げられたが，他方，社会主義の側からは，資本主義を理想化し，没価値的科学を説くブルジョア的科学としてヴェーバーは批判された．レヴィットやヤスパースの著作は早くに邦訳されており，方法論と人間像への関心も戦前から続いていたが，戦後になると大量の研究が現われた．人間ヴェーバーを「倫理」論文に見られる禁欲的近代人とは区別する理解も出された[5]．

　個別領域では，50年代後半になると，経済史研究の脈絡で初期農政論の分析が進み，ドイツ歴史学派の批判者として取り上げられた[6]．これは社会科学・経済学方法論の検討と平行している．マルクス『諸形態』の紹介もあって，前近代社会・共同体論の研究も進み，『経済史』の新たな読み込みも行われた．方法ないし歴史・社会観に関していえば，ヴェーバーが発展段階論を排して，文化諸領域の緊張関係のうちに社会の歴史的展開を見ていたことが早くから指

摘されていた．こうしたヴェーバーの歴史・社会観については，日本の研究史はかなり厚い．マルクスの社会科学論と補完的に利用されたのも一つの特徴である[7]．

広く社会科学の土俵でみると，歴史学派を克服したヴェーバーは社会学の創設者の一人とされ，その著作も，資本主義成立史を扱う経済史家以外には主として社会学者に解読が委ねられる状況になってゆく．また歴史学派に対する否定的評価が定着する中で，ヴェーバーの経済学史での位置づけは決着がついたことと見えた．英語圏では，『経済史』の英訳書がいわば孤立的に出ていたが，その後，社会学者パーソンズがヴェーバーの行為論・多元的社会観を批判的に摂取して社会システム論を展開し，諸領域の機能関連を図式化する．そしてこれがヴェーバー理論の継承とされ，流布した［ベラー 1966］．ただし少し後にガース／ミルズ編のアンソロジー［Gerth and Mills eds. 1946］が出されたことがヴェーバー研究の本格化の礎石をなした観がある．その後，ベンディクスの書が出され，日本語訳も出て，広範囲でのヴェーバー認知がなされた[8]．受容に経済学者がかかわることはなく，システム論，紛争学派など社会学の諸潮流に応用，吸収された［コリンズ 1997：77-108］が，とくに紛争理論ではマルクスと相補的に摂取されていった．

その間，ヴェーバーの決断論的姿勢が「カリスマ」概念と結びつけられて，非合理的意思決定を擁護する面があったとの批判が，ナチズムを生んだことへの反省を込めて出された．この批判の系譜は後まで続く[9]．同様に，ナチの権力奪取の理論的擁護者カール・シュミットとワイマール憲法草案に大統領制の導入を図ったヴェーバーの関連を突く批判が出され，「モムゼン論争」が起こり，これにより政治思想研究が進んだが，論争自体は宙に浮いていた．後年ここから，カリスマ概念の深い検討と精神史研究が一方に，またワイマール末期の政治状況でヴェーバーの構想がどう機能しえたかという歴史的可能性判断の検討が他方に生まれた[10]．

思想家ヴェーバーの検討では，自由主義思想が決断論に向かい非合理主義に堕すという批判の系譜の一つとしてモムゼンの提起を位置づけることも可能で

ある．モムゼン自身は1960年代半ばにはヴェーバーの普遍史認識をテーマとするようになり，この視角から「合理化」論が取り上げられた．日本では「近代化」論とも重なり，伝統的社会から近代へという解放的要素が強調された．

歴史家ヴェーバーについては，西洋古代・中世史でも取り上げられてきたが，やはり「倫理」論文をめぐる研究が厚い．これはテーゼの立て方（方法の問題）から実証的な問題にまで多岐にわたっている．最近ではイギリス経済史にそくした研究から，修正テーゼも提起されている[11]．また「ロシア革命論」邦訳と併せ，ヴェーバーのロシア認識についての研究，さらにロシアにおけるヴェーバー受容の研究がこの間に急速に進み，手薄だった領域が開拓されている[12]．

ヴェーバーの重要な活動舞台が社会政策学会であったため，上述したように彼とこの学会の関係や，そこでの論争点であった価値判断論争や価値自由論は研究テーマとして戦前より取り上げられてきたが，ヴェーバー兄弟が深くかかわった工業労働調査は，日本の京浜労働調査のモデルでもあった[13]．ヴェーバーは政策指向の強い社会政策学会とは別に，ヨリ学問的な現実認識を求めてドイツ社会学会の旗揚げに深くコミットしたが，社会学ではこの局面の研究も進められ，また全集の書簡の部の刊行で情報量が増えた[14]．

次節にふれるヴェーバー研究の「現在」を劃する時期，すなわち1960年代末〜70年代初頭には，多様化した研究に見通しをつける作業が行われた．当時の高度成長のあり方への反省と公害問題の顕在化，そして経済学の新古典派総合や社会主義論としてのマルクス主義といった「正統」パラダイムの動揺という状況で，学生が自らの知的根拠を真摯に構築しようと模索した．このとき，「初期マルクス研究」と「ヴェーバー」の流行という現象が起こった．この時期の「ヴェーバー」は多分に（柳父章の表現を借りると）カセット効果をもったものであったかもしれぬが，それでも内容的には官僚制論が一つの焦点をなしたと言える．学生運動の中で馴染んだ組織論的認識は「ゼクテ」や「カリスマの日常化」概念の受容基盤となりえたし，望ましい人-人関係の探求はヴェーバーの支配社会学研究に向かうモーメントにもなった[15]．

全集編纂・出版を機に，主著とされた『経済と社会』の2部構成への批判が出され，マリアンネとヴィンケルマンの編纂方針が誤りであることは確定的となった．そこで，では『経済と社会』草稿群はどう編集されるべきか，またその主要問題はなにか，という課題が出てくる．またこの書が「社会経済学綱要」GdS の一分冊のため，他の寄稿者との任務分担や意見交換などの編集プロセスも関心対象となるが，これも全集で書簡が刊行され，かなり具体的に追うことができるようになった[16]．GdS がドイツ語圏経済学の世界での一大イベントであり，メンガー・シュモラー論争以降の経済学史的研究がヴェーバー研究を支える，という面は強調しておきたい[17]．

注

1. 『知の考古学　総特集／マックス・ウェーバーとその時代』第8・9合併号, 1976年.
    Erdelyi A. [1992]: *Max Weber in Amerika*. Passagen Verlag.
    Schwentker W. [1997]: *Max Weber in Japan*. Mohr.
2. 大河内一男 [1936]：『独逸社会政策思想史』.
    ウェーバー [1937]：戸田武雄訳『社会科学と価値判断の諸問題』有斐閣.
    内田芳明 [1972]：『ヴェーバーとマルクス』岩波書店.
3. 宇野弘蔵 [1966]：『社会科学の根本問題』青木書店.
    大塚久雄 [1969]：『大塚久雄著作集第3巻・第8巻』岩波書店.
4. 羽仁五郎 [1932]：『東洋に於ける資本主義の形成』岩波書店.
    青山秀夫 [1948] (1999)：『近代国民経済の構造』(『青山秀夫著作集4』創文社).
    山之内靖 [1999]：『日本の社会科学とヴェーバー体験』筑摩書房.
5. ヤスペルス [1942]：森昭訳『獨逸的精神マックス・ウェーバー』弘文堂.
    武藤光朗 [1947]：『マックス・ウェーバー』夏目書房.
    レヴィット [1949]：『ウェーバーとマルクス』弘文堂.
    林直道 [1952]：『マックス・ウェーバーの思想體系』青木書店.
    大塚久雄 [1969]：『大塚久雄著作集第8巻』岩波書店.
6. 出口勇蔵編 [1956]：『歴史学派の批判的展開』河出書房.
    大塚久雄 [1969]：『大塚久雄著作集第6巻・第9巻』岩波書店.
    住谷一彦 [1969]：『リストとヴェーバー――ドイツ資本主義分析の思想体系研

　　　　　究』未來社.

　　　山口和男［1974］:『ドイツ社会思想史研究』ミネルヴァ書房.

　　　田中真晴［2001］:『ウェーバー研究の諸論点──経済学史との関連で』未來社.

7. 青山秀夫［1950］:『マックス・ウエーバーの社会理論』岩波書店.

　　　金子榮一［1957］:『マックス・ウェーバー研究──比較研究としての社会学』創文社.

　　　出口勇蔵［1964］:『ウェーバーの経済学方法論』ミネルヴァ書房.

　　　内田芳明［1968］:『ヴェーバー社会科学の基礎研究』岩波書店.

　　　大塚久雄［1969］:『大塚久雄著作集第 7 巻』岩波書店.

8. Parsons T. [1937]: *Structure of Social Action*. Free Press.（邦訳1974-89.『社会的行為の構造』木鐸社)

　　　Gerth & Mills (ed.) [1946]: *From Max Weber. Essays in Sociology*. Oxford University Press.

　　　Bendix R. [1960]: *Max Weber*. Doubleday.（邦訳1966.『マックス・ヴェーバー』中央公論社)

9. Lukacs G. [1954]: *Zerstörung der Vernunft*.（邦訳1968.『理性の破壊』白水社)

　　　ハーバーマス［1970］:『イデオロギーとしての技術と科学』紀伊国屋書店（orig. 1968)

10. Mommsen W. [1959]: *Max Weber und die deutsche Politik 1890-1920*. Mohr.（2. Aufl. 1974. 第 2 版の邦訳1993-94)

　　　『思想 小特集〈M・ウェーバーと現代〉』1963年10月.

　　　佐野誠［1993］:『ヴェーバーとナチズムの間』名古屋大学出版会.

　　　雀部幸隆［2001］:『ウェーバーとワイマール』ミネルヴァ書房.

11. Winckelmann J. (Hrsg.) [1963]: *Die Protestantische Ethik II. Kritiken und Antikritiken*. Siebenstern.

　　　内田芳明［1970］:『マックス・ヴェーバーと古代史研究』岩波書店.

　　　岸田紀［1977］:『ジョン・ウェズリ研究』ミネルヴァ書房.

　　　田中豊治［1986］:『ヴェーバー都市論の射程』岩波書店.

　　　梅津順一［1989］:『近代経済人の宗教的根源』みすず書房.

　　　今関恒夫［1989］:『ピューリタニズムと近代市民社会』みすず書房.

　　　常行敏夫［1990］:『市民革命前夜のイギリス社会──ピューリタニズムの社会経済史』岩波書店.

　　　マルシャル［1996］:大西晴樹訳『プロテスタンティズムの倫理と資本主義の精

神——スコットランドにおけるウェーバー・テーゼの検証』すぐ書房.
梅津順一・諸田実編［1996］:『近代西欧の宗教と経済——歴史的研究』同文舘.
山本通［2004］:「M・ヴェーバーの『倫理』テーゼを修正する（上・中・下）」,神奈川大学『商経論叢』49-4, 50-1, 50-2.
12. 小島定［2000］:「二十世紀初頭のロシアにおけるマックス・ウェーバーの受容——現代ロシアの『ウェーバー・ルネサンス』との関連において」,『情況』7月号.
13. Lindenlaub D, [1967]: *Richtungskämpfe im Verein für Sozialpolitik*. Franz Steiner.
鼓肇雄［1971］:『マックス・ヴェーバーと労働問題』御茶の水書房.
中村貞二［1972］:『マックス・ヴェーバー研究』未來社.
小林純［1981］:「ドイツ機械制綿工業における労働力の編成と選択について」,『立教経済学研究』35-3.
14. 米沢和彦［1991］:『ドイツ社会学史研究』恒星社厚生閣.
15. 佐藤慶幸［1966］:『官僚制の社会学』ダイヤモンド社.
折原浩［1969］:『危機における人間と学問』未來社.
湯浅赳男［1971］:『官僚制の史的分析』御茶の水書房.
『情況 特集ウェーバーと現代マルクス主義』1971年12月号.
『現代のエスプリ 54 マックス・ウェーバー（編集・解説：林道義）』1972年1月.
名古屋学院大学附属図書館友の会（企画・編集）［1972］:『ウェーバーの思想と学問』風媒社.
16. 住谷一彦［1965］:「GdS 編纂者としてのマックス・ヴェーバー」, 大塚久雄他『マックス・ヴェーバー研究』岩波書店.
折原浩［1988］:『マックス・ウェーバー基礎研究序説』未來社.
シュルフター／折原浩［2000］:鈴木／山口訳『『経済と社会』再構成論の新展開』未來社.
17. 八木紀一郎［1988］:『オーストリア経済思想史研究』名古屋大学出版会.
田村信一［1993］:『グスタフ・シュモラー研究』御茶の水書房.
Tribe K. [1995]: *Strategies of Economic Order*. Cambridge University Press.（邦訳 1998．『経済秩序のストラテジー』ミネルヴァ書房）
Nau H. H. [1997]: *Eine „Wissenschaft vom Menschen"*. Duncker & Humblot.
八木紀一郎［2000］:「ハイデルベルクの経済学教授クニース」,『大学史研究』16.
Takebayashi S. [2003]: *Die Entstehung der Kapitalismustheorie in der Gründungsphase der deutschen Soziologie*. Duncker & Humblot.

2．「研究」の「現在」

　60年代の到達地平は1964年に開かれた日独のヴェーバー生誕百年シンポの記録［大塚編 1965；シュタマー編 1976, 1980；徳永 1968：136-59］やアンソロジー『マックス・ヴェーバーの思想像』［安藤・内田・住谷編 1969］で窺える．だがハイデルベルク・シンポで前面に出た近代合理主義批判は，社会科学の方法論争の加速化を，そしてより広くは官僚制化する近代社会への批判，現代文明批判をひき起こした．当初はヴェーバー批判の形であったものの，このなかでヴェーバー像は近代の啓蒙的価値の主唱者から，近代の批判者へと徐々に反転することとなる．「職業としての学問」や『宗教社会学論集』の，西洋近代への懐疑を孕む記述部分に光が当てられるようになったのである．以下で触れるニーチェ的契機への着目はこの再検討を嚮導した．それは日本の「市民社会派」のヴェーバー理解への批判となって現われた．上掲『思想像』の編者安藤も大塚らとの距離を鮮明にしだす［安藤 1992：28-30］．精神的多面体とも称されるヴェーバーの実像の書き換えの試みでもあった．そしてこの転換以降を，大きく「現在」とくくることができそうである．

　1970年代にドイツで著作目録が完成度を高めていったのを受けて全集編纂の企画が成り［ザイファート 1996：211-4］，1981年にモール社から全集刊行の宣伝小冊子が出された．そこには著作・講演，書簡，講義の三部構成で33巻34冊の刊行予定が記されていた．当初の計画は修正されつつも，全集は現在刊行中である[1]．また全集への付録の形で1898年ハイデルベルク大学講義の履修者用ガイドブック［Weber 1898］が1990年にリプリント刊行された．また全集の企画を機に，以前から議論のあった『経済と社会』および『宗教社会学論集』のプラン問題が活発に取り上げられるようになった．従来の著作は，初期のものや小冊子を除けば，ほとんどが死後の他人の手による編集だったため，これを全集ではどう扱うかが議論され，テキスト解釈の研究を進める大きな契機となった．以上が研究の現状を理解する上でのおおまかな段階設定である．

では「研究」の語で何を指すのか．個別分野ではこの段階とかかわりなく研究の成果が出されているが，この点にかかわって，たとえば以下のような指摘がなされている．「ウェーバーがめざしたのはあくまでも具体的な社会，とりわけ西欧近代社会の探究であった．それに対してウェーバー研究がめざしているのは，ウェーバーが何を書いたかという，ウェーバーの『真意』の解明である．ウェーバーの『真意』といえども，事実の前では本質的には『どうでもいい』のではなかろうか」［佐藤 1993：26］．この言葉には社会科学者としての健全さを感じる．だが思想史上にヴェーバーの位置を定めようとするならば，残されたテキストの編纂にすらまだ問題を残しているヴェーバーの「真意」の検討にも意味があろう．以下，便宜的にヴェーバー「利用」研究と「真意探り」研究に分けてみた．段階を分けるものは，上述したように主としてこの「利用」研究を導く関心の変化であるが，一方でテキスト理解の深化を主内容とする「真意探り」研究が継続的に進められ，この作業が「利用」研究に養分を与えるポテンツを保ってきたのである．また逆に前者「利用」研究の新たな関心がテキスト解釈に新たな観点を付け加えることにもつながる．ヴェーバーに限らず，古典的著作を扱う場合にはこのような構図が言えるのではないか．以下，近年の動きを追ってみよう．

3．真意探り

(1) 社会経済学

ヴェーバーは何をどういう意識で扱っていたか．まずは歴史学派との関係から始めよう．ヘニス［Hennis 1987：117-66］は，一般に「社会学者ヴェーバー」の中心問題が「西洋合理化過程」にある，とされてきた研究状況を批判する．彼は，「合理化」がヴェーバーの中心問題ではなく，いかなる秩序がいかなる人間類型を打ち出すのか，という人間の問題が軸であって，この問題意識はドイツ歴史学派から受け継がれたのであり，「新局面」といわれる1903〜04

以降のヴェーバーが扱った対象領域も（音楽以外は）すべて歴史学派のうちに扱われていた，とする．彼は，ヴェーバーにせよ歴史学派とされる経済学者にせよ，両者がともにアリストテレス以来の高貴なる政治学の伝統のうちにあったとし，さらに踏み込んで「今日『行為理論』展開へのヴェーバーの先駆的試みとされているものは，クニースにその原型が見出される」と主張した．1975年にすでに宗教的合理化を軸とする社会の合理化というテーゼを打ち出していたテンブルックは，これにやや過敏に反応し，今度は歴史学派も含めた19世紀末の歴史研究の興隆を背景事情として挙げ，諸領域での歴史的知識の蓄積が，発展段階論に代わる意味連関による歴史把握の手法としての理念型の開発や，西欧から世界へという視野の拡大をもたらしたのだ，と主張した［Tenbruck 1999：65-71, 176-216］．例としてエードゥアルト・マイアーのモルモン教研究が宗教的カリスマの，またマイアーの『古代史』第1巻2版の人類学研究が『経済と社会』にいたる集団形成の社会学的・原理的把握の想源になっているとして，このマイアーを含めた歴史家たちの影響を強調する．いささか虚を突く感のある両者の議論は注目を集めるに足る衝撃力をもったが，それは文献実証レベルの精度をもって説かれるものとは異なる質のものであった．

　この両者の提起を意識しつつ，経済学の語にこだわる研究が出された．ナウ［Nau 1997：26-48］は方法論争と価値自由論争とを一連のものと捉えて議論を展開する．「価値判断論争」は政治と科学の関係の問題にかかわるが，様々な世界観的立場は，近代的産業社会を説明するという課題を抱えた社会科学に固有の方法を定式化しようとするとき，いわゆる「方法」の次元において相互に衝突していたはずだ，というのである．つまり方法論争は経済学に限った問題ではなく，遅くとも1880年代以降に興隆した自然科学に抗して精神諸科学（ないし文化科学）がいかに自己規定しようとしたかということにかかわるのであり，このことは「説明－理解」論争（Erklären/Verstehen-Kontroverse）に象徴される．そこには「二面の認識論的危機」，すなわち一方では分解しつつある国家学の内的危機が，また他方では歴史学派（ないし歴史主義）のパラダイムの危機が，含まれずにはいなかった．その核心は「社会科学の本質とは

何か」と表現される．ナウは「この論争の中で近代的な経済学的社会科学的自己了解の決定的な立場が形成」されてゆく過程の把握，そしてそこに「すでに現われていた認識論的萌芽」の説明，を自己の作業課題として掲げた．

　彼の状況説明は有益である．1890年代には，それまで支配的な社会政策的言説に，文化批判的言説が重ねられ，結局は取って替わられた．世紀末頃にはドイツ歴史派経済学が文化科学として確立してゆく．社会改革運動と成立期の文化科学は一種の「社会的文化」へと相互に織り合わさった．一方では前記の国家学の基礎が徐々に理論的経済学に取って替わられ，経済学の専門職化と学科の分立が進んだが，他方で「文化科学」なる概念には，そこにすべての個別科学が参与しうるという共同性が示唆され，そのことによりこの概念には諸学科のアイデンティティと統合を生み出す機能が付加された．1870-1914年の諸論争は，こうした雰囲気の表現とみなされる．史料探索では全集に収録予定のないものまで検討しているにせよ結論的立論ではやや平板なナウの研究ではあるが，この文化科学の位置づけには止目したい．以下にも示すが，ヴェーバーがこの時代に手を染めざるを得なかった領域の広さや，そこに抱えたはずの課題は，この背景のもとでこそ諒解できるからである．

　ナウ［Nau 1997 : 254-61］によると，ヴェーバーにとって社会経済学は，元来社会科学の一部として「人間の，欲求充足の追求は人間の共同生活にいかなる作用を」及ぼすのか，を問うものだった．社会経済的諸現象は，物的および観念的欲求の充足が希少な外的手段によって満たされねばならず，それゆえ他人との Vergesellschaftung を前提とする計画的な配分と労働とが必要となるという事実にもとづいており，ここでは「具体的な結果の具体的な原因への帰属」を行うことこそが重要であった．他方でヴェーバーは，理論の性格を理解するさいに，ゴットルが，根本的には「心理学的に」基礎づけられた抽象理論の疑わしい性格づけを排除し，選択行為の論理に基礎づけられた，純粋に状況的な社会経済学のアプローチに道を開いたことに着目した．まず，技術としての経済的理論は，一義的にあらかじめ外から与えられた目的に対し最も適した手段の選択だけを規定しうる，というメンガーの仮定があり，これが，論理

的に見ればこの手段の選択にはかならず稀少性状況が前提されねばならぬというヴィーザーの認識と，経済的行為の実践的遂行のためにはまずもってこの希少な手段の処分権を手にしなければならないというベーム=バヴェルクの認識とによって補完され，首尾一貫した社会経済的アプローチを構成した．経済的行為の究極的運動根拠は生物学的および心理学的に説明されうる衝動諸力に遡ることが可能だ，という実在主義的に基礎づけられた観念を一切放棄することが，ヴェーバーの見るところ，経済学を論理的な科学へと高めたのである．

　第Ⅳ章で触れるが，ヴェーバーは1912年5月22日付けの出版社社主ジーベック宛て書簡で，「社会経済学教科書ハンドブック（Lehr-und Handbuch der Sozialökonomik）を提案します．これが不可能ならあっさりと〈国民経済学〉Die Volkswirtschaftslehre です．でも前者がいいでしょう」と書いている．1913年の「理解社会学の若干のカテゴリー」でも「社会経済学」概念はまだ経済理論と等置されていた．彼はこの「社会経済学」という概念を徐々にその語に従来備わっていた本来的関連から解き放ってゆき，『経済と社会』の旧版では，彼のいう社会学的な意味において用いようとした．そして最終的に1919/20年の新版では完全に消えて「経済社会学」の語に置き換わった．旧版ではこの「経済社会学」は「『経済的事情』への指向性という必然性に規定された人間の現実の行為をその現実的関連において考察する」と表現されていた．

(2) **科学論**

　ナウの描いたこの同一の過程を『科学論集』のテキストにそくして示したのが向井［1997：276-414］である．一般に1904年の「客観性」論文は価値自由な社会科学の方向に関する綱領的文書とでもいうべき特別な評価を与えられてきたが，ディルタイ以降のドイツ精神諸科学の展開という文脈でヴェーバーを考察した向井は，ヴェーバーの科学論がこの論文のあと「急激で爆発的な変貌をとげる」過程を克明に跡づけた．

　向井が描く「クニース論文」（1905年）以降の「爆発的な変貌」の一端を見ておこう［向井：308-58］．ヴェーバーは精神科学と自然科学を質料的側面か

ら区別し，人間行為の特質である「有意味的な解明可能性」に焦点を当てる．この解明範疇は，心理学者ミュンスターベルクの研究などを批判的に吟味する中で豊富化する．まず，評価的解明，因果的解明，そして価値解釈の三つの解明が区別され，ジンメルとの対決で現実的理解が，さらにディルタイらとの対決の中で追体験的解明が加わり，最後に合理的解明に至る．先の表現を借りると，人が整合的に説明されたことを理解して納得がいくまでの過程，とでも言えよう．さて目的合理的行為の高度な明証性の根拠とは，目的－手段の関係（目的論的関連）が因果法則的知識によって合理的に見通すことができる，というところに求められる．そしてこの高度な明証性を備えた目的論的関連と因果関連が相伴うことによって合理的解明を支える．ヴェーバーは，真理の保証を論理的整合性に求める真理「整合説」の立場にあったが，経験科学としての社会科学であれば経験による検証が必要であると認識するようになり，明証性という真理の形式的必要条件と「資料との対応」という実質的十分条件とを考慮に入れる．そしてゴットルとの対決の中でこれが明証性と妥当性との区別として打ち出された．結論的にいえば，思惟の法則に矛盾せず（思惟可能性），法則的知識に矛盾しない（客観的可能性）明証性が基準となって理念型が構成されることとなり，こうして理念型は，仮説にまで拡張された．「クニース論文」は挙げて解明範疇の明確化を行なっていた．だがまだ経験的妥当性の論理にまでは至っていない．

　この未決問題と，論理的価値関係論のより深い基礎づけとの両方を課題とする「マイアー論文」（『歴史は科学か』）は「クニース論文」と内容的に相補関係にあり，同時期に書かれている．ヴェーバーは歴史的関心を実在根拠と認識根拠とに向かう二つに区別する．だが「個体は汲みつくし得ない」．ここに価値解釈論の展開される根拠が存在する．ヴェーバーがなした歴史的個体に対する価値解釈の作業とは，向井の整理では，1）価値関係に関連してはリッカート的な価値関係をディルタイ的な解釈によって基礎づけ，2）価値判断に関連しては「全人格的な教養・陶冶」の機能をもち，3）言語的解釈に関連しては「心理的解釈」であり，4）歴史的原因に関連しては「新しい観点」から「新

しい歴史的個体」を形成する準備作業，とされる．ディルタイは，自らの主張の後継者をヴェーバーに見て喜んだという．ただしディルタイは追体験を精神諸科学の認識目標とみたが，ヴェーバーにとっての価値解釈とは個性的因果連関の追求の予備研究であった．さきほど残されていた経験的妥当性の検証は，客観的可能性の判断として説かれ，いわば「……れば，……したであろう」の思考実験の形で扱われる．クリースやラートブルフの研究に学んだヴェーバーは，存在論的知識と法則論的知識の稼動により因果帰属の妥当性を確保する論理的手続きを精緻化した．そこに利用されるのは，日常的法則的知識と社会学的法則的知識の双方である．後者の必要性の自覚がヴェーバーを社会学へと駆り立てた．そしてここには哲学的問題が伏在していた．彼は適合的因果関連と偶然的因果関連を言うが，これは量的に程度を確定できるようなものではない．有限な人間は，客観的可能性の判断にとどまり，必然性判断はなしえない．神ならぬ人間は，有限の断片を適合性と偶然性において認識するにすぎず，実践的には目的合理的行為を遂行するときに自由という主観的感情をもつことができるし，それにとどまる．自由と必然のアポリアは，ヴェーバーにおいてはこう説かれた．

　価値関係は，それが価値解釈によって基礎づけられる概念だとするならば，もはや社会科学的考察の決定的特質ではあり得ず，それに代わって1907年の「シュタムラー論文」では「意味」が取り出される．こうして，主観的には「解明」，客観的には「意味」が社会科学の決定的なカテゴリーとなった［橋本他編 2000：240-56］．社会的行為の意味理解を課題とする理解社会学の成立である．このような方法論的思索を経たヴェーバーは，社会科学も経験的妥当性をもつことを確信して，また実証的研究に戻った，とされる[2]．

(3) ニーチェ的契機

　以上の科学論に支えられるヴェーバーの実質的研究領域で特筆されるべきはニーチェ的契機の検証である．大林［1973：28-44］はニヒリズムの問題を早くより扱っており，『宗教社会学論集』で展開されるヨーロッパの「合理化」

過程の歴史的考察は，マルクスよりもむしろニーチェの『権力への意志』における「ヨーロッパのニヒリズム」の考察に対比されるべき視界と内的関連をもつと見た．また，禁欲的プロテスタンティズムを推進力とする合理化過程の帰結として現出した「現世の価値喪失と文化の意味喪失という，この二重の〈無〉のなかで，われわれはそれを『時代の宿命』として受けとり，それに耐えて生きるほかなない」と記した．ただしヴェーバーの立場は「近代化の問題」と「近代文化の問題性」の交錯する場での闘いであるとして，大塚に同調している．

これに対し，後者に絞って論点を鮮明にしたのが山之内靖の一連の仕事である[3]．彼は併せて日本における受容の時代状況（動員体制）を論じており，論点は多岐にわたるので[4]，ここではヴェーバーの全体像を扱った『マックス・ヴェーバー入門』（岩波新書）からポイントを見ておく．

山之内［1997：55-98, 188-96, 220-6］は「キリスト教神学系譜の世界解釈においては，人間は神の似姿をもつものとして創造されたと考えられ，最終的な救済に向かって進化の過程を歩むものとみなされ」たが，こうした立場からは「倫理」論文のテーマは見過ごされてしまう，と断じた．そしてこの世界観破砕としてのニーチェ的契機を重視してヴェーバーの作品を追い，その眼でマイアー『古代史』第3巻と「古代農業事情」3版の関係を洗い直し「騎士対祭司」の対抗図式を打ち出す．ヴェーバーはオリエントの社会構造変化を「初期には優位を保っていた軍事貴族＝戦士市民が，やがて祭司階級と結んだ王権によって圧迫されてゆき，ついにはその自律性を失ってしまうというプロセス」とモデル化した．その帰結がライトゥルギー国家の成立で，この概念は，司祭権力の確立，戦士層の消滅に関連していた．古代史の展開モデル自体は先行する内田［1970：3-70］の概括にも重なるが，山之内の「騎士対祭司」の図式は斬新であった．このライトゥルギー国家という帰結への流れに対し，デルフォイの神託に従わなかったギリシア諸都市では武装自弁の戦士市民層が政治権力を握って独自の文化を築いた．山之内は，「古代農業事情」が，1）歴史像把握の諸範疇・諸理論が時空を超えた適応可能性をもつことをここでヴェーバー

が掴み，彼が歴史的個性認識を課題とした時代を終えて社会学へと歩み出す意を固めたことを示すもの，2）初期の進化的歴史時間とは異なり，ライトゥルギー国家に帰結するという「循環する歴史時間」を示し，ローマ帝国のキリスト教の扱いも，近代を準備する自由な労働の形成を支えたという初期の観点とは違うものを提出している，3）ライトゥルギー体制の脅威が現代のものでもあることを説いて彼の現代認識を強烈に示した，とする．もう一つの論点に，ニーチェが「生成の無垢」と呼んだ，文化的形式以前的な人間の生存の根底にある生物学的なものへの洞察，がある．ヴェーバーは1907年にはいまだ共感を示さなかったが，カリスマ概念を行為分析に繰り込む晩年には，このディオニュソス的な「意味以前的な力の働き」を考慮に入れてくる．様々な知のあり方が「近代の呪われた運命」に抗する力を失った中，ヴェーバーはこの知覚不能な身体的領域に眼を向け，匿名形式の支配に反乱する潜在力をもったカリスマに関心を向けた，とされる．

　彼の作業と関連したいくつかの業績も出された．前川［1993：142-53］は「ヒンドゥー教と仏教」に，バガヴァッド・ギータに登場するアルジュナの姿に騎士の倫理を読み取り，山之内の提起が実証される，とした．また「中間考察」の整理を通じて，「世界宗教の経済倫理」の構成を，先行するシュルフターの整理への批判を通じて鮮やかに図式化してみせた．さらに樋口［1998：5-95］も「職業としての学問」など多くの著作がいかにニーチェの口吻をかりているか，をテキストの突き合わせによって示した．別の文脈からではあるが，ドイツ精神史からヴェーバーを読む嘉目［2001：209-32］の作業は，ドイツ近代文化人の悲劇の体現者というヴェーバー像を描く．さらに古川［1995：179-92］は，嘉目，山之内と符牒を合わせつつもブルクハルトの影響を重く見て，ヴェーバーが近代文化をとりわけ古代ギリシア悲劇の体現と見ていたとして，「倫理」論文自体がギリシア悲劇の構成をとっているものと読み込む．

　向井はヴェーバーが実質的研究に戻ったとするが，その場合，宗教をも含む文化諸領域の固有な合理化への洞察がそこに加わっている．この点はいまではいわば常識化してしまったためか，あえて取り上げて問題とされることはほと

んどない5).従来「音楽社会学」で固有の合理化の着想を掴んだとされているが，充分な説明はいまだなされてはいないようである．

　諸方面の解釈が進められるなかで，「では要するにヴェーバーは何を言いたかったと思うか」という愚問をあえて出してみたい．悲劇の構図を示すことによって語られるのは，現代人への価値の覚醒の訴え，となるのか．没意味性の自覚により，「それまで自明のこととしてなじんできた行動が，そこではじめて問題となり，その意味に対して意識的に明晰な態度決定を下すように促される．(しかも)『意味』の理解社会学は，具体的な価値表をかかげないにもかかわらず，いなまさにそれをかかげないがゆえに，特定の具体的意味ではなく，意味を創造する主体そのものを創造するという，ユニークな実践性を発揮しうる」[折原 1969：430-1]という指摘も以前からなされていた．真意探りは，あたかも金太郎飴のように，研究主体論を介して主体性へと回帰し，結果として「どう生きるのか」という問いに収斂してゆく．だとするとここに古典的ともいえる信念倫理と責任倫理の問題が浮上する[Schluchter 1980：41-74；橋本他編 2000：317-9]．悲観論に陥ることなく自覚的生を希求するなら「騎士的ないし責任倫理的に生きて行く」[前川 1993：18]ほかないのだとすれば，まさに近代的生の悲劇の要請とはならないのか．脱出路を求める試みとして示唆的なもの二つに触れたい．一つは神々の闘争にかかわる．趣味のカリスマの反同胞倫理的性格を以前指摘していた雀部[1993：21-22；2001：275-82]は「神々それ自身のジレンマ」に着目し，宗教的価値が他の諸価値に対して有する独自性を指摘する．その核にあるのは同胞倫理，同胞愛だ．この愛の射程はこれからどう測られていくのだろうか6)．内田[2000：256-7]の言う衝動を制御した普遍的価値への道も同じ文脈にあるだろう．もう一つは後述する．

(4) 『経済と社会』編纂問題

　折原とシュルフターの論争[シュルフター／折原 2000]が問題の現状況を示している．現行『経済と社会』が複数の層からなる原稿の編集であることはすでに明らかである．折原は，19/20年最終プランより残された草稿量の多い

13年プラン（旧稿）の復元をめざす形で，従来の諸版の問題点を詳細に示してきた．全集がこの草稿群をどう扱うかが注目を集め，また議論もされてきたが，すでに全集版では便宜的な章別にバラバラにしたテキストの等量原則での刊行が始められ，まもなく終わるが，この手法が「全集」の権威のもとに正当化されそうな状況となった．こうした局面の進展を前にした折原の意義申し立ては，信憑性のある編集原則を，説得力をもって対抗提出することを余儀なくされた．しかも編集委員以外の者に参照可能な関連史料は限られており，そのため，正確を期そうとする折原の議論はいやがうえにも詳細かつ慎重にならざるを得なかった．

　折原は13年プランの復元という明確な戦略を描いたが，対するシュルフター（たち？）は，問題の13年プランもすぐに変更されたと理解するため，「真意」は分からない，という結論にとどまっているといえる．

4．「利用」研究

(1) 経済社会学

　青山秀夫『近代国民経済の構造』（1948年，著作集版は1999年）は近代的経営の合理性を浮きぼりにする先駆的業績である．その草稿は戦時中に成ったというが，復刊は喜ばしい．形式合理性と実質的不合理性の検討など，時代の要請に応えようとした試みであった．

　英語圏にヴェーバーの著作を紹介する意図ももったスウェドボリ [Swedberg 1998：3-29，34-40，232] は，著作解釈という形をとるが，利用可能性を探ろうとする構えは強い．彼は『経済と社会』の「経済社会学」章を明解な図式にもたらそうとしており，概念図を多く用いることが特徴となっている．その内容説明の中から機会（Chance）と制度に触れておく．ヴェーバーの効用の定義を見たあと，彼は「私が実際に手にするものはいろんな仕方でそれを利用する機会のみである．何かを利用する機会を獲得したということの

第Ⅰ章　ヴェーバー研究の現在　19

重点は，この場合に他人をそうした機会から排除できる，というところにある」として，経済生活とは，大部分が，利潤追求の機会や市場機会等の機会の専有，より適切には独占に関するものである，とする．ここに社会的閉鎖論の支柱があることが指摘され，この関連ではさらに70年代以降の rent-seeking 論や，Directly Unproductive Profit-seeking activities（DUP）論の動向の情報が与えられる．またヴェーバーは制度の語をあまり用いないが，彼の叙述自体は，行為の諸類型から制度と呼べるような複雑なもの（関係，秩序，団体）へと進んでいる．その一つが「所有」であり，「専属」と「封鎖的社会関係」の着想をもとに構成される．後者は特定の人間の関与を排除するか，ないしは彼らの関与が特定条件に従う関係，と定義される．「専属」概念は所有概念のみならず彼の経済社会学一般にとっても中心的なものだ．それは，封鎖的社会関係において永続的な，ないしは譲渡可能な機会の独占と定義される．専属の観念は「権利」概念にとっても中心的である．彼はさらに，株式会社の発生や共同体からの個人的所有の発生にも言及するが，そう掘り下げられていない．もう一つの重要な制度は経済的団体であり，行為から団体を導出するヴェーバーの手法が注目される．企業から国家までの導出の説明は手際がよい．

　さらに GdS のプラン問題が解明される［Swedberg: 155-61］．この領域では 2 点に触れておく．まず GdS の形式について．先行の Schönberg 版ハンドブックはいまだ官房学の影響下にあり，経済・財政・行政の三部構成であった．ヴェーバーはこれを改め，まず経済現象をどう分析するか（第 1 部），次に近代資本主義の本質（第 2，5 部），最後に近代資本主義経済の諸部門（第 3，4 部）という視角から全体を 5 部構成にした．次に方法的立場について．彼は寄稿者に歴史学派のビューヒャー，オーストリア学派のヴィーザー，さらにゴットルやシュンペーターらを得たが，序文では「すべての異なる道も結局は一緒になるだろう」と記した．どの学派も，ヴェーバーの想定した社会経済学に収斂するだろうとの見方である．事実，寄稿者内に了解もあっただろうと想定するスウェドボリは，この点を具体的に第一部のシュンペーターとヴィーザーの寄稿に即して考察し，またそこにヴェーバーが「経済社会学」章を書かねば

ならなかった理由を見出している．

彼のテキスト検討は，いわば近代資本主義へと経済領域が固有の合理化を遂げてゆく契機の洗い出しの作業という形で捉えておくことが大切ではないだろうか．経済的合理化はあまりに自明視されているが，いまだ内的論理の展開として再構成されているわけではない．この関心から見ると，たとえば大塚の「前期的資本」を知るわれわれには，非合理的資本主義の類型の展開はあるものの，スウェドボリの叙述にややもの足りなさを感じてしまう．とはいえ本書は，新制度派経済学や社会的閉鎖，DUP といった経済・社会理論の現代的展開にそくしてヴェーバーの経済社会学に備わる理論的潜在力を調べようとする意欲的な試みとなっており，その意図するところを評価して「利用」研究の位置に配してみた．「経済社会学」邦訳者の富永［1998：277-83］も現代的可能性を探っている．

方法論争克服の過程追求は，経済学史上，真意と利用双方にかかわる領域を進む作業である．八木［1988：21-40］，田村［1993：346-72］が拓いた地平の先に，一方ではミーゼスを介して新オーストリア学派を，他方ではポラーニ［ポラニー 1975：116-38］の経済社会観を導く酵母を見ることも可能となるはずである．新古典派を主流とする経済学の舞台では，対抗軸として制度への注目があげられるが，その文脈でシュモラーを中心とする歴史学派の検討が続いている．また新古典派一色と見られるアメリカの経済学界にももちろん市場経済の孕む問題への視角があり，野口［2006］は，ヴェーバーではないがポラーニを介してそのような問題意識が今日の有力な経済学者の間にも見られることを伝えている．この状況を念頭におけば，ポラーニがヴェーバーと真剣に取り組んだ事実が注目されたことにもここで触れるべきであろう．若森［2008：3-4］は英語圏でのヴェーバー研究史の見方に一石を投じ，ポラーニがヴェーバーの『経済史』の批判的克服に乗り出した意味を問うている．

(2) 歴史社会学

コールバーグ［Kalberg 1999：3-9, 31-2］によれば，この分野は大きく構

造機能主義と歴史-構造主義的紛争学派とに分けられ，後者のうちに世界システム論，歴史解釈学派（ベンディクス，ティリーら），因果分析学派（スコッチポル，ムーアら）と並んでそれらの欠陥を補うヴェーバーの比較歴史社会学が位置する，という鳥瞰図を示した．ヴェーバーは「西洋における合理化・官僚制化の巨大なプロセスの見取り図」を提示しただけでなく，その著作には厳密な研究手順と戦略が備わっている．それは動機から行為を分類し，多くの重要な「社会学的場」を理念型で示し，また多元論の具現たる「社会諸領域と領域固有の理念型」を装備して，ミクロ・マクロ分析の接合を可能にしたが，このことで具体的な行為を普遍史的スケールの比較座標の上で因果的に理解することを可能にするもの，とされる．

　歴史社会学は流行語の感があり，2000年3月の第2回日独社会学会議（いわき明星大）の共通テーマでもあった．ただ富永健一のように，社会学は理論的に社会変動を説明するものであるから，あえて歴史社会学と言う必要はない［富永 1998：21-8，274-5］，という立場もあろう．また，ヴェーバーの「社会」把握をどう理解するかについては，ほぼ上記のコールバーグ的な立場で一致するとしても，その先の説明の方向性で富永と異なってくるテンブルックやマッテス［2003］のような，いわば法則科学に反発する現実科学とでも呼べるような立場のあることも記しておく．ヴェーバーの都市論に展開された理念型を用いてイギリス都市の特質を描いた経済史家田中豊治［田中 1986］は，ヴェーバーの意図を繋いで進めばこうなる，と読み込んだ形での，この領域における代表的な「利用」研究と見てよい．

(3) 社会理論

　中野敏男［中野 1993：2-39，73-100，110-8］は，「主権国家と実定法システムという事実的に与えられたこの近代法システムの枠組みの意義を吟味することから出発して，そこに法-規範に関わる〈議論〉と〈批判〉の可能性がいかに開かれているか，またその限界とはなにか」を課題とし，法領域の自律性を『経済と社会』の法社会学章から再構成した．その結論部分では「旧来の身

分的特権や慣習法の妥当が崩れて，かつて自律を維持していたさまざまな法共同体が国家アンシュタルトの中に最終的に解消してゆき，さらには，家産君主の支配もまた革命によって打ち破られてしまうと，その正当化に介在した自然法観念が挺子になって，専門法学的な合理主義に基づく体系的な法律構成もいっそう自立性を強め，法秩序はいよいよ自らに固有の論理を基礎にした自立的な発展の条件を整えた．ここに生じた事態の意味とは何か．端的に言えば，それは『経済』と『行政』そして『法』という，それぞれの領域の専門分化と自律化ということに他ならない．この個別文化領域の専門分化と自律を，ここでは〈分立化〉と名付けておく」と要約される．ヴェーバーのペシミズムは，この分立化した法領域の運命にかかわっていた．ポイントは，近代法は，形式的合理化の進展により，万人に自由と法的平等を保証するとはいえその実質が空洞化してしまう，ということにある．法の営みの再実質化の様々な試みは，いずれも「結局は法への要求に回収され，専門法学的な合理化と体系化の渦中に吸い込まれて」しまう．ここに深淵なペシミズムの根拠があった．

　そこから抜け出るために中野はこの構制の限界を，秩序が「行為の規律化」として捉えられるというこの視座の核心そのものに見た．ヴェーバーの関心がこの秩序形成行為が「秩序の固有論理」を生み出すということに向けられていたことを，「行為を規律する秩序の合理性という『行為論的』な枠組みで考える限り，ここから抜け出ることはできない」と指弾した中野は，突破の戦略を語る．法秩序が物象化し，自立的な威力として現れているのは，社会全体の分立化の一構成契機として存立している法秩序が，それだけで切り離されて見られるときのことである．実定的な法秩序の妥当性は，1）法秩序の領域内部，2）法秩序と他の文化諸領域との間，3）国家アンシュタルトの枠組みを超えた観点から，という三つのレベルで問題化できる．「こうした問題化の連関は，国家アンシュタルトの下でもっぱら『法が権利を設定する』という構造に特化するに至った近代法秩序に，あらためて『権利をもって法を規定する』志向を対置し，それを相対化する道を開くものである．しかもその際に，分立化した実定法秩序の存在意義そのものは清算されない．であれば，このような問題化

の連関をわれわれは〈法と権利の動的な拮抗〉を実現するものとして性格づけることができるだろう」．中野は探究を，秩序形成行為を通じた法秩序形成の文化意義への問いから，「法と権利との動的な拮抗」をはかる三つのレベルに腑分けした問題化の連関の解明へと移行させることにより，次にルーマンを視野に入れ，分立化した法秩序を社会の部分システムと捉える法システム理論の概念戦略の可能性を探る．

　ここはルーマン理論を云々する場ではないが，中野の作業は，メタレベルの基準として用意せざるを得ない「正義」を法システムの内に入れてくるルーマンの自己準拠システムの理論の検討を通して，正義の固有の位置価を説き，法（実定法システム）と正義（公共圏）と道徳（道徳的コミュニケーション）の相補的な連関こそが「全体として法-規範のダイナミックなネットワークを形成する」［中野 1993：200, 263］との構想を示すに至った．中野が行為論戦略の射程と限界を確認し，それを超えてルーマンのシステム論戦略の検討に至ったことは，ヴェーバーが文化諸領域の固有法則性の解明を課題としたという，まさにそのことによって背負った概念構成上の負荷を突くことで，悲観論を超えようとする試みである．「利用」研究のフロンティアに位置するものと評価したい．

　補足的に，社会的閉鎖論に触れておく．マーフィー［1994：13, 36, 43, 94-7］は，ヴェーバーの有名な定式化を敷衍して「世界像によって決定され，行為が利害のダイナミズムによって推進される際にたどる路線とは，いったい何なのだろうか．それは，社会的閉鎖（social closure）のコード——すなわち，独占と排除の行為を支配する，フォーマルもしくはインフォーマルな，公然のもしくは隠然たる規則——に他ならない」と主張する．ヴェーバー派の閉鎖理論の統一性は，さきに触れた機会の独占についてのヴェーバーの議論に共通の源泉を見ていることに求められる．60年代末のアメリカでは，ヴェーバーの著作が「既存の秩序と自らの支配を『正当化』する権力者による理念の操作に関心を注いでいる」ことに注目し，そこにマルクスの社会学的方向設定の修正・継承を見る研究が現われ，ここからヴェーバー派の閉鎖理論の精緻化が始

められた．マーフィーは合意理論（社会は最も望ましい職業に接近する権利を何らかの基盤にもとづいて割り当てなければならないがゆえに，学歴資格に依拠することはたぶん道理にかなった，人間的なやり方だ——とするもの）に触れ，権力概念が狭すぎ，学校-社会関係に含まれている権力と排除を無視している，と批判する［マーフィー：201-2］．この限りでは合意理論の権力概念の狭さは言えようが，広くとった場合でもやはり合意形成は求められる．たとえば公共財の場合にそれが必要なことはすぐに見て取れる．ここに吉田民人の「制御能」論［吉田 1991：298-358］が要請される根拠がある．川島武宜のAppropriation 論［川島 1973］をうけて従来の所有論を見直した吉田は，Appropriation が単なる行為の事実の問題ではなく，社会規範によって規制され，終局的には social sanction によって制御された行為の問題であることから，「一定の社会システムにおいて社会的に保障または禁制された，一定の主体の，一定の資源に対する，一定の自律的な関係行為の可能性の集合」と定義される「制御能」概念を提起した．その対象・主体に関する吉田のマトリクス的分析は，たとえばさきの公共財に関する社会的合意形成の経路を示唆している．現実的な問題の所在を明らかにする，という意味での理論的貢献は大きいと思われるが，まだそのさきがありそうである．マルクス所有論の検討から株式会社の存在様式に迫ろうとした青木孝平は，この文脈でのヴェーバー研究と交錯する議論［青木 1992：136-7］を展開した．商法学者としてキャリアを開始したヴェーバーであるから，かつての共同体論についで法人資本主義論でのヴェーバー＝マルクス連係の可能性が開かれている——そのことを示唆する研究として受けとめたい．

5．垣根と通底

研究の細分化が進むと垣根が高くなり隣が見えなくなってゆくのはヴェーバー研究に限らぬようである．最近，文献注記でシュンペーターの *History of Economic Analysis* の訳書名に GdS への寄稿の訳書『経済学史』をあてた書物

があった.これほどひどいものではないが,スコットランド啓蒙研究が流行り出した頃,「自己武装」なる妙な日本語をよく耳にした記憶がある.学問の高度化は不断に当該部門の位置づけについての反省を伴わなければ「病根退治,患者死亡」の没意味化に沈む.また,従来の研究対象それ自体も確かさを失ってきた.「利用」研究を導く関心の変化は激しく,象徴的には,体制や支配構造の分析から,規律の内面化や身体へのまなざしが問題になってきている.同じヴェーバーのテキストにこうした関心への応答が求められるところに,やっかいな「真意」探りの存在根拠の一端もあるのだろう.そしてまたこのことが研究史の連続性を担保してもくれる.一例を挙げて結びとしたい.

　内田芳明はバブル資本主義に触れて古典的な「経済と倫理」を歴史の意味問題として説く［内田 2000：200-08］が,これは唐突な発言ではない.93年のミュンヘン「日本とマックス・ヴェーバー」会議後,彼は毎日新聞（93年6月2日）にその感想を寄せ,バブル経済の文化状況の問題を指摘していた.バブルという現象は内田がここで用いていない「経済社会学」の対象でもある.投機的利害は betriebsfremd であり,市場機会がこれに動かされる可能性は恐慌の一源泉であることもヴェーバーはみていた［青山 1999：137；Priddat 1993：121-4］.行為の Vergesellschaftung から社会を組み立ててみてゆくヴェーバーのテキストは,人間史の意味問題と株式会社論までを繋いでいて,垣根の下が地続きであることを実感させてくれる.すでにリンデンラウプは,経済学や社会学,ドイツ政治史の動向までが同じ土俵で見えてくることを示してくれた［Lindenlaub 1967］が,これはいまだに一級の研究書と評価できるものである.こうした書に出会うのもヴェーバー研究の面白さであるが,人物を対象とする研究には,ヴェーバーに限らず多少なりともこうした局面が現われるものである.そしてこれを,思想史を枯渇させない源としてゆくことが大切なのだと思う.2000年11月から雑誌『マックス・ヴェーバー研究（*Max Weber Studies*）』が年2回発行されている.英語のものではあるが,様々な関心からのヴェーバー研究が登場している.いまのところ個別領域の専門性の高低にムラが感じられるが,越境討論の条件にはかなっているようである.日本の研究

も，水準を落とさずに垣根が高すぎぬよう工夫して進めてゆくことが望まれる．

付：略年表　マックス・ヴェーバー（1864〜1920）の作品

年	作品名
1889	『中世商事会社史考』
1892	『エルベ河以東における農業労働者の状態』
1894	『取引所』I
1895	『国民国家と経済政策』
1896	『取引所』II，「古代文化没落の社会的諸原因」
1903	「ロッシャーとクニース」I
1904	「客観性」論文，「古ゲルマンの社会組織」，「倫理」論文 I
1905	「倫理」論文 II，「ロッシャーとクニース」II
1906	「ロッシャーとクニース」III，「文化科学の論理の領域における批判的研究」，「北アメリカにおける〈教会〉と〈セクト〉」I・II，「ロシアの外見的立憲制への移行」
1909	「工業労働の心理物理学」，「古代農業事情」（『経済と社会』旧稿群＝第4版第2部は1911〜1914年の執筆とみられる）
1913	「理解社会学のカテゴリー」
1914	GdS 第1分冊への「序文」
1915	「世界宗教の経済倫理・序説」，「儒教と道教」，「中間考察」，「ビスマルクの外交政策と現代」
1916	「ヒンドゥー教と仏教」（〜1917），「二つの律法の間」
1917	「社会学・経済学の〈価値自由〉の意味」，「古代ユダヤ教」（〜1918）
1918	『新秩序ドイツの議会と政府』，『社会主義』
1919	『職業としての学問』，『ドイツ将来の国家形態』，「大統領」
1920	『宗教社会学論集』I
1921	『経済と社会』第1分冊（第1〜4章），『音楽の合理的・社会学的基礎』，『宗教社会学論集』II，III，マリアンネ・ヴェーバー編『経済と社会』第2・3・4分冊（〜1922，第2・3部）
1922	マリアンネ編『経済と社会』（1冊本＝初版，3部構成）
1923	『経済史』
1956	ヴィンケルマン編『経済と社会』（第4版，2部構成）

第Ⅱ章　文化諸領域——宗教の場合——

1．本章の課題

　ヴェーバーの著作とヴェーバー研究の文献は膨大にあり，その目録だけで一冊の書になるほどで，現になってもいる[1]．前章で見たようなこの思想史上の巨人の全貌を個人で描くことは不可能であり，設定したテーマに即して限定的な考察が可能になるにすぎない．だが多少なりとも全体的な像を得ようとするときには，それなりの手法がありそうだ．本書の課題を念頭に置いた上で，ここでは「宗教と経済」というテーマに絞ってみよう．その理由は，第一に，彼の著作の中で最も読まれ，かつ影響力をもったのが「プロテスタンティズムの倫理と資本主義の精神」（以下「倫理」論文と略記する）であったと考えられるからであり，それを含む『宗教社会学論集』にヴェーバーが多大な精力を注いでいたからである．第二に，本書は彼の「経済社会学」の検討を課題とするからである．後者には少し説明がいるだろう．

　経済であれ政治であれ，社会現象はすべて人間の行為のつらなりが引き起こすものだ．では行為は，どのように引き起こされるのか．人があることを行うのは，「事情の強制」により，あるいは「特定の目的を実現する」ために，ないしは「それが当然であり，正しいと考える」から，などの理由があってのことである．気がついたらそうしていた，ということもあろう．経済現象もまた，こうした人間の行為によって生じている．ヴェーバーの「理解社会学」は，人間の社会的行為の意味を理解することを課題に掲げた．行為の目的には，効用極大化，倫理的正しさの実現，権力の誇示，魂の救済など様々なものがあろう．

実生活の諸場面で人は，それぞれの目的を適当に使い分けているのだが，決して無原則にはなっていない．人それぞれになんらかの原則があり，それがその人の「人格」つまりその人らしさというものである．それを欠いたら，人格分裂，精神病理的現象とされよう．経済学の理論は，「効用極大化」をめざす経済行為の主体を「経済人」と呼び，彼らの活動が経済を成り立たせている，というところから出発する．だから「経済人」の行為を分析して出来上がる理論は，市場経済を説明するものとして先験的に正しいことになる．その場合に，効用とは経済的効用と定義されるのだが，その「経済的」「効用」というものは実生活からの抽象である．現実の行為には規範意識（法）や意思関係（政治），救済指向（宗教）などの要素が分かちがたく結びついているからである．
　そこでまず，現実からの抽象の仕方，経済的なるものをどう定義するかが問題となる．ヴェーバーの経済社会学はこうした考慮すべき点を扱っている．次に，効用極大化を「経済合理性」と仮に呼び変えると，なぜそれを行為の主目的とする人間が歴史上に現われたのか，換言すれば市場経済や資本主義はどのようにして現われたのか，という問題が浮上する．「倫理」論文はこれをテーマとしていた．このテーマはさきに述べた人格の問題にかかわっている．古代より市場は存在した，といっても，今日の理論が前近代にそのまま当てはまらないであろう．とすれば，歴史上のどこかで，つまり，経済理論が妥当するような市場経済が規定的な近代社会が成立して，「人格」つまり行為の基本原則が，大きく変わったことになる．このテーマを掘り下げることは，実は私たち近代経済人の孕む問題を深く考えることにつながっている．ヴェーバーは今日で言う経済理論は書かなかったが，宗教社会学の著作から彼の「経済」の扱い方を読み取ることは，資本主義の起源と性質との理解に，そしてその経済合理性を支えている人間的基礎の洞察に，大きく資することとなる．以下，前半では「倫理」論文を主対象として「資本主義の精神」を説明し，後半では併せて彼の科学論にも触れ，経済という文化領域の扱い方について理解を深めたい．

2．倫理命題

(1) 資本主義の精神

　カトリシズムが支配した西洋中世では，教会が利子取得を禁じており，営利活動には大きな制約があった．しかし，カルヴィニズムが利子取得を許したように，宗教改革の中で厳しかった戒律が緩んだことによって，制約を解かれた営利欲は順調に経済活動に浸透し，資本主義の形成を導いた．つまり資本主義は，人間が本来もっている営利欲が充全に解放されることによって成立したのである——という，漠然としたイメージをもたれるかもしれない．これは資本主義の精神の成立についての「解放説」と呼ばれる説明である．だが，もし人間のもつ自然な営利欲が支えとなって営利活動が活発になり，そうして資本主義が成立したのだとしたら，古代の西洋や東洋，インドにではなく，近代西洋に初めて資本主義が成立したのはなぜか，という問題が生じてくる．華僑や印僑の古くからの営利活動は有名であり，古代西洋にも商業や徴税請負の営利事業は存在した．これらが発展して，経済活動全般の仕組みを大きく変え，今日につながる資本主義経済をつくり出した，というわけではない．なぜそうならなかったのか．人類史上に古くから見られた営利活動と，17世紀以降の西洋に出現して産業革命を導き，その圧倒的な生産力によって地球規模の構造転換を迫った営利活動との間には，何か根本的な違いがあるのではないか．後者を近代資本主義と呼べば，それは特定の時と所に成立した，歴史的に個性ある現象なのであり，営利活動一般に解消できないものだ，と見た方が歴史的には正しいようだ．マルクスはこれを，原始蓄積過程と産業資本の価値増殖過程の分析によって説明した．ヴェーバーはその過程の人間的基礎から，それも営利欲のあり方から接近した．つまり「資本主義の精神」を問題にし，解放説を批判したのである．もちろん資本主義の成立には，法や国家制度，経営形態，簿記技術など，様々な要因がかかわるのであるが，その点はのちに触れたい．

資本主義という経済「制度」といえども社会的行為から成り立っている．制度が自己に適合的な行為を生み出すという面はあるが，制度に適合的な行為が制度を支えるという面を忘れてはならない．前者は，制度の移植後の社会変容過程（強固なカースト制が支配する社会に議会制民主主義制度が導入された戦後のインドの例など）では重要な問題となるが，後者は，とりわけ当該制度の成立過程では重視されるべき局面である．さて，資本を用いて営利追求を目的とする経済活動が持続的に営まれるためには，営利を自己目的とし資本を合理的に計算するという態度が，多数の人間に浸透して，彼らが合理的に経済行為を行っていることが必要である．ヴェーバーは，この合理的な経済行為を内面的に支えている精神的態度を「資本主義の精神」と呼ぶ．資本主義の成立を説明するときには，なぜ，多数の人間ないし重要な社会層[2]によって「資本主義の精神」が担われることになったのか，という問題を解く必要があろう．いわば，経済の人間的基礎の転換の説明である．

　まず，ここでは「資本主義の精神」であって資本家の精神でないことに止目しよう．つまり精神の担い手は，資本家と労働者の双方とされた[3]．近代資本主義とは，合理的経営による資本増殖と形式的に自由な労働の合理的組織を特色としており，経営が要求する労働規律に馴染まない労働力は使い物にならない．ヴェーバーは，収穫期に出来高賃銀率を引き上げて大量の労働投入で利潤を上げようとした農業経営者の例を出す．これは「合理的」な計算といえる．ところが近隣の農業労働者たちは，「できるだけ多く労働すれば一日にどれだけの報酬が得られるか」ではなく，「これまでと同じだけの報酬を得て伝統的な必要を充たすには，どれだけの労働をしなければならないか」と考えた．その結果，経営者は収穫に必要な労働者が調達できなくなり，収穫や出荷の計算が狂ってしまった．この労働者の精神的態度は「資本主義の精神」の最大の敵である「伝統主義」であった．

　ここでいう伝統主義とは，「かつてそうであったし，今もそうしており，これからもそうすべきである」という，伝統を聖化し規範とした態度様式のことである．上の例では「資本主義の精神」と「伝統主義」がぶつかりあっている．

経営者からみると，労働者たちは非合理的な態度である．労働者の中には高い賃銀を求めて働きに出るものがいるかもしれない．その人は，周りからは，今の生活状態を狂わせるような貨幣収入を追求する倫理的に正しくない人，と受け取られるであろう．どちらの精神的態度にも規範性が含まれており，その逸脱には周囲から強弱なんらかの非難がおこることになる．二つのうち一方を善，一方を悪，とみなすことはできない．

　では伝統主義は営利活動を排斥するか．そんなことはない．伝統主義の支配した前近代の社会にも営利活動は存在した．両者の関係は以下のように説明できるだろう．人間の行為には，見知った人を相手とする場合と，全くの他人を相手とする場合では，異なってくることがよくある．いわば「身内と他所もの」の二分法である．そして一定の人格的関係の枠内で人間の行為を規制する倫理は，その外部での行為を拘束しない，という事実も知られている．シェイクスピアの『ヴェニスの商人』では，兄弟（同じキリスト教徒）の間で利子取得が禁止されているから，アントニオは資金調達にユダヤ教徒の金貸業者を利用していた．このような信仰や血縁，地縁などの共同態的関係に支えられた前近代社会では，まさしくその共同体内部の倫理が行為を規定したのであり，その身内にしか妥当しない倫理は共同体の外までは及ばない．伝統主義とはその内部の倫理，対内倫理なのであって，それは外側での行為には適用されない．そして外側は，何をしてもかまわないという，いわば無倫理の状態に放置された．外側でのむき出しの営利追求は，伝統主義からすれば倫理と無関係なものとして黙認された．こうして伝統主義は対内・対外の二重倫理を併存させて，外部での営利活動を倫理的規制外に置いた．だが近代の市場経済は無数の他者との経済的関係を生むから，経済活動の円滑な遂行のためには一義的な価格設定（一物一価）や取引条件が要請される．二重倫理の解消は近代的市場経済にとって必要条件である．

　精神的態度，つまり行為を内面で支える「そうするのがごく自然であり，またそうすべきである」という意識を，ヴェーバーはエートスと名づけた．「伝統主義」から「資本主義の精神」へのエートスの転換が資本主義成立の前提条

件である．この転換過程を推し進めたのは，歴史上どこにでも見られる大富豪や厚顔な投機屋などではなく，「むしろ厳格な生活のしつけのもとで成長し，厳密に市民的な物の見方と『原則』を身につけて熟慮と断行を兼ねそなえ，とりわけ醒めた目でまたたゆみなく綿密に，また徹底的に物事に打ち込んでいくような人々」［大塚訳：78］であった．また新たなエートスの担い手も，都市貴族である資本主義的企業家などでなく，「向上しようと努力しつつあった産業的中産者身分」［大塚訳：73］に多かった，とヴェーバーは言う．この二つの引用は，ただちにアダム・スミスの『道徳感情論』を想起させる．

　スミスは，同感理論でおなじみのこの倫理学の書で，「中等及び下層の生活状態にある (middling and inferior station of life)」人々が「正直は最良の策 (honesty is the best policy)」を信条として努力すれば，彼らには「徳への道と富への道」が一致するであろう ［Smith 1976：63；邦訳：96-7］と記して，商業的社会が富裕になっていくための人間的基礎を描いていた．足元を見た値切りや高値のふっかけでなく，他者の同感を得られるような営利追求こそ，市場経済の倫理的基礎である．スミスは，社会成員が身分の高低を克服して同市民関係に立つ市民社会のコミュニケーションの原理と，市場経済の倫理とを説いたのであった．ヴェーバーは1919年，ヴェルサイユ講和会議に随行員として赴き，そこで知り合った日本の随行員亀井貫一郎に『道徳感情論』の重要性を語ったそうである[4]．

　ヴェーバーは「資本主義の精神」の例示にベンジャミン・フランクリンを出す．時は金なり，時間を正確に守れ，信用は貨幣である，塵も積もれば山となる，そうして営利活動に励め，というフランクリンの主張には，「自分の資本を増加させることを自己目的と考えるのが各人の義務だという思想」が感じられる．しかも成功したら隠退して安楽に暮らすことを義務違反とみるような主張には「倫理的な色彩をもつ生活の原則という性格」が見られる．このように，正当な利潤追求を「天職」として合理的に営むのが「資本主義の精神」だとすれば，それは人生を営利追求に捧げることを要求する不合理なものではないのか．いわば世の楽しみを断念して精力をすべて営利活動にそそぐ禁欲的な生き

方と言えよう.中世の修道士たちが世俗を離れて,世俗の外で「祈りかつ働け」という禁欲的な生活を営んだのを「世俗外禁欲」と呼べば,世俗のただ中で「資本主義の精神」のエートスが支える職業労働を「天職」として遂行するという生き方は「世俗内禁欲」と言える.神の僕として信仰の純粋さを保とうという生き方を選んだ修道院の僧たちの人生も,職業労働を義務として死ぬまで「上がりのない」営利追求を営む人生も,特定の目的を追求する合理的な,方法的な生き方であろう.だがどちらも,働いた分だけ楽しむのが自然な生き方だとする人から見れば,非合理的な生き方と映る.合理的というのは相対的なものだ.

このエートスがフランクリンで例示されたところで,以下の二点を確認しておく.まず第一にその性格について.このエートスには,人は職業労働を自己目的として,「天職」として遂行すべきである,という要請があり,その限りでは,結果にかかわらず仕事にうちこむことに倫理的価値を認めている.そして労働の成果である利潤を,これまた組織的に追求せよという要請.これは営利追求の倫理的是認である.このエートスは以上の二要素を含んでいた.だが,利益を私的に享受することは許されない.労働と営利を自己目的として追求せよというのは,利潤の再投資によるさらなる営利追求を要請していた.第二に資本主義とその「精神」との関係について.フランクリンの生きた18世紀半ばの北米は資本主義的とは言えないから,資本主義経済がこのエートスを生み出す,という見方は当たらない.むしろこのエートスに充たされた人々の活動が近代資本主義を形成していった,という見方がここに示されている.「資本主義の精神」が資本主義という経済制度に先行した[5].

(2) ルターのベルーフ観念

ローマ教皇庁が売り出した免罪符(贖宥状)への批判を発端とする改革運動の中でルターは,中世以来の「救いの確かさ」の問題に「信仰のみ」で答えた.彼は『キリスト者の自由』(1520)[6]の冒頭で「キリスト者はすべてのものの上に立つ自由な君主であって何人にも従属しない.キリスト者はすべてのものに

奉仕するしもべであって，何人にも従属する」と謎をかけ，こう説明する．キリスト者はみな霊的と身体的の両性質（内なる人と外なる人）をもっている．魂に関しては信仰によって義とされる．一方，地上では身体的生活にとどまっており他人と交わって生きる．ここから上の矛盾が出てくる．さて，人間を救い，真に自由にするものは行いではなく，神の言葉，聖なる福音のみである．なぜ信仰のみが人間を義とし，自由にするか．聖書は，神の戒め（おきて）と，契約つまり神の約束とに分けられる．おきてがあたえられるのは，それによって人間が自己の無力を悟り，自己に絶望することを学ぶため．おきてによって打ちのめされ，自己に絶望した人間は真に謙虚になり，おきてを満たすために自分以外に助けを求め，神の約束の言葉であるキリストを信じるに至る．こうして魂は信仰のみによって義とされ，真理と平和と自由を与えられ，霊的には万物の支配者（君主）となるから，あらゆる罪と災い，死に対してまでも打ち勝つことができる．また外なる生活では，恩寵により，信仰により救われたキリスト者は，神と隣人への奉仕のためにすすんであらゆることをなすべきである．それは神の救いの恩寵に対する感謝と，隣人への自由な愛からなされるべきであって，行為による救済を求めるといった誤った考えでなされてはいけない――と謎を解いた．

また彼は「キリスト者はみな祭司である」として「万人祭司主義」，万人の平等を説いた．善行で義となるのではなく，信仰で義となる人はその行為も義である．だから万人の日常生活，世俗の行為は，義なることをあかす場となる．したがって修道院制度による禁欲のあり方も否定される．世俗的職業と聖職とは無差別である．「私たちはことごとく洗礼によって祭司として聖別された」のだから．

さて神の言葉は万人に直接届かなければならない．聖書のドイツ語翻訳が行われた．旧約翻訳作業にはメランヒトンらの協力を得ている．ベルーフ（英語の calling にあたる）の語は旧約聖書外典の「ベン・シラの智恵」に出てくる．ギリシャ語からヘブル語にまでさかのぼって検討し，また各国語訳聖書を比較したヴェーバーは「ルターによる『ベン・シラの智恵』のこの箇所の翻訳は，

第Ⅱ章 文化諸領域 35

　私の知るかぎりにおいては，ドイツ語のベルーフが今日の純粋に世俗的な意味に用いられた最初の場合だ」[大塚訳：103]とした．「自分のつとめを果たしながら年老いていけ」と「主を信じておまえの労働を続けよ」の「つとめ」と「労働」は，地上の身体的生活，外なる生活のことだ．聖職者には召命の意味でBerufungが用いられてきたが，世俗の職業と聖職の差を認めない翻訳者（たち）の精神が原文本来の意味を変えて，ここにベルーフを充てた．ルターは「誰もがいずれか一つのベルーフに召されて」おり，このベルーフやベフェール（Befehl, 命令）に従い，それにおいて神に奉仕せねばならぬ，と説いた．この面でルターは，修道院の禁欲生活に較べて世俗の活動を評価しないカトリシズムを超えていた．しかし，世俗の職業がひとたび神から与えられたなら，そこに順応し止まるべきだと考えたルターは，終末論の色濃い新訳聖書の基調が主の再臨までのつかのまの職業生活に無関心であったのと同様，所与の生活状態への順応という点で伝統主義を脱していなかった．以上は出発点である．

(3) **禁欲的プロテスタンティズムの職業倫理**

　魂の救済という純粋に宗教的な動機によって展開した宗教改革運動は，その普及活動およびその弾圧に対する様々な抵抗の中で先鋭化していった．教義も多様な発展をとげたが，その中でもヴェーバーはカルヴァンとカルヴィニズムに着目した．ヴェーバーが「神のみを思い人間を思わない」としたカルヴァンの予定説は『キリスト教要綱』第三版（1543）で展開され，これがウェストミンスター宗教会議で教義上中心的な位置を占めた．カルヴァンの予定説の中心点は以下のようなものである．人間のために神があるのではなく，神のために人間が存在する．至上なる神のみが自由であり，われわれは彼の決意を知ることはできない．われわれが知りうるのは人間の一部が救われ，あとの者は永遠に滅亡の状態に止まるということのみ．永遠の昔から定まっている神の絶対に自由な決意を人間の干渉で動かしうるなどと考えるのはあり得べからざる思想である，云々．
　1647年の「ウェストミンスター信仰告白」はカルヴィニズムの教説をまとめ

たものであり，自余の教派の信仰告白のもとになった．いわく「神はその栄光を顕わさんとして，みずからの決断によりある人々を永遠の生命に予定し，他の人々を永遠の死滅に予定し給うた」．ルターも当初，神の推し量れぬ決断が自己の恩寵の状態に達した唯一の根拠だと意識していたが，やがてルター派では恩寵は喪失可能であって，悔い改めによる謙遜と信仰による神の言への信頼と聖礼典とによって新たに獲得されうる，としていた．だが予定説では，人間は己の世界とは隔絶した神の前に立たされる．その結果「個々人のかつてみない内面的孤独化の感情」が引き起こされた．「宗教改革時代の人々にとっては人生の決定的なことがらだった永遠の至福という問題について，人間は永遠の昔から定められている運命に向かって孤独の道を辿らねばならなくなった」[大塚訳：156]のである．地上のあらゆるものは彼を助けてはくれない，聖礼典も，教会も．こうして徹底した被造物神化の拒絶が生まれた．また神さえ助けてくれない．キリストが死んだのは選ばれた者だけのためであったから．この孤独に人はどう耐えたのか[7]．世俗の生活はどんな意味をもったのか．

　現世は神の栄光を増す場であった．神がキリスト者に社会的な仕事を望んだのは，それが「人間生活の社会的構成が彼の戒めに適い，その目的に合致するように編成されていることを欲し給うから」である．神の栄光への奉仕である「隣人愛」も，職業という任務の遂行のうちに現われるものとなる．そして職業遂行は社会的秩序の合理的構成に役立つべきもの，という性格を帯びてきた．信徒は，自分は選ばれているのか，どうしたら選びの確信が得られるのか，という不安を抱いたであろう．カルヴァンは，神が決定し給うたという知識と，真の信仰から生ずるキリストへの堅忍な信頼をもって満足すべし，と言うにとどまったが，後継者たちには，救われていることを知るという意味での「救いの確証」の問題が最重要となった．様々な方法の中から二つの勧告が特徴的なものとして現われた．まず，あくまで選ばれていると考えて悪魔の誘惑を斥けよ，確信がないのは信仰の不足の結果であり，したがって恩寵の働きの不足に由来する，というもの．次に，自己確信を獲得するための方法として職業労働を奨励した．こうして，彼らの行為は神の恩寵の働きによる信仰から生まれ，

第Ⅱ章 文化諸領域

またその行為の正しさによって信仰が神の働きであることが証される，ということになった．救いの確かさは，行為の正しさによってうかがい知るほかはない．信徒は善行を積みあげて救いに至るのではなく，不断の組織的な自己審査によって救いの確信を作り出すこととなる．個々人の内面には，「恩寵の地位を保持するために生活を方法的に統御し，そのなかに禁欲を浸透させようとする起動力」［大塚訳：286］が生まれる．かくして現世は，禁欲的な職業労働によって，信仰が有効であることの印しを見つける場，信徒が自己確証しつづける場となり，日常生活から無計画性が取り除かれ，生活態度の全体にわたる一貫した方法が形づくられてゆくことになる．禁欲的プロテスタンティズムの天職観念は「来世を目指しつつ世俗の内部で行われる生活態度の合理化」をもたらしたのである．

そしてこの過程に平行して，予定説とは別の教理を展開した洗礼派などが，聖餐式の清浄を保とうとする強い関心から，正しい信仰の持ち主のみで集会を開き，自己審査を共に行おうとする運動がセクト（Sekte，信団）という自発的結社組織を生んだ．これらもまた同様の世俗内禁欲を生み出した[8]．

こうした職業観は日常生活の中でどうなってゆくか．ここでは宗教教理上の観念それ自体ではなく，その観念が信徒の内面に引き起こす心理的起動力こそが重要なのである．ヴェーバーは，リチャード・バクスター（1615-1691）の著作を主な手がかりにして検討した．バクスターは霊的司牧の実践家として代表的な人物であった．彼はまず，富を道徳的に疑問視していた．ピューリタン（英国のカルヴァン派）は貨幣と財の追求を罪悪視して禁欲を説いていた．だが詳しく見ると「富の所有のうえに休息すること」「富の享受によって怠惰や肉の欲，なかんずく『聖潔な』生活への努力から離れるような結果がもたらされること」が道徳的排斥の対象とされていた［大塚訳：292］．休息は神の栄光のために役立つ労働の機会を奪うことになる．職業労働を犠牲にした瞑想も排斥される．瞑想のためには日曜という安息日があるではないか．

バクスターの労働の教えの強調は，労働こそが古来より折り紙付きの「禁欲の手段」だったことに加え，「労働意欲がないことは恩寵の地位を喪失した徴

侯」だという意味をも含んでいた．彼はさらに一時的な職ではなく，定職を規律をもって遂行すること，単なる労働ではなく合理的な職業労働こそ神が求め給うたものだ，とした．ピューリタンの間で，ヨリ神に喜ばれる職業の選択基準となったのは，まず道徳的基準，次に生産する財の「全体」に対する重要度，そして私経済的「収益性」であったが，最後の基準が実践的には一番重要となった．ヨリ利益の上がる方法を採らぬことは，神の管財人としての任務を拒むことになる．貧しいことを願うのは病気になるのを願うことと同じで神の栄光を損なうものだ．富の追求は，職業義務の遂行として道徳的に命令されることとなったのである．

　ピューリタンの天職観念と禁欲的生活態度は，資本主義的生活様式の発展に様々な特性を与える形で強く影響を及ぼしていった．先述のごとく，禁欲は所有物の享楽を批判したが，とりわけ奢侈的な消費を圧殺した．華美な虚飾と虚栄を排し，市民的な「家庭」の清潔で堅実な慰めを理想として掲げた．禁欲はまた貧欲や拝金主義，衝動的な物欲とも戦ったが，それは所有そのものが誘惑であったためである．同様に，不労所得（地代や利子）を手に入れる目的で貨幣を土地や証券に投資して貴族化する生き方や，冒険的商人の投機的な一発当てて儲けるやり方をも嫌った．つまり昔からいる大資本家の営利活動を不信の目で見ていた．富追求を要請する禁欲は旧来の貴族・金持ちが行う営利活動を批判したのであり，その意味で「反営利」なのであった．

　禁欲は「つねに善を欲しつつ，つねに悪を作り出す」力であった［大塚訳：344］．悪とは所有とその誘惑である．禁欲的な世俗の職業労働は，消費の圧殺と営利の解放を結び付け，禁欲的貯蓄強制による資本形成をもたらす．神の国を求める激情がしだいに醒めた職業道徳へと変容しはじめ，宗教的根幹が徐々に生命を失えば，良心的であるということは，平穏な市民生活のための一手段と化してゆく．宗教的熱狂は結果的に富むことを薦める．宗教的指導者は富の享受を避けるためにも施しを説いたが，所有の世俗化作用，つまり神を思うことよりも強力な経済的利害関心の進行は止まらない．熱狂は持続せず，こうして禁欲的に営利活動に打ち込む近代的経済人の心性，フランクリンに例示され

た「資本主義の精神」が登場することとなった．「形式的な正しさの制限をまもり，道徳生活に欠点もなく，財産の使用にあたって他人に迷惑をかけることさえしなければ，神の恩寵を十分にうけ，見ゆべき形で祝福をあたえられているという意識をもちながら，営利に従事することができたし，またそうすべきなのだった」[大塚訳：356]．

3．倫理命題から宗教社会学へ

(1) 構想

「倫理」論文の以上の要約から一つのストーリーを読み取ることができる．すなわち，宗教改革のなかで生まれた禁欲的プロテスタンティズムの職業倫理が，近代の合理的資本主義の人間的基礎である「資本主義の精神」というエートスを生み出したのであり，両者はともに「世俗内禁欲」を核心としている，というものだ．これをヴェーバーの倫理命題と名づけることができよう．この命題をめぐっていくつもの論争が行われてきており，現在もまた行われているが，「倫理」論文の中心テーマをこの命題にみることは可能ではあろう[9]．しかし「倫理」論文にはこの命題をはみ出ることも書かれている．いくつか取り上げておこう．

① 資本主義文化のもっとも特徴的な要素が天職思想であり，これを生み出した「合理的」な思考と生活形態がいかなる精神的系譜に連なるのか，という問題こそ究明すべき点である．とくに注目すべきは，天職概念に含まれる非合理的要素がどこからきたのか，ということだ［大塚訳：94］．
② 西洋的禁欲は，イエズス会において合理的生活態度の組織的に完成された方法として，すでにでき上がっていた［大塚訳：200-01］．
③ 古代ユダヤの預言者にはじまり，ギリシアの科学的思考と結合しつつ，救いのためのあらゆる呪術的方法を迷信とし邪悪として排斥した「世界の呪術か

らの解放の過程」は，カルヴィニズムに完結をみた［大塚訳：157］．

④アイルランド殱滅戦にあたりクロムウェルが布告した宣言は，南阿戦争当時のイギリスの論説を想起させるが，その特徴は，イギリス人の資本主義的「権益」を戦争の法的根拠としたことではなく，彼がこの征服が道徳的に正当だということを，神に訴えつつ，それをイギリス人の資本がアイルランド人の労働を陶冶したという事実によって根拠づけていることだ［大塚訳：119-20］．

⑤ピューリタニズの支配地域では，禁欲は「霜が降りるように，ありし日の愉しきイギリスの生活の上に降りしい」て，文学や感覚的芸術を不毛にしてしまった［大塚訳：331］．

⑥生活をひたすら神にのみ関係づけることによって隣人愛の「非人格性」（Unpersönlichkeit der Nächstenliebe）がもたらされたことにより，「隣人」との関係における「人間性（Menschlichkeit）」はいわば死滅しさった［RS：100-1；大塚訳：166, 170-1］．

⑦経済的秩序の合目的的な形成のうちに現われている神の意志は，此岸的な目的が問題となる場合には「全体」の福祉，非人格的な「有用性」であるほかない．功利主義とは，「隣人愛」の非人格的な形成と，ピューリタンの「神の栄光を増さんがため」という原理のもつ排他性のために現世の栄化をおよそ拒否したことの帰結だったのだ［大塚訳：312］．

⑧禁欲は労働から現世的・世俗的な刺激をとりさった．職業労働そのものが神の聖意に適うものとなった．現在みられる労働の非人間性，つまり，個々人の立場からみれば喜びが少なくまったく意味のないことが，そこでは宗教的な光輝をさえあたえられていた［大塚訳：362-3］．

⑨合理主義は生の個々の領域で並行して進行しない．［大塚訳：92-3］

　①〜③は，禁欲をテーマにした倫理命題にかかわりつつも，それを超える射程の合理化・脱呪術化の研究計画につながる．④〜⑧は，この禁欲が世俗にもたらす特異な影響を特徴づけている．侵略戦争の道徳的聖化，芸術文化の圧殺，

人間性の死滅，功利主義の正体，そして労働の非人間性までも指摘された．⑧は「倫理」論文執筆の動機を想像させ，経済学教授という職業に耐えられなかったヴェーバーの自己診断の趣すらある．ともあれ，彼は西洋資本主義文化の特異な面を意識していた．

「倫理」論文末尾の註には，この論文を「文化発展の総体のなかに位置させるために，さしあたって，宗教と社会の普遍史的な関連に関する比較研究の成果を書き上げてみようと決心するにいたった．それが本書の後続する部分をなしている」［大塚訳：371］とある．公刊された『宗教社会学論集』の目次を見ると，第一巻：「序言」「プロテスタンティズムの倫理と資本主義の精神」「プロテスタンティズムのセクトと資本主義の精神」「世界宗教の経済倫理——序論」「儒教と道教」「中間考察——宗教的現世拒否の段階と方向の理論」，第二巻：「ヒンドゥー教と仏教」，第三巻：「古代ユダヤ教」（二，三巻は死後の編集・出版）である．「序言」の書きだしはこうである．

> 近代ヨーロッパの文化世界に生を享けたものが普遍史的な諸問題を取り扱おうとする場合，彼は必然的に，そしてそれは正当なことであるが，次のような問題の立て方をするであろう．いったい，どのような諸事情の連鎖が存在したために，ほかならぬ西洋という地盤において，またそこにおいてのみ，普遍的な意義と妥当性をもつような発展方向をとる——と少なくともわれわれは好んでそう考えるものだ——文化的諸現象が姿を現すことになったのか，と［RS：1；論選：5］．

まず，近代西洋の文化が普遍的妥当性をもつ発展方向をとる，と西洋人は考えるが，本当に普遍的妥当性をもっているのか．「倫理」論文はその特異性を指摘していたが，それが普遍的意義をもつものなのか．実際に近代以前や非西洋の諸文化と比較してみよう，というわけだ．次に，ヴェーバーは文化のあり方が宗教と深く関連していると見た．前者は『宗教社会学論集』のプラン問題として扱われ，この間の研究で明らかになってきたことがある．後者は日本の

図2-1 文化宗教の分類 [前川 1992：53]

1 現世肯定か否定か	現世肯定的文化宗教または「政治的宗教」		現世否定的文化宗教あるいは救済宗教			
2 禁欲的か冥想(忘我)的か			冥想的ないしエクスターゼ的		禁欲的	
3 現世回避的か現世指向的か			回避的	指向的	回避的	指向的
現世への基本的な態度	現世適応↓	現世逃避↓	現世順応↓		現世克服↓	現世支配↓
研究	儒教道教？	ヒンドゥー教仏教	古代ユダヤ教原始キリスト教イスラム？		西洋キリスト教(修道士制度)	プロテスタンティズムの倫理

研究が従来より力を注いできた論点である．まず前者から．

　図2-1は宗教の分類を示すものだが，まず宗教が基本的に現世を肯定するか否定するかで分けられる．肯定に分類されたのは旧中国の儒教である．肯定とは，この世はいろいろあっても結局は良いところなのだ，という意味だとすれば，魂の救済よりは現世への適応を説くことになる．それを宗教と呼ぶことには問題もあり，ヴェーバー自身も儒教を「限界事例」としている．次に否定とは，此岸よりも彼岸に価値をおくから，死後の魂の救済を説くことになる．その場合，救済される人は現世では何をもってそれを実感するのか．これを救済財というが，基本的には神の「器」か「道具」となって地上で救済を確認する二類型に分かれる．座禅を組んで教えを悟ったり，酒や薬物で救済を体感するというのは「器」型，祈りの日々に徹したりカルヴァン派のように現世改造に努めるのは「道具」型である．さらに，信仰に生きる人の活動は現世を避けるか現世に向かうかで分かれる．これで救済宗教には四類型ができることになる．

　こうして図2-1のような分類ができあがり，「世界宗教の経済倫理」の配列

順序が示すように，ヴェーバーは，図の最下欄の左から右へと研究を進めたことになる．現世の肯定と否定の差は顕著であり，したがって彼はその間に，これから別の論理を展開する旨の予告と準備的考察を「中間考察——宗教的現世拒否の段階と方向の理論」として書いた．現世への基本的な態度の五つの名称も「中間考察」に現われている．「倫理」論文はこのプロジェクトの発端であり，また座標設定にもなっていた．中世キリスト教の研究も予定していたが友人のトレルチが優れた研究を発表した[10]ために取り止めになった，ということが従来より知られている．

後者の宗教と文化諸領域の関係という論点は，少しふくらませて扱ってみよう．

(2) 方法の問題(1) 社会科学的認識

「倫理」論文はヴェーバーの経済学・社会科学方法論の実践場所でもあった．病気中も彼は方法論に関する抜書きや草稿執筆を行っていたことが知られている．そこで代表作「社会科学と社会政策にかかわる認識の『客観性』」(「客観性」論文）を参考に，彼の方法意識と，それが上記の文化のあり方と宗教の関連という問題にどうつながっているのかを追ってみよう．

「客観性」論文では，認識の課題と概念構成（理念型）論が中心的に論じられている．「資本主義の精神」はフランクリンの著作で例示されたが，厳密にいえばフランクリンにはそれ以外の要素もあったはずだ．また当時の人々がみな同じエートスをもっていたことを実証する方法もなかろう．したがって，まず特定の観点から，対象（現実）に備わっている諸々の性質を抽象して，諸要素間に矛盾の無い像を組み立てる．こうして多様な現実の特徴を一面的に浮き彫りにする手法が理念型的概念構成である[11]．現実をあるがままに，客観的に模写して概念が得られる（模写説）のではなく，主観的観点にもとづいて概念を組み立てる（構成説）という立場である．だから理念型の「カルヴィニズム」は実際にはどこにも存在しなかったかもしれないが，多様なカルヴァン派の活動の一特質を認識するためには理念型が役立つし，また必要でもある．お

よそ社会科学的認識のために用いられる概念，たとえば市場経済，日本経済，資本主義，恐慌といったものも，現実の特定局面を一義的に表わすために構成されたもの，つまり理念型的概念構成の産物だと考えてよい．

次に，社会科学は社会現象の理解を目的とする．科学が現象の理解を目的とするのは自然科学も同じである．その場合，人はある現象が生起する原因を説明されると「分かった！」と思う．これは因果的説明である．近代の自然科学は，観察と実験を重ねてこの因果認識を高度に発展させ，多くの因果法則を打ち立てた．既知の因果系列にそった現象の生起を必然と呼び，そうでないものを偶然と呼ぶ．あるいは主要な関心ではない因果関連の帰結も偶然と呼んでいる．自然科学でも人間の関心が先行している．社会と自然の違いは，社会の構成要素が自由な意志をもつ人間だ，という点にある．社会現象は人間の行為によって成り立つから，自然の場合とは異なり，行為の動機を理解することができる．また同じ行為でも，主体がその行為に付与する意味は様々であり得る．私たちは，感情移入したり，経験則を用いたりして，行為主体の内面を理解しようとする．そうして「何のためにそうしたのか」という主体の抱いた目的論的関連を説明することができる．これは自然科学にはないことである．

自然科学に倣った経済理論は，利己心にもとづく経済的行為を対象にして，経済原則の作用する経済という領域を孤立化させることで，精緻な理論的体系を作り上げてきた．だが社会現象の一部である経済現象は，そうした自然科学的な方法で認識できるのか．「倫理」論文はその限界を示していた．目的論的関連を探ることで行為が深く理解できる例は，倫理命題の職業倫理の説明で示された．「救いの証しを求める」目的で「禁欲的な職業生活」という手段を採ったのである．具体的な現象を理解するためには，具体的な原因を知らねばならぬ．経済学者たちは現実の事象（実在）を演繹できるような理論的体系を構築しようと望む．理論が「aが生じれば結果としてbが起こる」と教えるとき，眼前の現象Bの特徴としてbが確認されれば，その原因をさぐる手がかりとしてaを示唆してくれる理論は有益であるから，説明の手段としてその理論の価値は高い．だが，現実の具体的事象を理論から演繹するのは逆立ちしている．

現象Bはbの特徴をもつから,理論「a→b」に従って,aの特徴をもつ現象Aが先行して起こっている,と結論づけるわけにはいかない.「起こっているかもしれない」と考えて,理論を原因究明の手がかりとする,というのが一般的である.しかも社会現象は,例えばBにはb,b',b'',などの特徴が備わっているであろうように,つねに個性的に,具体的に生じるから,こうした理論的説明はすべてを尽くさない.ヴェーバーはこの個性ある現実の具体的な認識こそが現実科学の課題である,とした.

倫理命題は「資本主義の精神」という結果を「禁欲的プロテスタンティズムの職業倫理」という原因に帰属させている.因果帰属の手続きは「客観的可能性判断」といわれる.状況を詳しく調べ,様々な経験則や理論的推論を稼動して,具体的事象Aが具体的事象Bの原因とされるか否かを判断する［山田：185-90］.法廷で認定事実群により思考実験を行って「Aの行為なかりせば」Bは生じなかったかどうかを問い,Aの有罪／無罪を決めるのと同様の手続きだから,法律家ヴェーバーの熟知した分野である.倫理命題の歴史的な因果帰属は,無限の実在を加工して「資本主義の精神」と「禁欲的プロテスタンティズムの職業倫理」という理念型を構成し,両者に「世俗内禁欲」という要素を確定して行われた.そのさい,因果論的説明を,人間の行為の織りなす社会現象に固有の「目的－手段」関係を解明する目的論的説明で補強して,現象の理解を深めた.また社会現象が,経済や政治,宗教など様々な領域にかかわる人間の行為の連鎖であることも示された.

(3) 方法の問題(2) 経済と宗教

人間の活動が様々な領域にかかわっているのは当然だとして,ではそれらはどんな関係にあるのか.ヴェーバーは「中間考察」で,宗教との関連で経済的・政治的・審美的・性愛的・知的領域を挙げ,各領域にはそれに固有の内的な自己法則性が働く,とした.そして,各領域が固有の法則性を突きつめる,つまり合理化が進むにつれて,諸領域相互間の緊張関係が生じてくる,と見たのである.緊張は双方の固有法則性の妥協や相対化をもたらすことがある.宗

教と政治の関係でいうと、たとえばドイツ・ルター派の領邦教会制では宗教の組織が大衆の政治的馴化にかなうものとなった。だが、極限的には固有性は相互に反発する。倫理と審美について「善ではないが美だ」ではなく「悪であるがゆえに美だ」としたボードレールの詩集『悪の華』は象徴的だ[12]。現実の世界ではこうした諸領域の固有な法則性が相互に引き合ったり、妥協したり、反発している。ヴェーバーは人間の活動舞台である社会を、そして歴史をこのように見ていた。したがって、たとえば法や宗教を上部構造として、それらの現象は土台（経済的社会構成）に還元することで説明される、としたマルクス主義の社会観は批判される。倫理命題はマルクス主義批判でもあった。

　諸領域の見方についてヴェーバーはもう少し積極的な発言をしている。

> 人間の行為を直接に支配するものは、利害関心（物質的ならびに観念的な）であって、理念ではない。しかし、「理念」によってつくりだされた「世界像」は、きわめてしばしば転轍手として軌道を決定し、そしてその軌道の上を利害のダイナミックスが人間の行為を推し進めてきたのである。つまり、「何から」そして「何へ」「救われる」ことを欲し、また「救われる」ことができるのか、その基準となるものこそが世界像だったのである［RS：252；論選：58］。

ここから彼が、諸領域の中でも、「宗教と経済」をとくに重視し、両者を対極とする緊張関係の中に歴史の現実を推し進める根本的ダイナミックスを見ようとしたことが分かる。経済とは日々の営み、物質的生活であり、きわめて日常的な営みである。経済的利害状況は、日々無意識のうちにわれわれの身のまわりを規定している。この日常性は伝統主義的な行為様式の地盤となる。これに対し宗教は、新たな価値による魂の救済を訴えることがある。精神的生活において今までにない価値を提示する。予定説は、およそ現実離れした価値基準を日常生活に向かって投げつけた例といえよう。また預言者は「かく書かれている。されど我、汝らに告ぐ」と、いままでのあり方、価値、行為様式をひっく

り返そうとする．これは経済的利害状況（日常性）の対極の立場をなすもので，おそろしいまでの緊張関係を生み出す．こうした見方・考え方を示す預言者のような存在を日本語では思想家と言ってもいいだろう．宗教や思想は，強烈な現実批判，新たな価値提示によって日常世界の転換を要求することがある．

　歴史の流れを変えるような出来事は，こうした日常性の転換を要求するような宗教（思想）的理念の提示によって生じたのではないか．そこには日常の目的－手段の技術的合理性と，高次の価値基準を満たそうとする（宗教的，倫理的等の）合理化との葛藤があったであろう．理念の示す方向性は，複数の合理性の織り成す力学に適合的な場合もそうでない場合もあっただろう．さらに経済や政治という外的＝社会的に制約された利害関心と並んで，様々な内的＝心理的に制約された利害関心も現実には存在する．これらを「利害状況」と呼んでおくと，中心的な役割はやはり経済的利害状況が担うであろうから，その点ではマルクス主義の説明方法にも高い妥当性を認めることはできる．経済的利害状況を階級状況，内的・心理的利害状況を身分状況として扱ったヴェーバーは，そこまでは認めた．だが方向性にかかわる理念を含んだ宗教・思想の固有な性格を経済の領域に還元して説明することはできない．さきに見た独特な職業意識は，宗教教理の特異な内容と，信徒が職業活動の中で抱いていた利害関心との間に，相互に引き合う力（選択的親和性）が働いたために出来上ったものだ，と説明することができる．宗教と経済双方の固有性を認めるヴェーバーは，一方に還元する説明は採らなかった．理念間の淘汰がなされ，それに適合的な利害状況が生まれれば，その理念の示す方向に歴史は進む．歴史とはこのように設定された舞台の上で進行してきた人々の営みである．

(4) 基本的関心

　宗教社会学の研究全体を貫く基本的問題関心は『宗教社会学論集』の「序言」冒頭句に示されていた．彼は西洋文化の独特な「合理主義」を問題にするのだが，ここで，さきに示した倫理命題をはみ出る記述のうち触れずにおいた⑨もかかわってくる．しかも「序言」には，「一つの観点からみて『合理的』

であることがらが他の観点からみれば『非合理的』であることも可能である」［RS：11；論選：22］という記述が見られる．そこでまず，ヴェーバーが「合理主義」をどう扱おうとしていたかを，「中間考察」の記述で見ておこう．

彼は「合理的なもの」を，まずもって「首尾一貫性」とかかわらせて捉えており，それが人間を支配する強い力をもってきたし，もっている，とした．「合理的」であるとは，ある特定の立場を採った場合に，その立場から論理的あるいは合目的的にみて首尾一貫していること，矛盾を含まないこと，を意味する．したがって，現実世界において様々な立場の選択が可能だとすれば，その立場に応じた様々な「合理的」なるものが存在することになろう．宗教領域における神秘論的瞑想の「合理化」が，たとえば経済の領域からみて非合理的とされるだけでなく，別の宗教的立場からも非合理的とされることがある．

現実に多様な合理性が存在することをうけて，それらがどのような立場からどういう方向に向かう合理性であるのかを理解しようとする場合には，図式的理論的な合理主義の類型を構成しておくのが有効である．ヴェーバーは自らの企図についてこう述べた．「……こうした宗教社会学的試論は，何にもまして，合理主義自体の類型論ないし社会学的研究に対する一つの寄与とならねばならぬし，また，そうであろうとしている．したがって，この試論は，現実がとりうるもっとも合理的な形態から出発して，一定の理論的に推論可能な合理的帰結が現実のなかでどの程度まで実際に生起したか，それを探究しようとしている」［RS：537-8；論選：101-2］．宗教社会学研究にこめられたヴェーバーのこうした意図を知ることにより，前掲の図2-1が合理主義の類型論をなしていることは容易に理解できる．

次に，宗教的合理化を例示的に説明しておこう．ヴェーバーは「知識人によって合理的たることを意図しつつおこなわれた，現世の宗教的意味づけや宗教倫理は，まさしく，そうした首尾一貫性を強く要求するものであった」［RS：537；論選：101］とする．ここで示唆された宗教倫理の形成と知識人の関係を手がかりに，宗教的合理化の見取り図を描いてみよう[13]．

人は，個人を超えた領域に発する困難な問題を絶えず突き付けられる．人間

と超越的領域との間に起こる永続的な問題，これが苦難である．苦難はなぜ起こるのか，どうすればいいのか．このような問いが諸宗教の起源の中心にはある．そして理不尽で予測のできない偶発的な苦難の説明がカリスマ的人物に期待される．またこの問いが宗教の発展を押し進めることになる．このように宗教という領域に固有の動因があり，固有の展開があるため，ここに領域の自律性を言うことができる．

　超自然界には人間より少し強い霊魂と悪霊が住んでいると考えられた．悪と苦難はこれらの霊魂と悪霊のせいだ．だが呪術師は集団（部族）の人々を守る手段，つまりこれらの超自然的な存在を思い通りに動かすことのできる神聖で不思議な方法をもっていた．

　しかし呪術師の努力にもかかわらず，説明のできぬ苦難は続く．災難や悪，不正が耐え難くなるにつれ，また，呪術師が合理的な思考を通して苦難の存在を説明しようとするにつれ，彼らは，超自然的な領域の性質を誤解していたと認めざるを得なくなる．超越的な領域とは，呪術などの手段によって思い通りに動かせる悪霊と霊魂の住むところというよりも，むしろ，もっと強力な存在，すなわち神々が住むところと理解された．神々が怒ると，人に苦難がもたらされる．

　神々は霊魂や悪霊よりも強力だから，伝統的な呪術的方法では思い通りに動かせない．超自然的なものとの新たな意思疎通の方法が必要になるが，それは，神々の偉大な能力に適したものでなければならない．苦難を和らげるには，神々の怒りを鎮めなければいけない．そのための新たな技法が案出された．嘆願，祈り，崇拝，犠牲，儀礼の遂行などなど．これらの神聖な活動の専門家（職業集団），つまり聖職者が発生し，呪術師にとって代わる．こうして徐々に呪術や魔術とは区別される「宗教」——教理と儀礼——が生まれた．

　苦難は続き，論理的思考は引き続きその説明を求める．つまり宗教的発展が生じるのだが，これは，この領域に固有な苦難という特殊問題の結果として起こっているのであって，経済などの別の領域の変数として変化するのではない．純粋に論理的な思考は，試行錯誤の末に，超自然的な領域の性質をこれまで誤

解していた，と結論する．神々は，犠牲，嘆願，崇拝，祈りなどを要求する強力でわがままな存在ではなかったのだ．神々の「真の性質」を理解するならば，それは倫理的な存在であり，この世の人間に対し崇拝や犠牲ではなく，特殊な行為を要求している．その行為は神の倫理的な戒律と一致するものでなければならない．こうした観念が広まり，倫理的行為を求める聖職者の要求も強まる．

それでも苦難は続き，合理的思考は，超自然的領域とは，もっと強力な神のいる所であると概念化するに至る．人間の姿をもつか否かを問わず，この倫理的存在は全宇宙を支配しており，普遍的なものだと考えられた．だが，もし倫理的な神が普遍性をもつならば，天と地が唯一の倫理的神の支配権のもとで「統合」されるのだから苦難はなくなるはずではないのか．だが苦難は現に起こる．ここに，正しき神の存在と現世の苦難の存在の矛盾を解く神義論の問題が現われ，これによって宗教の発展が促進される．様々な教理の極度の発展がみられた．それらは，適切な倫理的行為とはどのようなものかを特定しようとした．たとえば，現世からの「逃避」に向かうもの，現世を「支配」する方向へ向かうもの，など．

苦難の問題が宗教を必要とし，その発展を駆りたて，一神教の教理をもたらすという説明は，たとえばキリスト教に関してはとくに説得力があろう．だが東洋でも人知をこえる苦難の問題こそが重要であったのは同じである．それが宗教を生み，宗教的「世界観」を生んだ．そしてその世界観は宗教に固有の論理展開を内部に原動力として含み持っていた．ただし超越的な領域という概念の未発達な儒教は，文化宗教の分類のところで触れたように，宗教の限界事例とされた．

こうした人間の現世的態度を内面で規定する宗教の意義に視点を定めると，次のようなヴェーバー理解にもうなずけるところがある．すなわち，われわれはみな，自らの持つ合理性によって現実に対峙し，また現実の認識と実践を営むなかで，自らの理性的関心からさらなる合理性を獲得する，と考えるが，ヴェーバーはこれを否定した．彼は，自己の固有論理を備えた宗教的合理化こそが優先権を主張できるのであり，われわれが無造作に合理性と呼んでいるもの

は，宗教的合理化という条件があってこそ発展する，と言っている——というものである［テンブルック 1997：36-7, 54］14)．だがヴェーバーには，様々な生の領域に進行する諸々の合理化が相互に葛藤していることへの醒めた洞察があった．ある立場を採ってそこから要求される態度を首尾一貫させることが合理化を進めるのであれば，一つの合理化は，現実には妥協や緩和が生じるであろうが，論理的には別の立場への殲滅戦の遂行ということになる．私たちが態度決定を迫られる場合，複数の究極的立場の間に「神々の闘争」が存在することを自覚する瞬間をもつであろう．ヴェーバーはこの局面を先鋭的に表現していた．「職業としての学問」から一例を挙げよう．

> 美学は芸術品が存在するという事実を前提する．そしてどのような条件の下に芸術品が成り立つかを基礎づけようとする．然し美学は，芸術の国が恐らくは悪魔の栄光の国でありまた此岸の国なのではないか，従ってまた，その最も深い内部においては神に反するものでありまたその内奥の貴族主義的精神においては人間愛に背くものであるのではないか，というようなことを問いはしない．つまりそれは芸術品が存在すべきかどうかということは問わないのである［WL：600；尾高訳：46］．

ヴェーバーはここで，審美的立場のことを悪魔の栄光の国，この世（此岸）にねざした国だと言っている．どういうことか．たとえば，道徳的，法的非難ならば，それは共通の基盤（人格の同等性）の上での差別であり，理念としての連帯可能性は失われていない．しかしながら「教養的・趣味的文化における壁は，あらゆる身分的差別のうちでも，もっとも内面的で，かつ乗り越えがたいものである」（「中間考察」）ため，絶対的排斥を意味してしまう．つまり美の世界は反友愛の世界であり，貴族主義の最後の避難所として，同胞倫理（キリスト教の福音）の対極の世界をなしているのである［雀部 1993：16-22］．

だが倫理命題をはみ出た⑥も示すように，ヴェーバーは予定説を「神のみを思い人間を思わない」ものと考えた．「倫理」論文のコアのところにキリスト

教を否定するような要素が置かれていた.代表作として広く読まれるこの論文は,いまだに謎を含む[15].だがこれも宗教的合理化によって生み出された事態の一つである.ヴェーバーの基本的関心は明らかに「合理化」に向けられていた.

　では,「倫理」論文が例をなしている「宗教と経済」の関係を考えるとき,もう一方の経済という文化領域の固有法則性,つまり経済的合理化はどのように捉えられたのか.この,いわば自明視されていると思える問題は,このあと第V章で扱うことになる.

第Ⅲ章　理念型をめぐって

1．本章の課題

　前章ですでに理念型という方法概念を用いた説明を行ってきた．ヴェーバーの科学論／学問論といえばまず「理念型」が想起されるように，それが重要な概念であるのは確かであり，その理解をめぐっては先行研究が山のように残されている．理念型について想定しうる様々な論点も，すでに少なくない研究者によって吟味されてきた．ここで新たな問題を提起することは容易ではないし，またその用意もない．

　そこで本章ではヴェーバーの真意を探るという視角から，ささやかな論点確認を行うことにしたい．ヴェーバーの用語の中には「中世都市経済」とか「プロテスタンティズムの倫理」といった時空の限られた現象を示すものと，「目的合理性的行為」や「形式的平等」といった時空を問わぬものを指すものとの二層がある．このこと自体はなんら問題ではないし，どの研究者にも見られることである．ただし両方とも同じ「理念型」の名でと呼ばれてきた．それゆえ問題は，「理念型」論提唱者のヴェーバーにおいてこの二層の概念構成がどのような論理的関係に置かれていたか，というところにある．これは，他の人物を相手にした場合には出てこない，まさしくヴェーバー的問題といえよう．

　もちろん研究史上この論点も見逃されてきたわけではないから，手がかりは容易に得られる．ここではいち早くこの論点を指摘したシェルティンクの問題提起を取り上げて，ヴェーバーが理念型概念を持ち出すことにより何を狙ったのかを確認してみたい．またシェルティンクの時代には，おそらく時間的に近

すぎてあまり気づかなかったであろう「作品史」的接近から明らかになるヴェーバーの問題意識の変化という要素を加味することで，ここでの問題設定の答を求めてみたい．

この作業の前提として，第Ⅰ章でナウによって見てきたような同時代の科学観に触れ，ヴェーバー科学論の置かれた歴史的文脈を明らかにしておこう．ヴェーバー研究という狭い世界には特有のジャーゴンが頻出するため，予備知識として，やや一般的な知的世界の状況を見ておくことは有益である．手がかりとして「職業としての学問」に触れることから始めたい．

ドイツ語の Wissenschaft は日本語では学問とも科学とも訳されるが，まずはこの二つの日本語の違いに注目して，「知＝知ること」はどういうことかを考える．そして人はいかなる知を求めるのかという一般的問題設定から，ヴェーバーはいかなる知を求めたのかという問題に進み，そこで登場した理念型的概念構成を，キーワードとなる価値関係を含めて説明しておこう．

2．「知る」ということ

(1) 学問と科学

ヴェーバーの「職業としての学問」は，学問を職業として選ぼうとする人を対象にしてはいるが，およそ学問にかかわるすべての人に対して，先の「知ること」とはどういうことかという問題を投げかけたものである．これを素材に，学問にまつわる若干の論点を紹介しつつ，学んだことの意味が主体的に捉えられるようになるためのヒントのようなものを探ってみたい．それは同時に，ヴェーバーにとって「学問／科学」とは何か，を探る作業なのでもあるからだ．

講演「職業としての学問」は，現在，Gesammelte Aufsätze zur Wissenschaftslehre と題された論文集に収められている．『学問論集』ないし『科学論集』と訳されるこの論文集の初版は，マックスの死後，1922年に妻のマリアンネ・ヴェーバーの手で編まれて出版されたものである．だから

第Ⅲ章 理念型をめぐって 55

Wissenschaftslehre という言葉はマリアンネがつけたものである．この言葉はフィヒテに由来する由緒正しいもので，戦前より日本では「知識学」という訳語で紹介されてきている．九鬼周造『西洋近世哲学史稿』(1944) によれば，知識学とは，「どうして知識が成立するか，どうして経験が可能であるか」に答えるもので，事物に関する学ではなく，むしろ知識の学であるという［九鬼 1981：184］．マリアンネはリッカートのもとでカントやフィヒテを学んでいたようだから[1]，夫の遺稿を編集・出版するにあたってこの語を借用したのもうなずけるところである．百年以上も昔の論文も収められている『科学論集』に通じていれば，社会科学のあり方や方法をめぐる今日の議論のほとんどが見通せる，とまでも言われたこともある［Oakes：10-11］．知識学は，だから古くて新しい学なのだ．

　現在ドイツでマックス・ヴェーバーの全集が編纂・出版されているが，編者たちはマリアンネの採用したこの語を捨てて，これまで『科学論集』に収めてあった論稿の多くを，発表順に『社会科学の論理学と方法論』(Zur Logik und Methodik der Sozialwissenschaften) のタイトルのもとに収録するという[2]．われわれにはすでに馴染み深い，だがマックス・ヴェーバー自身がつけたのではない『科学論集』というタイトルは，まもなく消える運命にある．長らくヴェーバーの主著とされてきた『経済と社会』という書名についても同様の編纂問題があるが，この名称は残された．こちらについては第Ⅴ章で触れたい．

　死後出版の場合，編集にまつわる問題の一つは，著者が当該諸論稿で何を真のテーマとしていたのか，の解釈にあるが，それを念頭におきつつも，ここでは少し違った角度からテーマに接近してみよう．手がかりは二つの訳語，学問と科学．

　科学も学問も Wissenschaft の訳語として用いられる．ただし，英語で Wissenschaft にあたる Science の訳語にはもっぱら科学が使われる．社会科学，自然科学，人文科学という（これまた大学設置基準の大綱化により死語と化した感のある，日本の大学の「一般教育課程」で行われていた）三分類はあるが，ただ科学とだけいえば，通例は自然科学が想起されよう．科学者についても同

様であろう．言語学者や歴史家を科学者と言わないのが一般的である．

　というわけで，日本語の語感からすると，科学と学問は全く同じではないようだ．科学は，自然科学に象徴されるような，普遍妥当性をもった論理で記述される法則性を扱う作業をさしている．数学や物理学のように，言語や国境の壁がない，一般的法則の確立とその応用を目標とする営み，というイメージがある．

　学問の方は，そうした科学を内包しつつも，なおそこには入りきらない何物かをも含んでいる言葉として使用されているのではないか．その「何物か」をあえて言い表してみよう．まず人間および人間の活動に対する深い洞察は，普遍的法則のみをもってしては行われない，という想定．したがって人間世界を理解するためには，上述の科学には収まらない，多様な観点の設定とその応用の技法が必要だ，という想定．そうして個性的な人間世界の諸事象の理解・認識という知的作業を通して，それを行う主体の人間性が高められてゆく，という想定．かくして学問とは，科学よりももっと広い範囲の知識にかかわり，しかもそれに携わる人間のうちにまで変化をもたらす，人間的活動の一領域である――おおよそこんなところであろうか．

　ただし，以上のことは，日本語の語感にそくしてのみ言いうるにすぎない．もっとも科学にせよ学問にせよ，どちらも「知」にかかわる営為ではある．ドイツ語ではいずれにせよ Wissenschaft の一語であった．「知」（ドイツ語で Wissen）には，だから日本語ではニュアンスの異なる，科学の領域に含まれるものとその領域からはみ出す何ものかをも含んだものとの，二種類の知がこみになって入っていると考えられるが，知であることには変わりはない．だが，人間が（自己をも含めた）世界を了解するにあたって言語を素材に築く「知」には，本当に二種類のものがあるのだろうか．

　ヴェーバーの科学論を理解するときには，おおよそこんなことを考えておくと，出発点としては充分だろう．

(2) 歴史と自然科学

いま二種類の「知」と書いたが，19世紀後半のドイツを例にとってこれをもう少し説明しよう．化学や物理学といった自然科学の発展は目ざましく，様々な理論や法則が確立されてゆき，それらを応用した技術の進歩のおかげで著しい産業発展が可能となった．その結果，歴史研究の分野にも，歴史的出来事（＝人間の行為の絡まり合い）に関して，生物学的エネルギーの法則や心理学の諸法則を用いて行為を説明したり，歴史の発展法則という概念を用いたりする傾向が現われた．だが歴史研究の対象として取り上げられる事柄は，果たして法則などで解明しつくされるような，規則的に繰り返されるものだろうか．むしろ歴史上一回きりの，二つと見られぬきわめて個性的な出来事だからこそ検討対象とされるのではないか．だとすれば，歴史研究に自然科学的手法を持ち込むことは誤りではないだろうか．知識を扱う学的営みとしては同じであっても，対象が違うために，科学のあり方という点で違ったものが存在するのではないだろうか．

こうした関心から，対象や知識の性質にそくして科学を分類することが試みられるようになった．知識の生成と知識を成立させている諸契機，そして対象世界の性質と分類基準などを根本的に検討する作業に哲学者が乗り出した．この事情を象徴するのがヴィンデルバント「歴史と自然科学」（1894年，邦訳『歴史と自然科学・道徳の原理について・聖』岩波文庫）である．彼の主張を追ってみよう．

彼は，直接に経験的所与の認識を課題としない合理的科学（数学，哲学）と，知覚されうる実在の認識を任務とする経験科学の二分を設定する．また経験科学の方は従来より自然科学と精神科学に二分されてきたが，これは古代末期以来の「自然対精神」図式にのっとった対象による区分であって，認識方法の対立によるものではない．ただ一般に精神科学の目的は，ある時点における一回性の出来事をあますところなく記述し理解することであると言ってよく，歴史的諸学科はまさしくここに含まれる．そこで認識目的によって経験科学を分類

すれば，普遍的法則を求める法則科学と，特殊的・歴史的事実を求める事件科学，となろう．これを認識方法という観点からみると，前者は自然法則性を備えた普遍的なるものを求めており，法則定立的（nomothetisch）といえる．後者は，歴史的に規定された形態を備えた特殊的なるものを求めており，個性記述的（idiographisch）といえる．換言すると，これは自然科学と歴史科学の対立である．（この方法的な意味では心理学は自然科学に入る．）

法則定立的と個性記述的というのは，あくまで対象の扱い方の違いであるから，同一対象に両方のアプローチが可能となる．また法則的なものと一回的なものといっても，相対的な関係であって，たとえば生物学では，人類の発生は法則的な生物進化の一コマではあるが，同時に一回的な出来事とみることもできる．人間の興味や価値感情がより多く一回性に向かうのは確かであるが，どんな歴史的過程の因果的説明も，事物一般に関する普遍的表象を前提としていることに疑いはない．

ただ，二つの契機は共通の根源に還元できない．三段論法の例（「大前提（自然法則，必然性）」－「小前提（制約条件）」－「結論」）で考えてみよう．ここには無時間的必然性と一定時点の特殊的制約が登場している．しかしいくら特殊制約の因果連鎖を遡ってみても，普遍法則による初項は想定できない．このように歴史的個性的経験には剰余（定義しえぬ，言い得ぬなにものか）が残る．人格の深き本質であろう．それは，われわれの存在の「無原因性＝個人的自由」の感情として意識に現われる．時間的所与は，普遍的合法則性に従って生起するが，しかし他からは導出されえない独立性を保って，普遍的合法則性と並存する．つまり，普遍から特殊を，無限から有限を，本質から存在を，概念的に導出することはできない．以上がヴィンデルバントの説である．

(3) 文化科学と自然科学

この立論をうけてリッカートはさらに問題をにつめてゆく（以下，邦訳『文化科学と自然科学』岩波文庫による）．彼は，ヴィンデルバントのいう法則定立的手続きと個性記述的手続きの対立をうけて，これを「一般化的方法と個性

化的方法」と呼ぼう，と提唱する．そして対象による分類については，自然科学とは，価値や意味を離れた自然を対象として，これを普遍的概念の中にいれる科学であり，精神科学の方は，意味に満ちた価値関係的文化を叙述するのだから，一般化的手続きだけでは不足であり，対象の実質的な特色・特殊性を正当に扱うために個性化的考察を必要とする科学なのであって，心を探求するのが主眼ではないから，精神科学というよりはむしろ歴史的文化科学という名称がよい，とした．そして自己の課題を，非自然科学的な経験的諸学科の共通の関心・課題・方法を規定して，自然研究者との境界をなしうる概念を展開すること，文化科学とはどういうものであり，自然研究とどういう関係に立つかを明らかにすること，と設定する．彼の立論からここでは三つのポイントを引き出しておく．それは，異質的連続，価値関係，文化価値の体系，である．

①リッカートは経験的現実を，空間的・時間的外延からすれば連続的であるが，二つとして同一のものはなく，すべて個性的であるという面から見れば異質的である，として，現実とは異質的連続である，と捉えた[3]．そのことは，概念とはありのままの現実を模写することによって出来上がるとする概念模写説の不当性を言い当てていた．現実はそのままでは概念化できない．一面的に同質的連続と見なせば，現実は合理的なものとして概念的に支配され得ることになる．それはたとえば一元的・量的世界に展開される数学に象徴される．だが，そこでの同質性は実在的なものではもはやない．逆にあえて異質的不連続とみなすことによって，現実は，特異・個性的なものとして概念化され得ることになる．どちらの方法も，思惟による現実の加工という概念構成手続きなのであって，模写ではない．

以上の把握を前提として，彼は，次の点に自然科学的概念構成の限界を見出した．すなわち，自然科学は，研究客体の特質一切を概念的に叙述することはできぬ．それはたった一つの客体にしか付着していないことは非本質的とみなすから，一つしかない実在的客体の特殊性と個性を写すことはできない．現実的なものは特殊個性的なものであり，普遍的要素からは構成されえない．両者の間にはどうしてもミゾのようなものが存在する[4]．

こうして自然科学的概念構成は現実的なものとの間にミゾを残すことが示された．現実的なものの個性に留意しない場合には，ミゾは無視され得る．個性化的手続きを採れば事態は別様に現われる．その結論だけいうと，「現実は，もし我々がそれを普遍的なものに着眼して考察するときは自然となり，特殊にして個性的なものに着眼して考察するときは歴史となる」［リッケルト：104］ということになる．

　しかし「個性化」という捉え方は問題を与えるだけで，いまだ科学的な「歴史的方法」なるものを積極的に与えてはいない．それは形式的な「法則定立的対個性記述的」という区別をするだけだ．また自然科学は法則を，歴史は形態を，それぞれ求める（ヴィンデルバント）といっても，論理的な区別はいまだきちんとつけられてはいない．

　②そこで問題は，「歴史は，それが一回的・特殊・個性的なものを叙述せねばならぬとしたら，いかにして科学として可能であるか？」と定式化される．この問題への解答として提起されたのが，「価値への関係づけ」という手続きであった．

　現実が歴史として現われるとき，われわれは個性的・一回的な出来事の意味を問うている．ある事件ないし個人の行為を，「そこにはどんな意味があるのか」という眼で見つめる．逆に言えば，人間は意味づけを行うことによって，無限の混沌たる現実の一部を歴史たらしめているのだ．このようにして意味づけられた歴史的現実を一般に文化とよぶ．われわれの関心対象となる文化意義（客体の担う了解されるべき価値と意味）は，他のものと区別されることで認識される．価値を帯びた「文化」は，個性化を行う手法としての「歴史」によってこそ把握される．これを行うのが「歴史的文化科学」である．この科学の「選択の原理」はなにか．それは「文化」概念によって与えられる．「文化に付着した価値，価値への関係づけ」，これによって初めて，歴史的個性の概念が構成される．

　歴史的な対象は，個性化的手続きで把握され，個性的な概念構成は，対象の選択原理としての価値への関係づけ，つまり「価値関係的手続き」によって行

第Ⅲ章　理念型をめぐって　61

われる．これに対し自然科学とは合法則性または普遍概念的関連に向かうものであって，文化価値やそれと客体との関係を問題とはしない研究である．こういって論理的区別をつけておくことができる．

　では「価値関係」とはどんなものか．まずそれは評価的手続きと区別されねばならぬ．歴史は，確かに因果的評価にかかわる科学でもあるのだが，それだけでなく，その評価以前の手続きをも問題とする．そしてここで言う論理的価値関係とは，あくまで「事実の確立」の領域内でのことだ．人がある価値を価値として認め，この観点から現実を本質的／非本質的に分ける．ここに対象選択の原理が働いている．評価以前の手続きとして，対象を価値に理論的に関連づけることによって歴史的な個体は生じる．つまり個性的概念構成というものがここで可能となる．

　ならばどんなものが価値か．まず，価値とは「妥当性」が問われるものであることを理解しておこう．たとえば経済的価値についてみると，大蔵省印刷局で作った千円の表示がある日本銀行券は，それを使う人々の間で「千円の価値がある」と認められている．この人々の中では千円という価値が妥当している．そしてその数値（大きさ）を問う前提として，ある財貨（商品）の価値は，人により大きく，あるいは小さく評価されるが，財貨の経済的「価値」というものは前提される，という事実がある．つまり経済的価値の存在を前提し，そのうえで評価がなされている．そこでは「評価はしなくとも」価値が承認されている．経済以外の広い文化諸領域でも同じ論理があてはまる．領域の異なるに応じて，様々な価値が妥当性を要求している．

　③歴史家個人が様々な主観的価値評価の基準を抱くにせよ，彼は，自己の勝手な価値に客体を関係づけることはない．彼は，少なくとも，宗教（世界の意味づけ，魂の救済），国家（公的権力），法律（権力的規範），道徳（倫理的規範），芸術（審美），科学（知），などには普遍的価値があると考え，それらが一般に価値として承認されているということを前提にしている．問題となる価値は，文化共同体の全員に向かってその妥当性が少なくとも要求されるものでなければならない．「歴史的概念構成の個人的恣意を取り除くのは，つまり歴

図 3-1　科学の分類

方法＼対象	自然	文化
自然	(A)	(B)
歴史	(C)	(D)

例(A)　物理学，化学
　(B)　経済理論
　(C)　臨床医学（二人として同じ患者はいない）
　(D)　歴史的文化科学（歴史学）

史的概念構成の『客観性』の基礎をなしているのは，ただ文化価値のこの普遍性ばかりである．歴史的に本質的なものは単に某々の個々人にとってのみでなく，万人にとって有意義でなければならぬ」［リッケルト：163］．さらに言えば，自然科学でさえ，意味に満ちた歴史的文化所産である．科学の客観性を保証するものは，普遍妥当的な価値であるといっても，その妥当性は限られた文化圏の中だけではないのか．そこでは自然科学と文化科学の差はない．こうして歴史的文化科学の対象は，自然科学に決して劣らぬ科学の対象として客観的に論理化されることとなった．そして哲学者リッケートは，科学の分類という課題の先に，「客観的諸文化価値の包括的体系」の追求を価値哲学（歴史哲学？）的な課題として掲げる［リッケルト：227-31］ことにも意味があろう，と言うところにまで進んだのである．

　ひとまず以上の対象と方法の二分法を整理しておく．1．対象について，質料的には「自然―文化」をもって「自然科学対文化科学」としておくことで，双方の関心の対立もうまく表現できる．自然と文化の区別を言えば，自然とは，ひとりでに発生したもの，「生まれたもの」，おのれ自らの「成長」に任せられたものの総体を指す．文化とは，価値を認められた諸々の目的に従って行動する人間によって直接に生産されたもの，あるいは少なくともそれに付着する価値のゆえに意図して育まれたものを指す．次に2．方法について，形式的類別原理としての自然科学的方法と歴史的方法の区別があった．あるいは，普遍的法則の概念と，特殊的にして個性的なる一回的生起の概念の区別と表現することもできよう．これは図3-1のように示すことができる．

歴史的文化科学は，文化科学としては，普遍的文化価値に関係づけられた，したがって意味に満ちたものとして了解し得る客体を論じ，歴史科学としては，客体の一回的発展をその特殊性と個性とにおいて叙述する．こうしてリッカートの科学の分類は，ヴィンデルバントのそれから出発しながら，さらに精緻なものとなった．

(4) **観点と概念構成**

学問と科学という二つの語の差は，一方が価値にかかわる特殊性の人間世界を，他方が非人間的世界（自然）の普遍性を扱う，という二重の違い（図の(A)と(D)を参照）に由来するイメージの差にあったようだ．日本語ではこの違いが表わせても，ドイツ語・英語では出来ないらしく，対象にそくして人間科学（人文学），自然科学などと表現しているようだ．が，どちらも概念の構成においては現実の模写ではなく，関心にもとづく現実の加工であった．つまり，ただ何を本質的と見るかの違い，それゆえ認識目標が，一般性・法則性に向いているか，それとも個性・一回性の意味理解に向いているか，の違いである．

しかしいずれにせよ人間の知的営みには変わりがない．この作業に携わる（携わろうとする）人を対象にヴェーバーの「職業としての学問」の講演がなされた．ヴェーバーの科学論といえば理念型，と言われるほどであるが，その概念構成論議は，学問のあり方，その意味にまでかかわるものであった．

ヴェーバーの主張をここでの文脈用にアレンジしておこう．

まず，問題索出的観点の重要性が強調されるべきである．経験的現実世界において，人が経験的・直観的に「ここに何らかの問題があるのではないか」と感じることが先行する．あるいは「なぜそうなるのか」という疑問の形をとる方が一般的かもしれない．つまり一定の観点がまず存在しなければならない．逆に言えば，なんの観点もないということは，そこに認識欲求（つまり知りたいと思う気持ち）がないのだから，既存の知識や理論さえもその人にはおよそ意味のないものとなる．そうしてその観点から無限の多様性である現実を見ると，いくつかの要素が取り上げるに値するものとして浮かびあがってくるであ

ろう．どんな要素が問題になるかは，じつは観点に依存していたのである．「なぜそうなるのか」と問うとき，どんな答が出されたら問う人は納得するだろうか．一つには，そうなることの原因が説明されればよい．先行する諸事象の中に問題となっている事柄を引き起こすものが見つけられ，因果関係が明らかになれば，納得できるだろう．もう一つには，眼前の複雑な出来事が，比較的簡単な既知のことがら（加減乗除とか心理的反応の規則性など明証性の高いもの）の積み重なりとして，矛盾なく説明される場合が挙げられる．もっとも納得に至るには，高度な論理能力や人生経験が要求されることもあるが，それが前提されれば，納得は根本的には明証性に帰着する．

いま一つの問題をすり抜けてきた．それは「ここに何らかの問題があるのではないか」と感じる場合のことである．これは「なぜそうなるのか」とは違った，いわば「なぜそうでなければならないのか」という問いを含んでいる．この問いには因果的説明では答えきれぬものがある．問う人は，自覚的にか無自覚的にか，眼前のあり方を（通例はもっと望ましい）「そうではない」あり方と比較している．「そうではない」あり方とは，理想のこともあれば，経験的に知っている他国の事例のこともあろう．それらと比較して違うところがあるから，そこに問題を感じるのだ．論理化すれば，すでに出てきていることだが，比較にもとづく個性認識欲求，である．ただその個性的出来事も，個性的因果系列が明らかにされることで了解される面はある．（この点はさらに残しておこう．）ともあれ複数のあり方のそれぞれには，やはり因果的説明と明証性への還元とが可能である[5]．

さきに述べたような観点がまずあって，その観点による経験的要素の選択が行われる．リッカート的に言えば，価値への関係づけがなされる．そのことにより異質的連続に切れ目が入れられて，関心の対象となる要素が拾い出され，その諸要素によって認識の対象としての現実が概念的に再構成される．問題となる現実が個性的な事象・形象であれば，それが歴史的個体として概念化されるわけである（＝理念型的概念構成の一つのあり方）．そして最後にこれが因果的に説明されなければならない．

因果帰属においては，当然ながら規則的知識の稼動が必要となる．単純な経験則で間に合わなければ，高度な専門科学の諸法則も稼動されることとなる．だから一般化的方法もここでは必要だ．ただし，この場合に一般化的方法は，あくまで問題となった事象，つまり歴史的一回性の認識のために役立つ，という位置づけにある．しかも法則とは，無限の混沌の中で，規則性・一般性を本質的なものとみる観点から，つまり一定の価値関係づけを経て選ばれた諸要素で構成された概念である（＝理念型的概念構成のもう一つのあり方）．したがって歴史的個体も法則も，概念構成上の手続きは同じといってよい．個性的事象の因果的解明作業は，かくして一般化的方法と個性化的方法の協力によって果たされるのである．

　認識目的による方法の違い，とはいえ対象の概念的加工＝概念構成の同一性．つまり，価値関係的手続きによる概念構成によって，自然科学的概念構成の問題点が克服され，そのことにより，現実科学で一般的に妥当する論理が確立された．こうしてヴェーバーは歴史を「科学」の名に値する研究分野に高めるとともに，経済現象の歴史的個性重視の立場から抽象的な理論の構築作業を評価しないシュモラーと，経済学の課題として経済理論構築の重要性を主張するメンガーの間でなされた有名な経済学の「方法論争」の両サイドの主張を批判的に乗り越えた．

　科学の分類の中で用いられた「現実科学」という語を，ヴェーバーは後にあまり使用していない．彼は自己の作業領域を明確に示す「社会科学」なる語を用いている．ただしあくまで現実科学としての社会科学なのであって，社会に対して科学的方法（科学＝自然科学＝法則定立的・一般化的方法）を用いたものが社会科学である，というような誤った思い込みで理解されてはならない．メンガーおよびオーストリア学派への態度をみればそれが分かる．歴史学派の批判者ヴェーバーという像で理解され，そしてその限りではオーストリア学派の側に立った，と見られることもあるが，そう単純ではない．ヴェーバーから見れば，経済理論の構築作業は承認できるが，理論的精緻化がそのまま経済現象の深い理解とはならない．また理論から現実が導出できるかのような発想は

逆転している．オーストリア学派のやっていることは評価するが，その位置づけについて理論的研究に従事する当の本人たちは自覚していない．こうヴェーバーは，現実科学の対象としての経済現象の理解において，自然科学的概念構成一本で対応できるとする考え方（＝自然主義）を批判している．

彼の論理はリッカートの①と②を受け継いでいる．だが現実科学にとどまる彼は，哲学的な価値の体系なるもの（リッカートの③）を信じない．主体的に選びとった価値を前提したうえで「認識の客観性」を保証する手続きを論理化しようとしたのである．経験は諸価値の体系をではなく，価値の多元性を，いやむしろ「神々の争い」を教えている．その中で自己の責任において価値を選びとらねばならない，というのだ．ちなみに「歴史的文化科学」の語は，ヴェーバー晩年の「職業としての学問」の中でも使われている．研究領域の変化はあれ，以上のような彼の科学観は，基本的に変わらなかったといえよう．

(5) ヴェーバーの関心

経済学者ヴェーバーは，オーストリア学派の成果には通じていたようだが，自身では理論的作業そのものにはあまり興味を示していない．では何をやったか．経済的合理化過程という関心のもと，われわれの生きる場であり，その意味ではわれわれにとって運命としての資本主義を対象に据えた経済社会学の研究，であった．

近代資本主義は，西洋合理化過程の果てにわれわれの文化を，そして生そのものを大きく規定する力として存立している．この資本主義は，われわれにとって，つまり人間個々人にとって，いかなる意味をもつのか．経済理論の精緻化はこれには答えられないけれども，しかし人が知識を身につけながら発する問いは，突き詰めるとこんな形になるのではないか．ところが知識は，そして科学は意味の問題には答えてくれない．だが人は答を見つけようと科学に，知的活動に手を染める．なぜだろうか．それは，科学を通して自分自身がより深く意味を問題にすることができるようになる，という科学の効用を信じるからなのであろう．また問題解決能力の向上のみならず，問題発見能力も高まると

いうのも，その一つの現われである．さらには自分で見出す意味問題の答の妥当性を，冷静に反省できるようになる．学問のイメージのところで，知的作業を行う「主体の人間性が高められる」と記したが，まさしくその「学問」に期待して人は科学するのである[6]．

では，われわれにとっては運命として与えられた資本主義を問う場合には，いかなる問い方，着眼点があるだろうか．これが本書後段の課題となる．やや先取りして関心のあり方を示しておこう．

ヴェーバーは経済社会学の研究でそれらに答えようとしていた．経済という文化領域では，他の領域と同様，およそ人間の行為以外の要素からなる現象などはない．したがって経済制度としての近代資本主義は，人間の社会的行為のみから説明することのできる個々の要素の積み重なったものとして提示されることになる．その場合，異なった歴史的個体を比較できるように，事象の最小構成単位たる社会的行為の純粋型が措定され，それを基に様々な秩序や団体のあり方が比較可能な形で説明される．つまり理念型的概念構成のもう一つのあり方が有効になる．そして，長い歴史の中でこの資本主義という経済制度はいかなる個性をもっているのか，が示されねばならない．他の経済のあり方と比較できるように提示される必要がある．観点となる問いは明瞭だ．運命としての資本主義は，われわれになにをもたらすのか．

繰り返しておこう．社会現象はすべて人間の行為の絡み合いからなっている．それゆえ経済生活を支えるもろもろの契機の一つ一つが，諸個人の行為から説明され，また逆に行為をどのように規制することになるかを問われることになる．その場合，経済活動に対して規定的影響を与える要因がとくに取り上げられる．宗教，法，国家，支配，……．つまりそれぞれ相対的自律性をもった領域も，ヴェーバーの射程には入っていた．そうして様々な面での合理性の進展の果てに現在あるような高度な経済的合理性を誇る資本主義ができあがった．また組織運営原理に形式合理性が貫徹して近代の官僚制ができあがった．資本主義のオルタナティヴとして示された社会主義も，経済運営の計画化を進めるのに必要な条件を理念型として組み立ててみれば，人間の人間に対する支配を

極小化する理想社会ではなく，官僚制化の極北にある社会であることが示される．合理化の果てに人間が歯車のごとく生きねばならない制度の中で，人間の創造性や自由はどうなってしまうのだろうか．

ヴェーバーの関心はまさしくここにあった．この合理的経済制度としての資本主義が，いかにして成立し，われわれに何をもたらすことになるのか．社会科学者ヴェーバーの遺産である『宗教社会学論集』と『経済と社会』は，個別科学の諸分野それぞれに固有の課題・問題設定を受けて執筆されたのではあるが，執筆意図の一つは，それも主要な一つは，この問題に答えることであった．

3．理念型をめぐって
──シェルティンクの批判を手がかりに──

(1) 歴史的個体

前項では科学の分類という文脈から，ヴェーバーにおける三つの類型的概念構成，つまり個性的な事象（歴史的個体），規則性，純粋型とその複合体を取り出しておいた．これらをふまえて以下では本章冒頭に示した，歴史的個体は理念型と呼べるか，という問題を論じてみよう．

ヴェーバーの科学論を検討するためには──そこになんらかの意義があるとして──，彼の諸論稿のうちで重要と思われる部分を取り出して，検討する者の側で一つの体系的なまとまりへと構成し，こうして出来上がった思惟的構成物を作業の対象として設定することが出発点となる．これはいわば「ヴェーバー科学論」の理念型を構成することになろう[7]．観察主体が対象に対して諸々の価値関係づけを行うことが可能であり，有意味な一連の価値関係が設定されるものとしての彼の科学論は「歴史的個体」として構成される．では歴史的個体は理念型なのか．「ヴェーバー科学論」は，固有名詞が付されているように，歴史上唯一無二なものであるから，その個性を認識するために理念型が利用される，というのではないのか．理念型とは「個性的な，それぞれに独自で唯一

無二の特性が意義をもつ関連について，これを測定し，体系的に性格づけるための思想的構成」[折原補訳：134] として考えられたものだからである．

ヴェーバー理念型論のこの問題点をいち早く指摘したのは A. v. シェルティンクであった[8]．彼は理念型を「現実の諸状況の思考上の〈高昇〉」と呼び，その特徴を次のように列挙する．

> ……第一に，けっして一定の〈歴史的個体〉を思っているのではないこと，第二に，歴史の全体性ではなく，その〈一面〉のみをうき彫りにするのに適していること，第三に，歴史的諸現象の定めることのできない大きな多様性に対し，その類型的意味からして繰り返すことの可能な，その個性構成部分を，部分的に特徴づけるものとしてか，あるいはその特性に重要な個別的関連の解釈手段として使われること，第四に，文化科学的観点のもとでは認識手段にしかすぎないこと，以上の特徴である［シェルティング：194］．

このように述べるシェルティンクは，予想されるようにヴェーバーの理念型提出の場を，まずもって『経済と社会』に見た．ヴェーバーはそこで「〈理念型〉を〈編纂〉し，その概念内容を分析的に定義して〈論証しよう〉とこころみた」[シェルティング：195] というのである．

これに対して歴史的個体の構成とは，「価値関係による抽象と総合にもとづく現実の加工」であり，「豊かな実在の中で，内包的にも外延的にも無限で，それゆえ，帰属できぬ具体的，個別事象を因果的に認識する可能性の第一の前提」[シェルティング：109] と位置づけられるものである．こうしてシェルティンクは「歴史認識が，相対的に一定の歴史的（目的論的，すなわちわれわれにより一定の価値観点のもとに総括された）統一物［＝歴史的個体］を思う場合には，語の厳密な意味の〈理念型〉について語ることはできない」[シェルティング：196] と断定したのである．

一般に歴史認識の主たる目的の一つは，前節でも触れたように，あるユニー

クな現象の個性と意義が，これまたユニークな布置状況より生起した所以を因果的に理解し，歴史の総体の経過のうちに位置づけることをめざすものである．それゆえヴェーバー自身が理念型と呼んでいるものの中でも，たとえば原始キリスト教，中世都市経済，プロテスタントの経済倫理，資本主義の精神，イタリア・ルネサンス等々はまさに歴史的個体なのであって，「ユートピア的」構成物たる理念型ではないことになる．これらは，歴史学的に扱う場合には，確かに「目的論的統一物」となっており，それゆえ「現実そのものではなく，現実を思考上で変形したもの」であるから，概念ではあるが，上述の特徴をもつものとしての理念型ではない［シェルティング：199-202］．現実と概念は一致するものではないこと，いかなる概念構成であれそこに現実のすべてが入り込むことはあり得ないこと，これは正しい．だが概念構成の異なった二形式を「理念型」の一語で表現してしまったことでヴェーバーの論理には不整合が生じている——これがシェルティンクの問題提起であった．

(2) 「方法論争」

　理念型の展開されたヴェーバーの「客観性」論文は，どのような背景のもとに書かれたのか．シェルティンクの問題提起を考えるさいには，まず理念型論のおかれた状況を見ておく必要があるだろう．ヴェーバーの個人史や執筆の直接の理由[9]をひとまずおくと，彼をとらえた問題状況，したがって想定された論敵は，シュモラーとメンガーの間でかわされた「方法論争」の両陣営，およびマルクス主義であった，とみてよかろう．研究史を繙くまでもなく「客観性」論文の叙述自体からそのことまでは容易に推測できる．そこでまず，メンガーとシュモラーの当該著作から方法論的に問題となる箇所を引いて，ヴェーバー理念型論の想定敵がどのような論理構成になっていたのかを明らかにしておこう．

①メンガー

　カール・メンガーは1871年，経済学史上周知の限界革命の口火を切る『国民

経済学原理』を上梓した．その序において彼は，「人間の経済的行動の結果を制約するところの・人間の意思から全く独立せる現象の合法則性」こそが「我々の科学の対象である」[メンガー 1937：5]として「人間経済の複雑な現象をば，その最も単純な・確実な観察を尚許すが如き諸要素に還元し，この諸要素に性質相応の測度を確保しつつ之等の要素から複雑な経済現象がいかに合法則的に生じ来るか」をこの書で明らかにしようとしたことを述べる．そうしてこの研究方法は，自然科学領域で大きな成果を得たがゆえに誤って自然科学的方法と名付けられたが，あらゆる経験科学に共通のものであって，むしろ「経験的方法」と呼ばれるべきだ，と主張した[メンガー 1937：3]．

この書を迎えたのは，ドイツ国民経済学者の主流をなす歴史学派の黙殺に近い状況であった．メンガーはこれに対し，自己の方法の積極的な存在理由を主張した「多分に論争的な性質をもつ」著作『社会科学とくに経済学の方法に関する研究』を1883年に出版した[メンガー 1937a：17]．ここではその第1篇「国民経済について．理論的科学としての経済学およびそれと国民経済についての歴史的科学・実践科学との関係について」から，メンガーの経済学観と方法をみておこう．

彼はまず，現象界を対象とする科学的認識には，第一に個性的なるもの，第二に一般的なるものに向かう二方向があるとする．個性的（具体的）認識と一般的認識はそれぞれ意味あるものだが，後者の重要性が一般に明瞭には認識されていないので，歴史的科学と理論的科学の対抗関係理解のためにも，一般的現象・一般的認識の説明から入ってゆく．

　　我々は，経験上……一定の現象は或は大なる或は小なる精密さを以て反復し，事物の変化と共に繰返すことを知っている．我々はこの現象形態を定型 Typen という．同様のことは具体的現象間の関係にも等しく妥当する．斯かる関係も亦あらゆる個々の場合全然特殊なものではない．我々は寧ろ，たやすく其等の間に，規則性の差こそあれ，一定の関係が繰返すのを観察する（例えばその継承・発展・共存に於ける規則性）．我々はこの関係を

定型的 typisch と云う［メンガー　1937a：36］．

　需給，貨幣などの定型的現象相互間の関係，例えば流通手段増加による商品価格の上昇とか，資本蓄積の結果としての利子率低下などは，国民経済的諸現象における定型的関係として現われる．これが最広義での法則である．そうして国民経済学は，個性的現象と特定時空におけるその個性的関係に関する歴史科学（歴史と統計学），定型と定型的関係に関する理論的国民経済学，および第三に目的実現のための手段・技術にかかわる実践的科学（政策学・財政学）の三種類のものを含んでいる．政治経済学とは通例第二・第三の全体，つまり理論的実践的科学を意味している［メンガー　1937a：37-8］．

　さて学問研究の目標は，現実の認識のみならずその理解にもある．社会現象の理解には二つの途があり，一つは歴史的理解である．具体的現象の個性的生成過程の探求はこれである．「国民経済の一定の制度，努力及び結果，一定の国の国民経済的立法の状態等の理解」に関してメンガーは，ドイツ歴史派経済学者の貢献を認めることに躊躇しない［メンガー　1937a：45-6］．

　もう一つの途は理論的理解である．これは歴史的理解と等しい価値を持つが，決して混同されるべきものではない．

　　我々は具体的な現象を，ある規則性（合法則性）の特殊な場合として現象の継起又は共存に於いて認識することにより，理論的に（それに相当する理論的科学に基づいて）理解する．換言すれば，我々は専ら，具体的現象のうちに，現象一般の合法則性の実例を認識することによって，具体的現象の存在の根拠及び本質の特性を認識するに到る．かくて，我々は，例えば，具体的な場合に，地代の騰貴，利子の下落等々を理論的に理解する．蓋し，そうした現象は（我々の理論的認識に基づいて）全く地代，利子の法則の特殊な実例たるものであるから．従って，社会現象一般及び特に国民経済の理論も，歴史と相並んで，社会事象乃至国民経済的事象のある種の理解を我々に与えるものであるが，その理解は，あたかも理論と歴史そ

のものとが異なるように，それぞれの場合に独自の本質的に異なるものである［メンガー 1937a：46-7］.

さらにメンガーは，国民経済の理論的理解と理論の確立とは区別されるべきであることを強調する．理論家とは「理論の完成と叙述自体を任務とする」のであって，その理論を用いて具体的な国民経済的諸現象を理解することは歴史家の任務というべきである．ここに彼の歴史学派批判の一つの核心があった[10]．歴史学派の人々は，第一に，二つの作業を厳密に区別しえず，両者を代替可能とみなすことにより理論と歴史を混同したこと，第二に，理論を用いた理解という作業にたずさわるなかで，自らを（その本質からして歴史家であるにもかかわらず）理論の構築・叙述を行う理論家とみなすようになってしまった．加えて理論的認識と実践的認識とがそこで混同された．こうして「ドイツに於ける理論的国民経済学の領域に於ける研究が，殆ど休止している」状態が惹起された，というのである［メンガー 1937a：48-52］.

ところで理論的研究（現象の定型および定型的関係の認識を得ようとする努力）には二つの方向がある．一つは現実的＝経験的方向というべきものであって，これは古くより現実のあるがままの描写から始まっている．だが具体的現実の観察と定型獲得には距離があり，またそのままでは法則定立とも論理的に矛盾する．結局，経験的帰納法と呼ぶべきこの方向のなしうる科学的認識は，特殊性の容れられる余地を残した現実定型（Realtypen）と，例外なきことの保証をもたない経験法則（empirische Gesetze）の獲得にとどまらざるを得ない［メンガー 1937a：62-4］.

もう一つは精密的な方向である．そしてこれこそが，例外なしという保証をもった認識方法による例外なき厳密な法則の確立に至る途なのだ，とされた．

その理論的研究は，あらゆる現実的なもののうちから，最も単純な要素を明らかにしようとする．そしてその要素は最も単純なものであるまさにそのことによって，厳密に定型的に考えられねばならないのである．その理

論的研究は，この要素の確立を部分的にのみ経験的＝現実的な分析の方法によって求めようとする．即ち，そうした要素が現実に独自な現象として存在するか否かを顧みることなく，それのみならず，そうした要素が完全に純粋なものとして一般的に独立して表現し得るかどうかをすら考慮することなく，確立しようとする．こうして理論的研究は，質的に厳密に定型的な現象形態に，即ち理論的研究の成果に到達する．その成果は，確かに完全な経験的現実態については検討されることは出来ない．然しながら，それは理論的研究の精密的方向の特殊な課題に相当するものであり，精密法則の獲得のための必然的な基礎であり前提たるものである［メンガー 1937a：68］．

……精密科学は，また現実の事象の継起等に於ける規則性を研究するのではなく，寧ろ，如何にしてより複雑な事象が，現実世界の今述べたような・最も単純な・一部分全く非経験的な・要素から，あらゆる他の影響とは（等しく非経験的に）孤立して現れて来るかを，精密な（等しく観念的な！）度合いを絶えず考慮しつつ研究するのである．……その際，精密科学は，……厳密に定型的な要素，それの精密な度合，及びすべて他の影響を与える要因からの完全な孤立を仮定すれば……我々の思惟法則そのものにとっては，例外なきものとしか考えることのできない法則――即ち，精密法則，いわゆる現象の「自然法則」にさえ確かに達することが出来るのである［メンガー 1937a：68-9］．

現実主義的認識と精密的認識という二つの方向の成果は，われわれに対して現象の一般的本質と一般的関連とを教えるという点では共通している．しかし両者はその論理的形式の性質の違いにより，科学的叙述の場合には区別して扱われなければならぬものである．現実的方向の成果は，「経験的現実態」および現象の観察にもとづくものであって，その真理性の試金石は経験である．経験法則は現実と一致しなければ価値をもたない．だが精密的研究の成果を経験

に照らして検討することは、方法上の矛盾であり、精密科学に独自な目的を否定することになる［メンガー 1937a：76-81］．

　国民経済の領域に於ける理論的方向の精密的方向の成果を、経験的現実主義及びその理論的成果の基準で測ろうとするものは、精密国民経済学はその性質上経済性の法則を意識せしめるが、これに反し、経験的＝現実的国民経済学は、人間経済の現実の現象（その「完全なる経験的現実態」の裡には、数多の不経済性の要素が含まれている！）の継起・共存に於ける規則性を意識せしめるという全く決定的な事情を看過するものである［メンガー 1937a：85］．

　こうした枠組みを用意してメンガーは、自らの理論経済学の立場を積極的に意義づけることができた．まず対象が確定される．つまり「経済というとき、我々は、財貨欲求の満足に向けられた人間の配慮的活動を理解し、国民経済というとき、その社会的形態を理解する．従ってその研究の精密的方向の課題は、まさに次のもの以外ではない．即ち、それは人間経済の最も本源的な・最も根本的な・要因の探求、経済事象の度合の確立、及び、かの最も単純な要素から人間経済のより複雑な現象形態が発展する法則の探求である」［メンガー 1937a：71］．ここに述べられていることは、さきに引用した『国民経済学原理』の序文と同じであって、この書でメンガーが果たそうとした主要課題の表明なのである．こうして彼は「人間現象に関する個々の理論ではなくてその全体のみが、それ［精密的方向によって得られる社会諸理論］が明らかにされた暁には、理論的研究の現実的方向の成果と結びついて、人間精神に到達し得る最も深い・完全な経験的現実態としての社会現象の・理論的・理解を与えるだろう．而して理論的社会諸科学の後れている状態を考えるなら、上述の思想の実現は如何にも遠いものであるにせよ、――偉大な目標に到達するこれより他の方法はないのである」［メンガー 1937a：71］と語りえたのであった．
　このことは、裏をかえせば強烈な歴史学派批判であった．つまり、個々の精

密科学は，現実世界の合法則性の特定局面のみを認識するのであり，したがってたとえば国民経済の普遍的精密的理解に到達するためには多くの精密諸科学が協力しなければならない．だからそこに向けて国民経済学は，社会現象の経済的側面についての精密的理解を積み重ねなくてはならないのである．歴史がある現象の全側面の理解を目標とするのに対して，精密理論は一側面の独自な方法による理解を課題とするけれども，そのことをもって一面的だとされるわけではない．「かくて，国民経済現象は国民の全社会的及び国家的発展と切り離し得ぬ関連に於いてのみ取り扱われるべきであるとする見解は，少なくとも，国民経済の領域に於ける理論的研究の精密的方向に対する要請として方法上矛盾する」［メンガー　1937a：90-92］と言わざるを得ないのであった．

　理論的研究の現実的方向に関しても事態は基本的に同じである．倫理，法，慣習等の影響，つまり非経済的要因の考慮という要請はここでは余計なものである．なぜなら「財貨の現実の価格，現実の地代，現実の利子等は，つねに普に特殊に経済的な傾向の結果たるのみならず，また倫理的傾向の結果」なのであり，これらの事象の規則性を経験的に確立するということは，特定の時空でのみ妥当する経験法則の獲得であって，諸要因の協働の場たる経験的現実態を出発点とする現実的方向に先の要請は無用と言わねばならない［メンガー　1937a：94］．こうしてメンガーの歴史学派批判は辛辣さを極めた．

> 「国民経済現象は国民の全社会的及び国家的発展との連関に於いて取扱われるべきである」という要求は，実際には，歴史研究の特殊関心を国民経済の理論的科学にもたらそうとする曖昧な努力，認識努力の理論的方向の性質と矛盾する努力に基因する．わが歴史派国民経済学者達は，研究の一方向に，その方向がその性質上満足せしめ得る以上のものを要求し，そして一面的に見えることを恐れて，彼ら本来の知識の領域たる政治経済学から歴史研究の領域に迷い出し，如何なる場合にもドイツの科学になくものがなと思われる悪しき博学の形態をとって，ここでも亦その方法論上の経験の貧弱なことを証拠だてている［メンガー　1937a：95］．

最後に「利己心に関するドグマ」について触れておく．現実的に見た場合，人間の行為では，特殊経済的行為においても，そこには確かに利己心が主要動機であるかもしれぬが，ほかにも公共心，隣人愛，正義感等々が作用している．だからスミス学派（非歴史的経済学）の前提は誤りであり，それゆえに時空を超えて妥当性を要求する厳密な国民経済の法則や理論経済学の基礎も崩壊する——こういう「ドグマ」観へのメンガーの批判は，前出の歴史学派批判と同様の形をとる．すなわち，精密国民経済学とは「経済を営む人間がその財貨欲求の充足を目指す努力に於ける人間利己心のあらわれを精密的に追求し理解することを教える理論」なのであって，「単に人間生活の確かに最重要な・ではあるが一つの特殊な・経済的・側面の理解のみを与えるのが任務なのである．然るに人間生活の他の側面の理解は，人間生活の形成をその他の傾向の観点のもとに（例えば公共心の観点のもとに，法律観念の厳密な支配の観点のもとに，等々）意識せしめるところの他の諸理論によってのみ到達される．」［メンガー1937a：99，103-04］メンガーには，あくまで観点を限定した精密的認識の獲得の固有な意義を認めさせることが課題だったのである．

②シュモラー

メンガーのこの『研究』の出版と同年に，W. ディルタイ『精神科学序説』第１巻も出された．そしてこの両著作への書評という形で，G. シュモラーのメンガー批評が書かれた．シュモラーの反批判の論点をこの書評から抜き出してみよう．

彼は，われわれが以上に見たような第１篇の内容を要約紹介しつつ，自己の立場を繰り返し主張するなかでメンガー批判を行っている．彼は論理学者ジクヴァルト[11]の言葉「個別のものに対しては，全体の部分として，そして全体への認識し得る関係に於いて観察されることが最初から要求される」を引用し，これが科学的観察にとっての要請であるとして，次のように述べた．

　　……今や右のことは経済的事象の民族生活及び国家生活への関係を明らか

ならしめるということが，科学的に用いられる国民経済上の観察に対して高度に妥当しないであろうか．而して，国家の国民経済への関係に立ち入ることなくして，国民経済の偉大な・原理的な・問題を，如何にしてかりそめにも把握しようと云うのか．私的企業の共同企業及び公企業への関係について，家族経済の企業及び国家経済への関係について，国家の本質に触れることなくひとは何事を述べ得るか．経済的自由の問題は，道徳，風習，法，個人の恣意，国家の強制，の限界についての法律哲学理論の地盤の上に於いてのみ，論ぜられる．メンガーがそうであるかの如く見えるように，理論的国民経済学を，主として，価値及び価格の構成，所得分配，貨幣制度の学説に限定しようというものは，素より，すべてこれ等のことを必要としないか或は少なくともそうであるように見える．然し，斯かるものは，何等国民経済の一般的本質の理論を提供しない［シュモラー 1937：319］．

メンガーの言う精密的科学なるものは，現実世界を相手にする経験家には，「スコラ的な思惟練習の珍しい誤解」以上のものではないように見える，というわけである．メンガーがくどいまでに主張した精密的方向の意義は，シュモラーには受け入れられない．

シュモラーの法則観にもここで触れておく．法則の獲得には抽象が必要であるが，その抽象によって「幽霊のような幻想，夢の如きロビンソン物語」などを得るのではなく，科学的真理を生ぜしめる正しい抽象こそ重要なのだ，とメンガーを揶揄したのち，彼はこう記した．

> 我々はあらゆる犠牲を払って直ちに法則を獲ねばならぬとは考えない．法則を木苺のように摘みとることが出来るとは信じない．蓋し，我々は何よりも真実の認識を，即ち，必然的にして普遍妥当性を有った判断を求めるのであるから．そして法則が，未だ欠如しているときには，現実態の完全な観察，斯かる材料の分類，原因の探求に労作することで足れりとする

[シュモラー　1937：320].

　ここに見られるように，シュモラーは，観察や分類が積み重ねられて対象認識が深まれば，いつかは法則定立の機が熟するであろう，と言っている．だから彼は法則の定立それ自体を否定しているのではない．だがそれは将来のいつか，にされており，この論理では，結局は「永遠の明日」の課題に持ち越されてしまうことになろう．また彼の言う法則が，メンガーの説くような意味での定型的関連を指すかは明らかではないし，彼は法則の語を用いることにも懐疑的であった[12]．

　最後に，政策学と財政学を技術論として扱うことへの反論を見ておこう．シュモラーは，斯学の発展が技術論を超えるものを生み出した，と考える．そしてロッシャーの『国民経済学体系』中の「農業論」や「商工業論」，シュタインやヴァグナーの財政学は，その学科を理論的科学の資格にまで高めえたものである，とした．

　　若しも最近数百年のドイツの，結局ドイツ及び英仏の国民経済の特殊的発
　　展を，農業政策，工業政策，及び商業政策の側面について，要因及び結果
　　に関し個別的に明らかにするなら，実践的国民経済学は技術論の衣を完全
　　に取り去ることができる．然るとき，実践的国民経済学は，本質的に記述
　　的に振舞うことに限定されるけれど，それが単なる技術論たらんとするに
　　比し，即ち自由貿易的又は国家社会主義的勧告を与えんとするに比して，
　　将来の官吏にとって恐らく同様に良い又はより良い教育手段たるであろう．
　　それは，然るとき，研究者に具体的・個性的・観念を与える．だがその観
　　念たる，国民経済学の一般理論から生ずる類の概念，定型，関係によって
　　秩序づけられ，一般国民経済学の一般的な・従って色褪せた・観念の裡に
　　全く欠けているか又は影の薄い現象及び原因の個々のものへの追求にまで
　　特殊化されたるものである．而して全く同じことが財政学にあてはまる．
　　財政学も亦，それが比較財政統計から出発して，国民経済の一般本質の叙

説に高められるに従って科学となる．／この立場に立つものにとっては，理論的国民経済学と実践的国民経済学との取扱いに於ける方法論的相違は，単に程度のものであって，メンガーに於けるが如く，何等基本的なものではない．然く考えそして教えるものは，理論的国民経済学と実践的国民経済学との方法を混同せることをも最悪の科学上の罪悪とは思わないことができる［シュモラー 1937：321-2］．

このように，将来の官吏たる学生への教育手段としての国民経済学の効用が想定されていたのである．プロイセン官僚制は，議会政党の党派的立場を超越した中立的なものであって，大学教育において科学的な（＝中立的な！）国民経済学の訓練を経て，立法や行政を具体的に担う能力を備えた，国民に仕える覚悟をもった官吏によって支えられる．君主に忠誠を誓う官吏は，議会政党の代表する部分的利害を越えた国民の全体的利害に奉仕することになる．シュモラーの科学観は，このような形で彼の政治的立場ともつながっていた．社会政策学会を導き，社会改良に尽力してきたという自負もあったであろう彼は，現実に通じることによって将来の国民にとって望ましいものが洞察できるという科学観を抱くことになった．そこには存在と当為の幸福な結合が見て取れるのであり，ヴェーバーの批判もここに焦点をあてていた[13]．

もう一つの想定敵であるマルクス主義については，ヴェーバー自身が「客観性」論文の中で明示的に言及しているので，ここでとくに論じる必要はない．第Ⅱ章の「文化諸領域」の中で扱っておいた論点につきる．そこですでに批判対象と想定されていたマルクス『経済学批判』の序言における唯物史観の公式と呼ばれているもの［マルクス 1956：14］を想起しておけば，ここでは足りよう．

(3) 小括

シェルティンクの問題提起は，彼自身により次のように展開されてゆく．彼はリッカートの「絶対的-歴史的概念」と「相対的-歴史的概念」を用いなが

ら事態の困難さを説明する

> 〈理念型〉と，具体的現象なり具体的関連を思う絶対的－歴史的概念との境界の問題は，たいしたことではない．だが〈歴史的個体〉は，より包括的に，そして範囲と内容からみてより一般的になればなるほど，その歴史的個体に向けられた概念（相対的－歴史的概念）の論理構造の想定は，それだけ複雑に，より困難になる．この後者の種類の概念は，それが認識を目ざす歴史の〈全体価値〉の点からすれば，個別的である．だが歴史の全体として統一物に統括される個別事象に関してみれば，それは一般的である．しかもここにはさまざまな程度と，種類の一般概念性が生じうるのである［シェルティング：203］．

　こうしてある種の歴史的概念は，論理必然的に二重の意味をもち，本来的な二律背反を背負い込むことになる．そしてヴェーバーは，こうした歴史概念に含まれる一般性にのみ着目し，それを「理念型的」と解して，この理念型的一般概念性を当該思惟構成物の論理的本質と説明したのだ，というのである．
　この論理的な二重性は，だが認識対象の取り上げられ方，つまりは観点によって，その対象が占める位置の相対性の問題と同じことになるのではないか．具体例をシェルティンク自身の記述から引いておこう．

> 一方に人為的総合としての〈原始キリスト教〉とか〈中世都市経済〉などの諸概念と，他方に〈具体的諸現象〉という，マックス・ヴェーバーによってなされた対立，そして前者は後者を認識するためのたんに〈理念型的な手段〉にすぎないとする主張とは，歴史的個体の概念をげんみつに固守すれば維持できなくなる．何故なら，具体的な個々の現象も，歴史学にとっては〈歴史的個体〉としてのみ，すなわち思惟的総合として考察されるからである．〈原始キリスト教〉は，使徒パウロがそうであるとおなじように〈歴史的個体〉である．原始キリスト教や使徒パウロの認識を構成す

る概念は,いずれのばあいにも歴史的概念であるしまた,まず歴史的認識の目的を果たすものである［シェルティング：211］.

　したがって,境目は相対的にのみ設定できるのであって,その意味では「流動的」な現われ方をするものと言わざるをえない.ともあれシェルティンクは,次に,なぜヴェーバーが「原始キリスト教」＝歴史的個体と「ロビンソン物語」＝理念型を論理的には同一視してしまったのか,に答えようとする.シェルティンクは,ヴェーバーのこの態度には「歴史学と歴史論理学とから,いっさいの形而上学を排除するという傾向」がかかわっていた,と指摘してこう述べた.

　　マックス・ヴェーバーはまさに,彼が〈理念型〉と名づけた一般概念が,けっして形而上的実体を,諸々の現象の〈背後〉にある〈本質〉を把握するものではないことを,示そうとしたのである.けれどもそのさい彼は別の極端にはしり,歴史的一般概念から,この概念形式がふくむ歴史的認識の目的の達成（〈歴史的個体〉の把握）の価値を,みとめなかったのである.歴史的概念は,マックス・ヴェーバーにあっては歴史的認識のたんなる手段になり,歴史的認識の唯一の目的として,もっぱら個別－具体的なもの（個々の具体的諸現象と個々の具体的諸関連）が表明されたのである［シェルティング：204-5］.

　シェルティンクはこれに続いて,この問題の具体的指摘を行ったあと,内容的一般性をもつ歴史的概念（理念型と同一視された歴史的個体）を,相対的－歴史的概念と名づけて理念型との論理的区別を明確にすべきことを主張するのである［シェルティング：233］が[14],ここではそれに立ち入る必要はない.残された問題は,われわれがシェルティンクの答をどう受けとめるか,ということである.

　事実認識として,ヴェーバーは「歴史的個体」の把握の価値を,シェルティ

ンクが言うように認めていなかったのであろうか．否である．むしろ積極的にこれを認めていたのであって，E. マイアー批判論文（1905年）のテーマの一つもこれにかかわっていたはずである．ヴェーバーはそこで，ある歴史的現象の意義を歴史的影響力という評価視点からなされるものに狭めることなく，価値解釈を付されて内容が示される歴史的個体という形で論じていた．たとえ「客観性」論文の論理分析に限定したがゆえにその局面が浮かんでこなかったにしても，シェルティンクがそれを知らぬはずがない．百歩ゆずってシェルティンクの「客観性」論文の検討結果に妥当性を認めた場合，そうなったことの理由は，以下の点にあったのではないだろうか．「理念型」提出の枠組みが，経済学における理論と歴史の扱い方に関するメンガー＝シュモラー論争の双方に対する批判であって，とりわけ歴史学派（この場合シュモラー）の歴史研究の位置づけに厳しい批判となったため，ヴェーバーの歴史形而上学批判の論争点の高揚を，シェルティンクは自己の解釈の根拠とした．オーストリア学派の理論を「理念型」とする論法は確かに「純粋型」への傾きを見せていた．この事情がシェルティンクの受けとめ方の根拠となったのであろう．こう考えておきたい．

　ただし「理念型」論は，上記のマイアー批判論文があるように「客観性」論文で完結したと見るわけにはいかない．おそらく死の直前まで携わっていた『経済と社会』での概念論に至るまでに，彼自身の見方に一定の変化が生じていたであろうことは，研究史上に指摘されている[15]．加えて『宗教社会学論集』第1巻をどう見るか，ということがこれに重なる．具体的には，「倫理」論文と「世界宗教の経済倫理」の記述スタイルの明らかな相違である．「プロテスタンティズムの倫理」「資本主義の精神」という概念と，「中間考察」の記述に現われる理念型との性格の相違はどう理解されるべきか．ヴェーバーの理念型を用いた「歴史」叙述が，いかなる歴史観のもとに何を目指していたのかを理解するためにも，シュルフターの言う「作品史的アプローチ」［Schluchter 1984：342-44］を稼動しなければならないのが研究史の現状である．

その点は別に考察することとし，まず本節での結論を確認しておく．理念型論を1922年という早期に検討したシェルティンクにさきの記述をなさしめるほどにメンガー＝シュモラー論争の影が濃かった，ということである．そして論争が先述した経済学の目的をめぐって争われたのではあるが，これは社会科学の方法について新たな構想を提起しようとしたヴェーバーにとって，やはり一つの方法論争でもあった[16]．さらにシェルティンクにとってはこの点の核心になっていたであろう契機，「自然主義批判」を最後にあらためて取り上げ，ヴェーバー概念論の基本動機を再度確認しておきたい．

　自然科学には，単なる技術的有用性という観点を超えた一つの希望が結びついていた．それは，「一般化的な抽象と，経験的なものの法則的連関への分析という道をたどって，ひとつの純粋に『客観的』な，ということはつまり，あらゆる価値から解放され，それと同時に，徹頭徹尾合理的な，つまりあらゆる個性的な『偶然』からも解放された，全実在の一元論的な認識に，形而上学的な妥当性と数学的な形式をそなえたひとつの概念体系という形態において到達したいという希望」[折原補訳：103]であった．そうして「社会的実在の合理的な考察が，自然科学の近代的発展と密接に結びついて成立したように，その（＝国民経済学の）考察方法は，全体として，自然科学との類縁関係を維持していた」[折原補訳：102]．そこに自然主義的一元論および法則観が侵入するのはまさに自然の流れであっただろう．しかも「フィヒテ以来のドイツ観念論の哲学，ドイツ歴史法学派の業績，およびドイツ歴史学派経済学の研究が，自然主義的ドグマの侵入にたいして強大な堤防を築き上げたにもかかわらず，というよりも部分的にはむしろ，まさにこの研究のゆえに，自然主義的観点は，決定的な箇所で，いまなお克服されていない」[折原補訳：105]とヴェーバーは指摘した．彼のロッシャー論の中心テーマはここにあった．さきのシュモラーの法則観は，「決定的な箇所で，いまだなお克服されていない」ことの例として想定されていた，と考えるべきである．ヴェーバーのこの立場は，同じ「客観性」論文のなかでのオーストリア学派の取り上げ方にも明らかである[17]．むしろ「理念型」提示の文脈から見れば，「理念型」そのものが理論経済学に

おける自然主義への批判なのであった．

　1883年の方法論争からほぼ20年ののち，その間の哲学者・論理学者の作業から多くを吸収しえたヴェーバーは，その成果を「理念型」に込めて，まずは経済学という土俵において利用可能な科学論を展開したのである[18]．

第Ⅳ章　GdS の編集

1．はじめに

(1)　本章の課題

　マックス・ヴェーバーの手がけた領域は，人文・社会諸科学に広くわたっているが，その業績は，現在では主として「社会学」の領域における評価対象とされている．事実，ドイツ社会学会の旗揚げにもヴェーバーは多大な努力を払っていた[1]．この「社会学」なるものが意味にするところについては次章以降で扱う．ところで彼は，社会学会創設と同時期に平行して経済学のハンドブック編集の作業を進めていた．本章では，その編集の作業過程を追うことにより，「経済学者」としての側面を同時代の文脈の中に浮かび上がらせることを試みたい．

　この試みは，これまであまり明瞭ではなかった彼の「経済学」観をいくらかでも明らかにすることにつながるであろう．従来，「経済学者」ヴェーバーという視角からの検討は，「社会学者」の影に隠れがちで，あまりなされてこなかった．より正確には，徐々に行われなくなったと言うべきであろうが[2]，最近になり新たな検討がみられる．再検討の兆しを見せ始めた一つの転機は，1898年ハイデルベルク大学講義要綱の復刻である．これにより，経済学教授ヴェーバーの講義概要を窺い知ることができるようになり，経済学史上での位置づけも試みられるようになった．とはいえこの視線は，ヴェーバーが大学を退き，『社会科学・社会政策雑誌』（以下，アルヒーフと記す）に拠って活動を始

めた以降の姿には向けられていない[3]．

　上に触れたハンドブックの編集は,「社会経済学綱要」(Grundriss der Sozialökonomik，以下 GdS と略記) として結実する．1963年秋の経済学史学会関東部会で住谷一彦が GdS 編集を取り上げて以降，わが国ではほぼ40年ほどこの問題は放っておかれた観がある．ただし，GdS 中のヴェーバー担当の『経済と社会』については，折原浩の研究に象徴される詳細な検討が加えられ，その系論として GdS 編集にも新たな知見が貯えられつつある．

　ヴェーバー全集の書簡の部 (MWG/II)[4] が刊行されはじめたことにより，資料状況は大きく変化している．GdS 編集のプロセスがかなり具体的に追えるようになった現在の時点で，放っておかれた課題にここで手をつけておきたい．本章は，この編集過程を追うことにより，ヴェーバーの GdS 編集のねらいと彼の経済学観を見ることに基本的関心を寄せるものであるが，同時に，以下の諸論点にも何ほどか光を投じてみたい．まず，GdS の編集では，出版社社主パウル・ジーベックとヴェーバーの関係はどうであったか．GdS が出版社の企画ものであったため，この点は興味のもたれるところである．次に上述した1898年講義要綱との関係についても関心がもたれるが，すでに住谷 [2001] の考察があるので，ここでは触れるにとどまる．さらには GdS 中のヴェーバーの担当予定部分に注目することで，外面的・形式的に『経済と社会』の性格理解が深められることにもなろう．最後に，多数の学者との書簡交換から，ヴェーバーの交友関係，同僚たちに対する評価などを窺うことができ，同時代の経済学界の一鳥瞰図が得られよう．書簡からは経済学者たちの生々しい姿が垣間見える――現在とそう変わるものではないだろうが．

(2) 研究史

　先行研究に触れておこう．先に触れた住谷 [1965] は，GdS を編集したヴェーバーがドイツ資本主義の批判的認識に向けていかなる観点を用意したか，を考察の主対象としているため，編集それ自体を検討してはいない．とはいえ経済学者ヴェーバーの像を，方法論にとどまらず当時のドイツ経済史研究の水

準に立って打ち出したものとして，画期的であったと評価できる．上述した本章の視角からは，住谷論文の成果を以下の三点にまとめることができる．①編集は1909年にヴィーンで開かれた社会政策学会大会以降に行われた．② GdS はドイツ歴史学派とオーストリア学派の双方の学問体系を総合することを狙っていた．③ GdS はドイツ資本主義の批判的認識を主眼とするものであった——以上である．このうち，史料状況の現段階では①は問題にならず，訂正されるべきである．ヴィーン大会の時点ではヴィーザーを含めたかなりの予定執筆者が決まっていたからである．それゆえここでは GdS の性格理解に関して，②と③を再検討の課題として残しておこう．

これ以外では『経済と社会』研究が編集史理解の手がかりを与えるものとして役立つ．わが国では水沼知一が先駆的に手をつけていた［水沼 1981］．ヴェーバー全集の編集委員だったヴィンケルマンは，『経済と社会』編者としてその現行第 5 版（1972）の正しさを主張する遺著［Winckelmann 1986］の中で，とくに GdS の全体構想の推移を追うさいの手がかりになるいくつかの重要な資料を容易に利用できるようにしてくれた．今さら言うまでもないが，彼の『経済と社会』二部構成説はもはや通用せず，現行版『経済と社会』は，全集での分割出版開始によってその余命を断たれた感がある．ただ，全集の編集作業の埒外にある者にとって彼の書の与える情報は，少なくとも全集での未発表部分については貴重であり，本章作成にあたり参考にした．

周到な作業で『経済と社会』内の相互参照ネットワークを示して二部構成説批判を展開した折原浩は，自己の積極的な戦略として1914年プランの再現を目指している［折原1996：15-26］．ただしこの方針だと，1919年頃の執筆と想定される「経済社会学」章の位置づけは別に改めて行われなければならないことになる．ここでは，むしろヴィンケルマンに見られた『経済と社会』がどうなってゆくか，という関心を引き継ぎ，広げてゆくことで，GdS 中のヴェーバー担当部分を考える，という見方を採っており[5]，それゆえ次章以降の考察課題も折原とは異なるテキストが対象となる．

GdS と1898年講義との関連を説くものにモムゼン［1998］や先の住谷

[2001] がある．ハイデルベルク大学の講義の性格からして，経済学全般の体系構成を念頭においたはずの講義要綱を，GdS 全体の構成と比較することで，ヴェーバーの経済学観を捉えようというのは正攻法であろう．経済学の制度化や大学史の研究が進み，当時の経済学講義の中味も知られるようになってきた [Tribe 1995：chs. 2, 4, 5；八木 2000]．一方，GdS の先行企画としてシェーンベルク版経済学ハンドブックがあったので，ここまで含めて比較することで GdS の特質理解が深められるという面があり，スウェドボリ [Swedberg 1998：157] がこれに触れている．ヴェーバーがこの企画用に提示した社会経済学 Sozialökonomik の語については，すでにナウ [Nau 1997] が同時代の用語法との関連，および方法論争以降の議論の文脈中で検討を加えている．これには概念史的接近のメリットはあるが，しかし GdS への視線が弱いため，ここではヴェーバーの編集作業を理解する上での補助線を提供したものと位置づけておきたい[6]．

　ヴェーバーの業績を歴史学派の流れの中において，初期から後期まで大きな変化がなかったとするヘニス [Hennis 1987] の見解には大きな問題が残る．ヴェーバーの扱った素材・領域を歴史学派との連続性において見る点については了解できる面もあるが，ヴェーバーの独自性を位置づけることにはなっていない．大きな思想史の流れの中でヴェーバーを位置づけるためのいくつかの視角には学ぶべき点があるけれども，次章以降で見るように，いわゆる「合理化テーゼ」を否定する彼の主張は研究史的には支持しがたく，「新局面」以降の展開をテキストにそくして理解する研究の流れからは離れている，とみたい．

(3) 作業手順

　ここでの作業手順を示そう．まず，全集の書簡により，出版社社主ジーベックや執筆予定者とのやり取りから，編集作業を再構成する．そして全体計画の実現過程を，各論稿の初出形式に注目して整理し，眺望できる形にしておく．そのうえで，こうした外側からの接近で得られた像に若干の考察を付しておきたい．これは公刊史料にのみ頼る作業であり，そのため大きな制約があること

も事実である．まず全集の書簡の部は1906-17年分が公刊されているが，しかし当然ながらヴェーバーの書簡がすべて残っている保証はないし，彼の受け取った手紙についても，その残された全文を見ることもできない．ただし，この点は全集の詳細な注解でかなり配慮がなされており，現存史料で分かる範囲までは全集の読者にもかなり追うことが可能となっている[7]．これを素材とし，いくつかの研究文献［Winckelmann 1986；シュルフター 1990；シュルフター／折原 2000］で利用されたものを併せて，それら先行研究で紹介された情報をつないでいくことにした．繰り返すが，本章の作業は公刊史料・文献を追うにとどまる．

2．編集過程

(1) 前史

チュービンゲン大学教授 G. v. シェーンベルク（1839-1908）の編集した Handbuch der Politischen Ökonomie は Laupp 社から出版されていたが，同社の出版業務が同じチュービンゲンのモール社（社主パウル・ジーベック）に譲られ，その第4版はモール社から出されていた．ジーベックは，ハンドブックが品切れになり，その多くの項目が古びてきたこと，また執筆者の多くが死去したことから，今の形ではもう出せないと考えて，1905年4月，ヴェーバーに改訂の相談を持ちかけ，同時に「農業政策」の項目の執筆を打診した［Winckelmann 1986：5］［II/7：790］．ヴェーバーは第4版に関する「詳細な鑑定書を作成」［II/7：93］し，また新たな共同執筆者の獲得に関しては意見を述べたが，項目執筆は拒んだ［II/7：790］．おそらくはその後のことであろう，ジーベックはヴェーバーに，ラウプ社社主とシェーンベルクの交わした出版契約書を見せた．そこには恐るべきことが書かれていた．

1884年8月9日付けの契約には，「シェーンベルクが死去の場合，相続人は新版が出されるごとに1,000マルクのレントを支払われる」とあった．これが

1895年12月28日付の第4版の契約書では次のように膨れ上がっていた．「シェーンベルクが死去の場合，出版社は相続人に新版のたびに〔総額4,500マルクの――小林〕印税の半額，すなわち2,250マルク（各巻750マルク）を支払う．また死後，彼の論稿は新版にも入れられること，そしてこれまでの寄稿分量のボーゲン（Bg., 16ページ）ごとに少なくとも60マルク支払われること，また新版が新稿に代える――これは出版社の同意があってのみなされる――ときは，相続人に対して新版ごとに，シェーンベルクが最後に手を入れて公表した論稿で受け取っている印税の半額が支払われること」が義務づけられる［II/7：742］．ヴェーバーもこの常識を疑う内容についてこう感想を漏らす．これはまさに恐るべき（geradezu ungeheuerlich）ことだ，と．「私はこのような前例など知りません．私の見るところシェーンベルクのようなまともな人が，〔前社主に〕押し付けたことを明確に自覚していたなどと考えることはできません」（1905年11月26日）．シェーンベルクの正体を知ったヴェーバーが彼に協力するつもりを全くもたなかったであろうことは想像に難くない．だがシェーンベルクは，このヴェーバーを協力者ないし後継者として見込み，ジーベックを介して誘いの手を伸ばした．1906年の復活祭にジーベックはハイデルベルクにヴェーバーを訪れたあとで，シェーンベルクに手紙を書いた．「あなたのお申し出をヴェーバーはたいそう喜び，感謝する，と．ですが健康上の理由からお引き受けできないとのことです．では誰が候補になるかと尋ねましたら，彼はボンのシューマッハーを挙げました．つぎにはチューリッヒのヘルクナーを挙げました．ワルター・トレルチをどう思うかを尋ねたら，彼もお薦めであるとのこと．共編者とのやりとりの力や編集の能力はあるかとの質問には答はありませんでした」（1906年5月19日付，［II/5：93］）．この間，ジーベックは新版の協力者を諸方に求めて，ヴェーバーにも助言を請うていた．

　ジーベックがまず候補者としてビアマー（Magnus Biermer, 1861-1913）に関する情報を乞うのに答えてヴェーバーはこう書いた．「ビアマー（ギーセン）にはほんとに気をつけるべきです．彼はゼロです．どんなことをしても，反ユダヤ主義や新聞の雑文等を通じて自分の宣伝を謀っています．公平な人な

ら誰でもそう言わざるをえません．それならディールかトレルチのような人の方がましです．Sch〔シェーンベルクを指す〕がまだずーっと長く生きているでしょうことは残念です（まあ，こんなことは言うべきではありませんが，客観的には，われわれの間ではそういうことです），そうでなければ，事を引き受けてくれる全く別の人が見つかるのでしょうが！　私の最近得た印象からですが」（6年5月19日）．この最後の表現の真意を問うたジーベックに答えて，「ただこういうことです．ゾンバルト——彼に（もちろん極秘にです，彼は口外しません）ハンドブックの編集の助手，ことによると継承者の件を話したとき——はこの件に強い関心を示しました．まあ，事を引き受けるチームを作ることでしょう．ただし Sch の下にではなく．野心のない人はどうですか？　将来について拘束しないというのは？　シューマッハーが得られればベストでしょうが．彼はハンドブックの『方向性』に最適です」（6年5月21日以降）．これ以後ヴェーバーは，シューマッハーが最適であり，彼を得るべきだ，と一貫して薦めている[8]．社主ジーベックの気配りも大変であった．「将来シェーンベルクとゾンバルトが一緒に，の線はありません．候補者リストにシューマッハー，ヘルクナー，トレルチを入れたことはなく，ヘルクナーは外さざるを得ませんでした．彼は左傾化しており，Sch には急進的すぎます．ブレンターノの弟子にしてオーストリア人[9]，ドイツのでなくスイスの大学教授．シューマッハーにあたりましょう．断わられたらトレルチに聞かざるを得ません．彼もだめなら，〔ぶち壊してゾンバルトに新しくやらせようか〕」（6年5月25日，［II/5：95］）．問題のシューマッハーは，原則としてうけてもいいが，1906/7年の冬学期にニューヨークへ交換教授として出かけるので，その後に正式に考えさせてほしい，と答えてきた．社主が6月12日付で確定的な返事を迫ったところ，9月3日付で断わりの返事があり，11月20日付でシェーンベルクが再考を促す手紙を出したが，これには返事がなかった．これを拒否と判断した社主は，次にアドルフ・ヴェーバーとベルンハルトについての意見をヴェーバーに求めた．ヴェーバーの返事は「アドルフ・ヴェーバーについては私よりもヤッフェの方がずっとよく知っています．助手としてなら候補になるでしょうが，

王位継承者としてはまずだめでしょう．ベルンハルトは有能ですから候補にはなるかもしれません．『方向性』は，まあ，Schに合っています．ですがシューマッハーが返事をしなかったのは，ただアメリカに行っていたからです．彼は無条件に最適です．あなたはディールを候補者として考えたことがありますか．数少ない優秀な理論家の一人です．独自な業績の理論のほかには強力ではありません．ですが，すごく上品で，温和で，注意深い．彼なら，シューマッハーがだめな時，ベルンハルトよりずっと適任です」（7年4月13日）．

その後しばらくこの件は書簡には登場しない．1908年に入り1月3日にシェーンベルクは死去した．別件のついでに「『シェーンベルク』はどうなりましたか．可能であればビューヒャーを指揮者に得るというのはいかがでしょうか？」（8年2月10日），「さてシェーンベルクについては何か決まりましたか？」（8年7月27日）と触れられるだけである．ジーベックの努力は成果を見ないままだったようである．

(2) 転回

局面は8年8月以降，大きく展開する．8月1日付でジーベックはヴェーバー本人に申し出た．「新版用に編集者を見つけるのはきわめて困難です．もうシェーンベルクの旗の下で航海するのではない，全く新たなハンドブックを出そうという気にますます傾いています．あなたは，新たなものの編集を引き受ける気はありませんか？」[II/6：648]．ヴェーバーのめずらしく間を空けての返事では，深く考えざるを得なかったこと，基本方針や執筆者獲得への助言で編集者同様の協力の可能性について，などが書かれている（8年8月27日）．この原則承諾の態度にジーベックはただちに喜びの返事を出す（8月29日，[II/5：650]）．

ただ，ヴェーバーはいまだ慎重な態度であり，工場労働調査の地エールリングハウゼンからも，10月15日にハイデルベルクに帰るので，「よく相談しましょう，会って話しましょう」（8年9月19日）としている．だが社主の方は具体的な質問を出してきた．企画は2巻本，そのため行政学・自治体政策，財政

学を外そう（財政は当社からロッツがハンドブックを出す），シェーンベルク の名前も外そうと思うが，どうか（8年10月3日付）と問い合わせた．これに 答えてヴェーバーは，8年10月11～12日にベルリンで開かれる社会政策学会委 員会の機会にビューヒャーと個人的に相談して協力が得られるかを尋ねること， 「植民政策」の項目に最適なラートゲンと相談したいこと，「工業」に弟アルフ レートが得られるか尋ねること，だがまず量についてどうするかが問題である こと，を記してきた．そして，当時の競合関係にある経済学の学習書として， シェーンベルク版，フィリッポヴィチの『要綱』，グスタフ・コーンの『教 科書』，ロッシャーの『教科書』，マーシャル『原理』ドイツ語版，の5点を挙 げている（8年10月5日）．この答には，すでにハンドブックの性格づけから 執筆者のリストアップに至るまで，前向きに取り組もうとする姿が浮かんでい る．これ以降，とくにビューヒャーとの連携を表に出しながら，企画の具体的 な性格づけおよび項目や執筆予定者を詰める作業が，徐々にピッチを上げなが ら進行することになる．

(3) 前進と難航

　1908年10月15日，ヴェーバーは社主にビューヒャーと内密に話をしたことを 伝えた．その書簡の中でヴェーバーは，この企画の目玉をどうするか，教科書 (Lehrbuch) というのが本来的な性格づけなのか，を尋ねている．この時期， ヴェーバーは心理物理学の研究に忙しくて時間的余裕がなかったようで，次の 社主宛書簡は12月26日である．この間に弟アルフレートと立ち入って相談した ヴェーバーは，企画の目玉を「理論」部分に定めたようである．「中心点は理 論の扱い方です．他のすべてはその後になります．ですが理論で一級の戦力と してはただ，ヴィーザー（ヴィーン），レクシス，および若干の部分について 私の弟が問題になるだけです．その他では，ボルトキェヴィッチ（ベルリー ン），プレンゲ（ライプツィヒ）などです．これと並んで以下の問題がでてき ます．ゴートハインの経済史概要が，彼が得られるとしてですが，ビューヒャ ーの論稿と並んでスペースをとれるでしょうか．それから第2巻では，1）編

成のあり方，2）容易には限定できない「社会政策」の全く別の取扱いと位置づけ．ですが，理論にくらべればこれは全く小さなことです」（社主宛，8年12月26日）．そして社主の息子オスカー[10]とビューヒャーの間で何が話されたのかを伝えてくれるよう頼んだ．ビューヒャーが共著者を6〜8人に絞るべきとの意見であることを伝えられたヴェーバーは，これに賛成し，理論にはシュンペーターも候補に挙げるべきではという社主の提案には「たしかにシュンペーターは考慮されます．名前を挙げるのを忘れました」（1909年1月3日）と応えている．

　1909年1月13日にビューヒャー夫人が死去したあと，25日にヴェーバーはライプツィヒにビューヒャーを訪れ，夜遅くまで話し込んだ（マリアンネ宛，9年1月27日）．ここでビューヒャーの協力の約束が得られた．「彼は，経済，段階をやってくれるそうです．彼も理論の部分が重要であるとの意見です．私達はまずヴィーザーを挙げました．彼が断ったら，シュンペーターのものをもう一度読みましょう」（社主宛，9年4月20日かそれ以降）．社主への連絡は遅れたが，ヴェーバーとビューヒャーの間では1月に，企画の目玉にヴィーザーの理論篇を据えるという方針で合意に達した，こう見てよかろう．

　ヴィーン大学教授ヴィーザーという大物の「理論」寄稿を目玉に据えるとなると，事は複雑になる．まず企画の性格や全体の構成と量の決定，そしてその中での理論の位置づけを行って，しかるのちにその枠でヴィーザーに依頼状を出す，という手順を踏む必要が生じる．慎重かつ迅速に事を運ばねばならない．9年5月にはヴェーバーは構成と量についての暫定概略案を作成し，またヴィーザーへの手紙の案文もしたためて，オスカーに直接会っている．160Bg, 3巻本の企画であった（社主宛，9年5月26日かそれ以前）．題材配分案はこれ以降幾度も修正され，その間に執筆候補者名（と担当項目）が書簡中に現われる．エーレボ（農業制度），アルフレート・ヴェーバー（資本主義の経済的本質），ブレンターノ，フィリッポヴィッチ，ヴィーデンフェルト（交通），シュピートホフである．社主宛書簡には「フィリッポヴィッチに手紙を出すといいでしょう．ただヴィーザーの返事待ちです．題材配分案の確定が必要です．シ

ュピートホフも欲しいですね．ヴィーザーにはまだ期限の事を尋ねていませんが，これは原則的な了承のあとになります」（9年6月19日）とあり，賽が投げられたことを記している．

待望の返事は7月中旬に来たと思われる．その書簡は現存しないが，原則的に引き受けること，締切を1912年イースターにしたいことが伝えられたようである．企画の目玉が実現しそうなことをヴェーバーは素直に喜び，社主にこう書いている．彼の了承が得られたとなると「いずれにせよあなたはヴィーザーの寄稿を大いに誇ることができます．これは別の人がハンドブックに寄稿した場合とは全く別の意味で，国際的な注目をあびる『オリジナル作品』となります」（9年7月15日）．同書簡ではさらに，ヴェンティッヒ，ラートゲン，ディーツェルに大項目を依頼していること，ヴィーザーの締切提案を受け入れるよう彼をかばう記述がみられること，が注目される．

これ以降，9月27～29日に予定されているヴィーンでの社会政策学会大会に至るまでの間，執筆者獲得の作業は急ピッチで進展をみせた．ヴェーバーは，自らの編集作業の時間的余裕を見込んで日程の詰めを考えている．まず，ヴィーザーの締切は本人の意向を汲んで1912年イースターとすることに社主の同意を取り付け，他の者については1911年11月を社主に提案した．この間に予定執筆者と項目については，以下の見通しが立てられた．

9年7月17日：ビューヒャー，7月19日，31日：大項目：ラートゲン（植民地，対外商業政策），ヴェンティッヒ（工業），他3人，計85Bg．小項目，農業制度，交通．第1巻のビューヒャー，ヴィーザー，フィリッポヴィッチ以外のもの，社会政策およびヴェーバー自身のもの．8月11日：ラートゲン，植民移住10と通商政策9で19Bg．8月20日：ボルトキェヴィッチ（経済学の歴史），モルデンハウアー（保険制度），エーレボ（農業経営論と農業経済学），ヘヒト（農業信用），ハウスラート（林業）．8月21日：シュルツェ＝ゲファニッツ（工業ないし銀行）等．9月13日：ゴートハイン，等々．

10月に入るとヴェーバーは社主に対し，量を決めて執筆予定者たちと出版契約を結ぶことを提案する（9年10月3日）．10月23日には契約書の案文も書か

れていた．11月には新たな題材配分案も出来上がった．この間およびこの後にも，項目と執筆者については複数の人々と連絡をとりながら修正を繰り返している．興味深いことに，友人ミヘルス（Robert Michels）の獲得の例が書簡から追うことができる．この信頼のおける友人への一連の書簡では，勧誘から途中の助言，催促に至るまでの，こまごまとしたヴェーバーの配慮（作戦というべきか？）が窺える（10年2月11日，2月13日，2月19日，10月27日，11年1月9日，他）．

1910年2月15日には出版契約書のヴェーバーの最終案が社主に送付された．作業は大詰めとの感触をもったヴェーバーが実感を表白した文面も残っている．「いやになるくらい手紙を書いたあと，今ようやく『シェーンベルク版』のすべての部分が配分されました．例外は，①工業史，工業経営形態と小営業，②中間層政策——フックス教授，彼とはなお交渉中．間もなく終わりましたら，全体計画表とページ数と住所をお送りします」（社主宛，10年3月23日）．同年5月には題材配分案が印刷され，予定執筆者たちに送付された．ただし個々の項目の執筆者はここに至るもまだ流動的である．（資料3の左欄を見よ．［Ⅱ/8：808-16］）

予定項目の中でヴェーバーは，プレンゲのものに多大な期待を寄せている．プレンゲは「貨幣と発券銀行制度」の項目を拡大して「貨幣と信用」として書きたい，との意向であった．「私が思うに寄稿はとても価値あるものとなるでしょうし，分冊版はきっと売れるでしょう」（社主宛，10年2月18日）．「まもなくプレンゲが手紙を書きます．私は，彼の本がきっとかなり良いものになると言いたかったのです．そして需要が大きい．クニースの『貨幣と信用』以降，なにもありません．クナップ——ご存知でしょう——やヘルフェリッヒはただ『貨幣』だけで，それほど独創的ではありません．またその他のものも，全領域を，とくに貨幣-信用，貨幣-資本，資本-信用の関連を包括していません」（10年3月9日かそれ以前）．「問題となっている重要な部分についてプレンゲに10Bgを与えられます」（社主宛，10年3月23日）．この時点では，ラートゲン（17Bg），ヴィーザー（15Bg）に次ぐ量を見込んでおり，ヴェーバーの

期待の大きさが現われている.

　進行に重大な障害をきたすものは身近にあった．ビューヒャーの気力減退と病気である（ただ，病気の具体的なことは書簡では分からなかった）．ヴェーバーは当初，ビューヒャーを企画の中心に置くことを提案したこともあり，その経歴，実力，名声から斯界の権威として厚く遇し，編集作業全体にわたって助言を仰ぐなど，ビューヒャーの立場を共同編集者ともいえるものとして考えていたと見られる．社主宛には，全体構想について「草案を返送いたします．ビューヒャーも了解したと考えています」（10年3月27日）と伝えたこともある．項目についても，経済学への導入にあたる重要な部分と，「商業」の大項目が彼の執筆部分として見込まれていた．だがその彼が，妻の死去の後，この企画に対する意欲の減退を窺わせる態度を示していた．まず出版契約を返送してこない．「まだ最終的に受け入れていない方々との手紙のやり取りがこれから決着されねばならないからです．とくにフックス教授と並んでビューヒャー教授は，きわめて残念な仕方で待たされます」（社主宛，10年3月2日）．

　「商業」は大項目であり，いくつかの部分項目に割って複数の執筆者に頼むことが可能であった．彼が引き受けない場合には代わりを探さねばならない．しかし彼がどの程度自分でやるつもりなのかが分からないと，次の手を打つことが困難であった．ともあれ10年3月中にはビューヒャーの意向が伝えられた．「ビューヒャーには（契約書の）ボーゲン数を空けたままで，自分で記入させて下さい．ビューヒャーには『序論』に5Bg与えました．商業では彼は『一般的部分』を引き受けました．彼が個々の項目の執筆者を決めます」（社主宛，10年3月24日）．とはいえ最悪の場合に備えて候補者をヴェーバーの側でもおさえておかねばならぬ．彼は弟子にあたる若いジーフェキングを誘う．

　　あなたに一緒にやって下さることを決心してもらえると一番有り難い．
　　『商業』の部分（そのうちシューマッハーには取引所取引だけを割り当て，彼が引き受けました）はビューヒャーが他の協力者と一緒で喜んで引き受けると，彼は商業の（内部的な）歴史（構造，対象，意義）と発展傾向お

よび国民経済一般における位置を扱います——彼も私も，こうした土俵の上で全体の項目を分担しあえる人物をあなた以外には知りません．ここでは，対象，組織，人物，商業の担い手の法的経済的立場等からみた商業の内的編成が叙述されねばならず，また商業の立地，その広がりや排除，商業における集中化傾向，結合と専門化，小売商・行商人問題に立ち入らねばなりません．あなたの賛意が原則的に保証されると仮定しうるなら，私としてはまず，ビューヒャーに，彼が全体部分の分割を想定していたのか，ないし想定するかを尋ねて，それから私達は詳細を検討せねばなりません．やっかいなことは，すべての項目の切迫した短さです．（出版社の事情からしてスペースは切り詰められ，逆に素材は増大せざるをえません．）あなたには——ビューヒャーと同じく——わずか2.5Bg（シェーンベルク版型！）くらいしか掻き取れません．ぜひとも，まずは原則的なご承諾をいただきますよう．細かいことはそのあとビューヒャーとの交渉で．（ジーフェキング宛，10年4月20日）

　この間に事態は好転の兆しすらみせない．「最大の心配はビューヒャー教授です．彼の寄稿がきわめて怪しくなりました」（社主宛，11年12月28日）といった心配が，このあと12年1月14日（論稿のなにものも手放そうとせず，仕上げることを希望している，「商業」も手放そうとせず，事態は致命的），12年3月4日（一番の心配はビューヒャー，ツヴィーディネックも彼が何も提出できぬのではと思っている，そうなったらどうすべきか全く分からない）等の社主宛の手紙で繰り返し表明されている．
　このいわくつきの項目をジーフェキングは最初断った．何度かの書面での交渉で彼は「工業政策」を引き受けることになる．ヴェーバーは，ビューヒャーの態度をみながら「商業」部分でも彼の協力を得ようとする．12年6月には同じライプツィヒにいるプレンゲから，ビューヒャーの姪が彼は完全な回復を望めないだろうと見ていることが伝えられた．序論にあたる「経済段階」の項目の代替執筆者を「ビューヒャーに隠れて」考えねばならなくなった［II/7：

572-3]．プレンゲは「12月の私達の話からして，段階は世界史的に構想されなければならぬでしょう．この課題には，私の知る限り，あまりにディレッタントなゾンバルト以外には，あなたか私だけしか問題にはならない．ですからビューヒャーが序論を提出しなければ，全く現代的で，本書の特性に適った序論を書くことが課題でしょう．一番いいのはあなたが書くことです，それから私が全体についての批評を書きます」（ヴェーバー宛，12年6月24日，[II/7：597]）と書いている．ヴェーバーも「ビューヒャーの項についてまずプレンゲに手紙を書きました．事態はきわめて深刻です．プレンゲはビューヒャーに影響を与えることはまず不可能と見ています．彼に隠して進められますか？　プレンゲには第一項（経済段階，一般的序論）を書く気があるかと聞きました．ですがもう一つの方――「商業」の項について――では困難です．誰かいますか？」（社主宛，12年7月5日かそれ以前）と，隠密裏の作戦を開始した．「シュヴィートラント教授とは『商業』の項目でビューヒャーの万一の代役に関して極秘の交渉を始めました，プレンゲとは『序論』で．ですが，のぞむらくはビューヒャーが出してくれれば！」（社主宛，12年8月31日）という具合である．そして決着をつけるべく10月27日にヴェーバーがライプツィヒでビューヒャーに会い，具体的に代案を提起したことが，翌日付の2通の手紙から分かる．まず礼状では，「あなたがご親切にも受け入れて下さったこと，そしてあなたが極めて困難な状況下で私どもを見捨てることなく，『商業』の項をあなたの精神で書かれるのに協力して下さったことに対し，重ねて御礼申し上げます．それで，ジーフェキングは『商業の歴史，構成，意義』を引き受けます．ハニシュかシュマーレンバッハ（ないし両者！）が得られる場合には，主として①取引形態（取引所取引を除く）と②商業の機能様式と個別部門でのその組織とそれらの比較（場合によっては商業や卸売業者などの様々な地位の諸条件に関する帰結にまで）が彼らの寄稿に望まれます」（ビューヒャー宛，12年10月28日）と，以後の見通しを伝えている．同時に社主宛では「ビューヒャーは『商業』の項を全面的に放棄します．『商業の歴史，構成，意義』はジーフェキングが引き受けます．ビューヒャーはただちに残りを引き受ける候補に彼の弟子

2人（ハニシュとシュマーレンバッハ，あるいは両者のうち一人）を誘います．ビューヒャーは，論稿が彼の監督と指導の下に早春以前に私どもの手に届くことを請け負っています」（12年10月28日）と，交渉の成果を報告した．途中の書簡は残されていないが，この間にヴェーバーはジーフェキングの説得に成功したものと見られる．書簡集には現われないヴェーバーの努力の一端がこの件で想像できよう．

ビューヒャーはこのほかにも，ハンドブックの印字がローマ字体（Antiquapetit）となることへの不満，印税の計算方式への不満を述べて，ヴェーバーと社主を困らせていたのである．また社主とレーデラーの不仲もあった．社主が索引作成の担当者をヴェーバーに打診したとき，レーデラーがよかろうという返事をもらった．このとき，別件の印税の問題があって，社主は「率直に言ってレーデラーとはやりたくない」心境にあった［II/7：510］．こうしたいくつかの問題が生じた時のヴェーバーの態度は，無条件に社主側に立つのでなく，まず原則的に言い分に理のあると思われる側を支持して理由を示し，その上でその反対の側の言い分と体面を尊重しつつ解決策を探る，というものであったことが書簡から窺い知れる．ビューヒャーの印税への不満のさいには彼にも一理あることを，また金に困ったレーデラーを察しながらもその主張が不当であることを，ヴェーバーは社主宛に書き送った．

(4) **締切**

企画全体をヴェーバーはどの程度の時間の幅で考えていたのか．書簡から，各寄稿者の締切を拾い出して見ていこう．

全体構成と執筆予定者を詰める作業のなかで，目玉のヴィーザーが得られる見通しがつき，その彼が1912年のイースターを締切にする意向であった．これを受けてヴェーバーは，他の寄稿者の原稿締切を1911年11月にすることを社主に勧めた（9年7月17日）．これが第1段階である．同年10〜11月に起草された出版契約書［II/6：281, 305-7］の§4は原稿引き渡しの期限が書き込まれる形になっており，この時点ではヴィーザー以外は1911年11月1日と想定され

ていたはずである．上掲のジーフェキング宛の誘いの手紙（10年4月20日）でも締切を1911年11月と伝えている．

　修正はその直後，題材配分表の校正段階で生じた．「校正を同封しました．私にとって大事なのは，添え状の1ページに付された注記（締切を12年1月15日に延期）をあなたが承諾され，したがってまた契約書でも（12年イースターを期限とするヴィーザーについては別として）同様に受け入れて下さることです．二人の主要共同執筆者は，12年1月1日以前に確実に終わるとはいえない，と言っています．そしてヴィーザーはイースターにようやく出すのですから，第1巻の印刷はイースター頃にようやく始められます．ですから時間は何ら失われません．これなら第2巻を私は——索引は別に——1月15日からイースターまでに終わらせることができます（矛盾を取り除き，欠落を埋める項目を書き，内容概観を作成し，間違いについて問い合わせる）．第1巻はイースター後です．ですから時間は何ら失われません」（社主宛，10年5月1日）．つまりこれは微調整であり，目玉であるヴィーザーによって規定された時間枠に変更はない．

　1911年5月，フィリッポヴィッチが締切を12年5月1日にしてくれと社主に頼み，ヴェーバーは受け入れざるを得ぬと判断した．これを機に，締切が迫っていることを想起させるべく，執筆者に手紙を出すこと，そしてまた全員に締切延期を認めることとなり，ヴェーバーが案文を書いた．ここで全員の締切が12年イースターまで，となった．社主宛書簡には，この手紙は，すでに原稿を提出したヘットナー，了承済みのヴィーザーとフィリッポヴィッチには送る必要がない，とある（［Ⅱ/6：225］および社主宛，11年6月25日）．

　1912年1月になると，シューマッハーがマラリアで作業が遅れる，ヴィーザーが原稿を書き直したい，ビューヒャーの問題などの困難から，さらなる延期が余儀なくされた．ヴェーバーの了解のもと，社主名で2月下旬に各執筆者に締切を12年7月31日とする旨の回状が送られることになった（12年1月31日；12年2月21日）．

　締切間際に，さらに可能な最大延長を問い合わせる者もあった．これについ

てオスカーがヴェーバーに問い合せたときの返事は,「お答えします. 休暇の終わり. ビューヒャーにはあなたが締切日直後に手紙を書いて下さい. その場合どうなるかは分かりません. かなり切迫せざるを得ないし, 印刷開始の必要性も知らせねば. 彼は私には返事をくれません」(オスカー宛, 12年7月20日かそれ以前). また「問い合わせ諸氏にお書き下さい. 休暇の終わり！ と, 問い合わせない諸氏には私は［手紙を出すことを］お願いしようとは思いませんが, それはあなたにお任せします. ビューヒャーが書いています, 彼は休暇中に提出する, と」(オスカー宛, 12年7月27日).

とりあえずはこの辺が限度であっただろう. 社主は未提出の者に督促状を出すことにして, ヴェーバーの諒解を得, 締切を過ぎた8月3日付で出した. そのさいヴェーバーは, オルデンベルク, プレンゲ, ジーフェキング, シュヴィートラントの4名が10月末まで猶予を与えられていることを注記している (オスカー宛, 12年7月31日かそれ以降). 後述のように締切は守られず, ヴェーバーの焦燥は続いた.

(5) **タイトル**

タイトルをどうするかという問題はこの企画の性格にかかわることであった. しかし話の出発点がシェーンベルク版ハンドブックの新版企画にあったため, 当初はおそらくは便宜的に「経済学ハンドブック」(Handbuch der Politischen Ökonomie)の語が使われていた. 社主が8年10月9日の書簡に, 紙幅の都合から「教科書」(Lehrbuch)で, と書いてきたのに対して, ヴェーバーは上述のごとく, それが本来の意図なのかを尋ねた. 表記が再度話題になるのはしばらくしてからである. 構成と執筆者の件が進み, 一部に印税の問題が出てきた頃, ヴェーバーはある手紙の末尾でこう記した.「ハンドブックは, あっさり"Siebeck's Handbuch der Politischen Ökonomie"とすべきでしょう」(社主宛, 1909年7月31日).

いま「ハンドブック」と表記したが, 日本語の感覚ではうまく伝わらぬ恐れなしとしないので, ここに説明しておく必要がある. シェーンベルク版の第2

版は3巻構成で，第1巻は700ページ強，2，3巻はそれぞれ1,000ページを超える大部のものであり，これをハンドブックと称していた．第4版は2，3巻がそれぞれ2分冊になり，計5冊となった．内容的には，大項目の事典的構成で，それぞれ初学者用の入門的な序から基本概念の説明，立ち入った内容説明までを記している．とくに第3巻の「財政学と行政学」では，統計データが付された項目も多く，実務家の実用的な参考書に近い性格をも備えている．英語の「ハンドブック」（handbook）が入門・手引書を意味するとすれば，確かにそうした面をもちつつ，しかし体裁は handy（手ごろな）ものではない．内容も明らかに「手ごろさ」を超えており，専門的な研究といえるものを含んでいる．挙げられている参考文献にも専門論文が多く，専門的研究の手引きといった性格が濃いといってよい．

　社会経済学の名称の初出は以下のようであった．「私は改めてジーベック版社会経済学ハンドブック Siebeck's Handbuch der Sozialökonomik（やむをえないばあいは経済学 der Politischen Ökonomie［のハンドブック］）と呼ぶことを提案します．これが最も正しいし，新版には最適です」（社主宛，1909年8月20日）．さらには，"Lehrbuch" はぴったりしないとして「改めてタイトルとして Dr Siebeck's Handbuch der Politischen Ökonomie (oder : der Sozialökonomik), herausgegeben von（ここへ執筆者全員の名前をアルファベット順に）を提案します」（社主宛，1909年11月8日）．だが性格づけではまだ揺れていた．「私は Lehr-und Handbuch der Sozialökonomik. Monographisch bearbeitet und herausgegeben von：…（執筆者名がここに並ぶ）を提案します．これならきっと間違いないし，内容にもあっています．これが不可能なら，その場合は私が思うに，単純に "Die Volkswirtschaftslehre" Monographisch … ですが，最初のものがいいでしょう」（社主宛，1912年3月22日）．フィリッポヴィッチも Lehr-und Handbuch der Sozialökonomik が一番いいと言った，という［Ⅱ/7：486］．社主は「本屋としては，実際，Handbuch der Politischen Ökonomie が間違いなく一番魅力的なタイトルです．ですが私はこのところ疑問ももっています．シェーンベルクの遺族たちの寝ぼけた意図は別にして［後

述］，このタイトルが保持できるものでしょうか．というのも私の思うに，財政学が新版には収められていないからです」（ヴェーバー宛，1912年4月20日）と記していた．相続者たちとの係争問題が表面化してからは，社主とヴェーバーは回状の中で，決定を今後の相談によるとしつつも，"Handbuch der Sozialökonomik" が望ましい，とし（1912年6月15日），また一度はそうすることにした（1912年8月3日の回状［Ⅱ/7：637］，ただしそこでは Sozialökonomie と表記されている）．

　全体が煮詰まった段階で，もう一度タイトルが問題とされた．社主は14年4月7日付け書簡で，ハンドブックといえばまずは参考書（Nachschlagewerk）を指すことになり，この企画は学習書と思われるものなので，"Lehrbuch" としたいと提案［Ⅱ/8：610］．ヴェーバーもタイトルは二義的だから何でもよい（1914年4月11日）と答えた．社主は "Lehrbuch der Sozialökonomik" を考えた（1914年4月14日書簡，［Ⅱ/8：623］）けれども，翌15日になって，同社から出されている文献学や神学の学習書のタイトルを模して，Grundriß としたい，と提案した［Ⅱ/8：625］．これにヴェーバーも「お好きなように」と応じ（1914年4月16日），こうしてようやく "Grundriß der Sozialökonomik" に決定した．この間，シェーンベルク版との関係，すなわち後継物とみなされてしまうことをイメージ的にも払拭しようとする配慮は働いていたとみられる．

(6) 横槍

　ハルムス事件として知られている係争がある．事は，ハルムス（Bernhard Harms, 1876-1939）が社主ジーベック宛1912年4月25日付け書簡で，あなたのせいで，自分はシェーンベルクの助手の座を奪われ，出版社もシェーンベルクの相続人に対する義務を免れようとしている，と非難したことに始まる．ハルムスは，社主が新たなハンドブックを企画し，出版もラウプ社からジーベック社に変更したのは，そのことによってシェーンベルクの相続人に対する義務を逃れるためであった，とした［Ⅱ/7：522］．

　ジーベックの5月4日付け反論の手紙からして，出版社側の認識は以下のよ

うであった．まず，1906年5月22日にグスタフ・シェーンベルクと社主はハンドブックの新版ないし第5版に関する出版契約を結んだ．社主は共編者として，マックス・ヴェーバー，ヘルマン・シューマッハー，ルートヴィヒ・ベルンハルトと交渉したが不調に終わり，その後ベルンハルト・ハルムスがシェーンベルクに「助手」として呼ばれた．だがこのことが想定された共同執筆者たちの激しい抵抗に会い，この結果，上記の契約は「実行不可能であることが明らかになった」．また出版社の変更は両社の社主の義務をいささかも変更するものではない．ちなみに新ハンドブックはシェーンベルク版との関連はなく，共同執筆者契約は明確に独自のハンドブック第1版にかかわるもので，シェーンベルク版の新版に関して締結されたものではない．したがってヴェーバー編集の叢書に対してシェーンベルクの相続人は何ら請求できるものではなく，出版社の義務もここにはない．「私は以下の見地に立つものです．すなわち，新版についての交渉はあなたの退任をもって挫折したものとみなされるべきであること，そして私はそれ以降は新たな企画についてフリーハンドを得ていること，です．私がシェーンベルク版の新版を出版することを強いられるという見方に対しては，出版法が私を護ってくれます」[II/7：522-3]．

　社主から1912年4月25日付け書簡と5月4日付け反論の手紙を見せられたヴェーバーも，ハルムスに書いた．

　　なによりもまずあなたに以下の事柄についてうかがわなければなりません．1．あなたはこれまでに，あなたが——疑いなく私によって——シェーンベルクの助手から放逐されたということを誰かにほのめかしましたか？　もしそうされたのでしたら，あなたはこの主張を固持されますか？——もし肯りならば，2．そういうことをあなたに言いふらした恥ずべき卑劣漢は誰ですか？　あなたも含め誰もが知っていることですが，私は，①シェーンベルクの後継の地位につくことを断りましたし，②〔新企画への協力要請を〕受け入れれば協力するという言葉を伴ったビューヒャーの再三の切なる願いを容れたのですし，③私は最初から，私が他人の仕事の「編

者」としては働かない，従っておよそ〔私の名が〕表紙には全く出ないのですし，④私を知る人なら，自分のために誰かをその地位から「押し退ける」ことなど私にはできぬことを知っております．（1912年5月5日）

ハルムスは5月11日付け社主宛の書簡でさらに批難を続けた．「私がシェーンベルクと一緒にハンドブックを新たに出版する，というのが合意されたことでした．ですがまもなくあなたの気持ちが急変し，あなたの手紙から気づいたことですが，あなたは私を外しておこうとしましたが，私にそのことを直接言うのを避けました．決裂の外的な原因はこの場合もっぱらヴェーバーが共同作業者になったことでした．このことはシェーンベルクがどうあっても望んではいなかったし，私はこの男の教科書に対する全くの規律の無さに鑑みて望ましくないと思っておりました」．かくして彼はジーベックと距離を置くことを決心した．だからヴェーバーが1909年9月20日付け書簡で誘った時も断ったが，その手紙には「シェーンベルク版ハンドブックの更新」とあり，第5版企画の話であることを確信していた．「ヴェーバーは私に対して，シェーンベルクの新版ではない，とは一言も言いませんでした！　従って私は，正当にも『この信念に捕われた』ままだった，と書いてよかったのです．ヴェーバー氏が事務事項において必要な対処能力をもっておられぬなら，彼はそうした役を引き受けるべきではありませんでした．従って法的には実のところ，私は間違った前提のもとで私に与えられた権利を放棄した，というところです．私個人にとってこの権利は何でもありませんが，私はただ，シェーンベルクの遺族の利害のためにそれを主張するのです．あなた自身，シェーンベルクとの契約がすでに存在したことをヴェーバーに言ってはおりませんでした．ともあれ私は，ヴェーバーが病気の精神的不安定の中でこのことを忘れていたということがあり得ると思います．私は結局のところ，シェーンベルクの相続人と穏便な調停を行うことをお勧めしましょう」（以上，［II/7：523-4］）．

6月15日付けでジーベックとヴェーバー連名の回状が執筆者たちに送られ，この企画が構想からして新たなもので，シェーンベルク新版ではないことが明

言された.

　ハルムスは，キール大学内の集まりである Soziologisches Kränzchen（社会学茶話会）でこの批難を持ち出した．参加者にはヴェーバーのいとこ，オットー・バウムガルテンがいた．彼から手紙でこのことを知らされたヴェーバーは，オットーに手紙を出し事情を説明して自分の立場を明らかにする．その手紙がまたオットーにより茶話会仲間に紹介される．彼は微妙な仲介役の立場に陥った［II/7：525］.

　そもそもハルムスは何ゆえにこの難くせを持ち出したのであろうか．シェーンベルク新版構想で社主ジーベックが唯一提案した新執筆者候補ヴェーバーをシェーンベルクが了としたという事実を，ハルムスは知っていたにもかかわらずオットーたちに隠していたこともある．また社主の全くの善意による遺族への配慮を，どうみても曲解して攻撃材料にも使っている．してみると，自分が外されたことで新企画が成功裏に進行していることに対して，遺族の側に立って第三者の同情を引き付け，併せてかすかな隙を突くことで関係者への倫理的批難を呼び起こして溜飲を下げる，といった目論見があったのではないか——こんな推測が可能である．オットーはその犠牲になったわけである．

　ヴェーバーは事情を知らぬ人たちへの説明の中で，ハルムスの問題とすべきポイントをこう記していた．以下はマリアンネの伝記から引用する[11]．

「この件における彼の態度の性質に関して私はこう言いたい．もし，若く，しかも明らかに充分成熟しているとはいえぬ男が，清廉な名声をもつ大出版社の，歳とって経験を積んだ指揮者に対して，自分の主観では存在している『道徳的義務』を，第三者の眼前に示す使命があると感じているというのであれば，二つの事がきわめて特別の仕方で彼の呪われた義務である．則ち，１．一切の即事的な交渉を不可能とするような無責任な道徳的ほのめかしを厳につつしむこと，２．そしてここではすべてのことにとっての鍵となるがゆえに極めてはっきりと言いたいのだが——主張されている高貴な目的を，自らの小さな個人的感情と，ここでなされているような形で

混ぜこぜにするのを厳に避けること，である．そうしないと，事は避けがたく今起こっているような経過となる．」こうなると，前には攻撃を完全にではなくとも半ばまでは撤回したHも，今度こそ本気で自分の主張を強硬に押し出してきた．新しい叢書は以前のものを偽装して発行したものにすぎず，Schの思想が土台になっている，こうすることで出版社は自分の義務を逃れようとしているのだ——この考えを自分は今後もなおいたるところではっきりと公言するだろう．ヴェーバーの詭弁も，すべての事実を彼がねじ曲げたことも，それを変えることはできぬ．ヴェーバーは言葉で満足するが，彼が証拠を出したところでそれは捏造されたものだ．彼は意図的に正しくないことを言っており，HのSchの遺族に対する関心がちっぽけな個人的感情と混ざっている，という彼の見解は「恥知らずの中傷（schamlose Ehrabschmeiderei）」である．自分は裁判ざたは思いとどまるつもりである．なぜならまず，ヴェーバーを病人として情状酌量するし，さらに，ドイツの教授の名声を傷つける裁判の責任をとらせないためだ．また敢えて書きたくない理由から決闘の挑戦も行わない——と．（文脈からヴェーバーの病気が含意されていた．）

（[Marianne Weber 1926：448-9]，cf. バウムガルテン宛，12年12月12日）

ヴェーバーはこれを受けて12月26日，学生組合ブルシエンシャフト・アレマニア・ハイデルベルクの会員F. ケラーを介して，翌1913年の1月4日ないし5日に剣による決闘をハルムスに突き付けた．ハルムスは，学期が終わりイースター休みにならないと都合がつかぬという条件付きで受け入れた．即座の決闘の延期に怒ったヴェーバーは，もはや「名誉の決闘」はやれない，とケラーに伝えた．フェリックス・ラッハファールは，ヴェーバーの形式上の誤りに触れて，彼が放棄したからといって事は片づいたものとはならぬ，と攻撃してきた．またテニエスを含むキールの茶話会の参加者3人が，ハルムスが正しく振舞ったことを認める立場で説明会を準備した．ヴェーバーはキールの茶話会宛に長文の立場説明を送り（13年1月4日），上述の1906年以来のいきさつに

ついて証拠を挙げ，ハルムスがこの間に「自分が誤っていた」と言うべき機会を逃したことなどを述べている．このあとテニエスとヴェーバーの激しい書簡の往復が続いたが，ヴェーバー側からこのやりとりを収束させる挨拶が4月に出されている（13年4月22日)[12]．

社主は弁護士にこの件の意見書を作成させた．意見書自体は現存しないが添え状（1913年1月17日付け）が残っており，それによると，意見書は問題を出版社とシェーンベルクの相続人との関係に限定し，「法的な観点からはハルムス氏の役割は全く副次的なもの」であることを示そうとしていた．また名誉毀損の訴訟は3ヵ月の申請期間をすぎて時効であるが，ハルムスが告発を繰り返す場合には，信用侵害で訴えることが考慮される，とされていた．ハルムスはこれ以降出版社に対して論争を控えたため，民事訴訟はなされなかった．（以上，[II/7：525；II/8：20]）

3．詰めの作業

ヴェーバーが期待していたプレンゲの原稿が遅れていた．1913年1月，彼が私的な裁判に巻き込まれて提出が危うくなっていることを知った社主はきわめて悲観的な見通しに立ったが，ヴェーバーはこのことが企画全体にとって致命的であると感じ，なんとか彼に書いてもらうよう説得の手紙を書き，その部分を書けるのは「彼だけです」と社主に言っている（13年1月25日）．

ビューヒャーの「序論」原稿は13年1月18日にヴェーバーの手許に届いた．量は1〜1¼ Bg程度，内容もヴェーバーにはひどく「不充分」なものだった．彼は自分の原稿でこの欠陥を補おうと考えた．1〜2月の作業についてヴェーバーは社主に，自分の項目「経済，社会，法，国家」がいままで書いたものの中で「体系的に最良のもの」になるだろうと期待しており，しかもそれが，ビューヒャーの不満足な寄稿によって強いられた書き換えによるものであること，を伝えた（13年2月8日）．

5月には数本の原稿が出されていた．また病気のゼーリンク（Sering）に替

わりスワルト（Swart）が「内地植民」の項を引き受けた．アルトマン（Altmann）は「国家経済と資本主義」を8月1日までに提出する，と言ってきた．ヴェーバーは印刷開始を10月15日と見込んだ（社主宛，13年5月5日）．この年の9～10月，ヴェーバーはイタリア旅行をしているが，旅行中に「理解社会学の若干のカテゴリー」論文の校正が行われている．帰宅後，社主は印刷開始を促し，ヴェーバーは最終編集の作業に入ったようである．この直後，プレンゲが最終的に「貨幣，信用，資本市場」と「生産と需要」の項を降りることを伝えてきた．そこでただちに「景気循環」をオイレンブルク（Eulenburg）に，「貨幣と発券銀行」をグートマン（Franz Gutmann）に頼むことを提案した（社主宛，13年11月4日）が[13]，これによりさらなる遅延が見込まれた．また11月11日にはグートマンに「近代の経済における貨幣，信用，資本市場」の出版契約書を送付するよう社主に頼んでいる．ここでは締切を1915年2月1日に指定した．

　「生産と需要」の方はかなり難航した．オイレンブルクは，自分より先に，まずシュパン（Othmar Spann）に頼んではどうか，と書いてきた．また社主の息子オスカーはソマリー（F. Somary）の推薦でシュピートホフ（A. Spiethoff）を挙げてきた．ヴェーバーはオスカーとも相談し，結局シュパンに，15年4月1日の締切，3Bgで依頼することになった．シュパンは引き受けたが，戦時の負傷で原稿完成を諦めた［II/8：383-5］．

　期待していたプレンゲの離脱とさらなる遅れという状況を受け，ヴェーバーの中で全体構想の修正の意識が起こったようである．修正は，1．寄稿は分冊形式での発行，それも第1篇「経済と経済学」と，「商業」に始まる第3篇の最初の巻を同時発売にすること，2．量の規制を緩めること，これはとくにゴットルとヴェーバー自身の寄稿に当てはまる，の2点にかかわっていた（13年11月6日）．社主は反対せず，これ以降，この原則が計画の基礎となったようである．社主の側でも原稿の出方を考慮して，すでに12年12月末，分冊形式での出版を提案していた．この分冊形式での刊行を選んだ理由は，まずもって一人が遅れると期限を守った他の人たちの原稿が店晒しになってしまうことを避

けるためである．とくに早くに提出したモンベルトやシュルツェ=ゲファニッツが即時の印刷開始を迫っていたが，当然であろう．モンベルトは遅れの説明を求め，併せて原稿手直し，量拡大等の条件を要求していた［Winckelmann：35］．

　こうして印刷開始を，第1篇Ⅰ，Ⅱ，Ⅲの1～3，および第3篇Ⅰ～Ⅴについて14年2月にするという最終決定の提案がなされた．以上の部分が第1回配本分で，第2回は第1篇の残り，つまりヴェーバーの「経済と社会」および第2篇Ⅰ～Ⅸ，第3篇の残りと第4篇，となり，最後の第3回配本はその他の残り（第2篇Ⅹ～Ⅻ，第5篇）となる，との提案であった．社主はこの提案に同意した（社主宛，13年11月11日；ヴェーバー宛，13年11月13日）．

　最終的には1913年12月8日付けでヴェーバーが執筆者に手紙を書いた．この文書は，彼が，叢書が分冊形式で発行されること，14年2月に印刷を開始すること，刊行の順序の方針，事が遅れたことの説明とお詫び，責任の所在，遅れによる自分の分担論稿の性格変更に関する説明，タイトル表記と序文についての諒解のお願い，などを記した，編集作業の詰めの段階を示す重要なものであり，資料として全文を掲げておく（資料1）．

　14年3月になって，印刷も進み，全体構想，分冊の具体的な形式がほぼ固まったところで，進行状況をまとめたものがヴェーバーから社主に送られた．これには，各論稿の題と執筆者，当初予定された分量と完成稿の量およびその所在，が書かれている．全体は五つの篇（Buch）に別れ，第1篇と第Ⅲ篇はそれぞれ3分冊，全部で9分冊（もし第Ⅱ篇を2分冊にするなら計10分冊）となる．ヴェーバーはさらに，第Ⅰ篇，第Ⅱ篇を第1巻（Band），残りを第Ⅱ巻と呼んではどうか，とも提案していたが，このアイデアは最終的には採られなかった．この段階で印刷中（im Satz）なのは，第1分冊3本（ビューヒャー，シュンペーター，ヴィーザー），第2分冊の1本（オルデンブルク），第4分冊1本（ジーフェキンク）の5本のみであった．所在欄では，「印刷中」のほか，出版社，ヴェーバー，執筆者以外には2箇所にレーデラーと書かれている．

　具体的な編集作業はどんなものであったのだろうか．書簡で窺える作業には，

たとえばゴットル論文を切り詰める，というものがある．社主宛書簡には，「ゴットルが私に提出しました．5倍も長すぎる原稿を8日かけて切り詰めましたが，今度は彼が自分でもっと縮めます」とある（13年11月3日）．ゴットル論文は1910年プランでは1.5Bg＝24ページの配分だった．しかし1912年10月段階ですでに，ゴットルは，量超過の了承と，自己の論稿の後日の分冊刊行を社主に要求しており，社主もヴェーバーの同意を得てゴットルに対応していた（Cf. 社主宛，12年10月26日）．実際に刊行された論文は1914年第2分冊版では183ページ分（S. 199-381，Cf. 1923年の単独分冊となった第2版では220ページ分）であり，上述の分冊による大幅な計画変更・量規制の緩和の適用の結果として，ヴェーバーのせっかくの切り詰め作業は，結果的に「無に帰した」のかもしれない．

　このゴットルの論稿の量に関してだが，ヴェーバーは，彼の論稿が「極めて優れた，まとまった技術の理論」であり，立派な教科書たり得るものだが，「私が自分で一文ずつ見て切り詰めているにもかかわらず」規定量を2倍も超過せざるを得ないだろう，と記している（1913年12月30日）．ゴットルへの量配分は上記の1.5Bgが第1篇の「技術と経済」用で，第2篇ではⅧ．「近代資本主義の技術的基礎」の「1．経営諸力と原料」と「2．機械と近代的技術の特殊な原理」とを併せて2.5Bg，合計すると4 Bg＝64ページであったから，「2倍超過」すると192ページ分となり，実際の刊行183ページ分（とはいえ「経済と技術」のみだが）と見合う勘定である．ヴェーバー自身を含めて，複数の項目の依頼の場合には，「その人に計 n Bg.」という計算がなされたと考えられる．ただ，11月3日付け書簡の「5倍も長い」という表記の算定根拠は，ゲラでも見ぬ限りは不明である．

　またザルツの論稿については，1913年5月5日社主宛で「さらに切り詰める——たいへん良い」，同年11月3日付けでも「ザルツは引き渡した，さらに切り詰める」とある．量を守らない執筆者，締切を守らず他の執筆者に迷惑をかけ，編集者と出版社を困らせる者，といったお決まりの構図はあったようだ．ヴェーバーは提出された原稿に目を通し，出来映えの感想を社主に知らせ，必

要な注文を執筆者に出していた．

4．ヴェーバーの執筆部分について

(1) 周辺事情

『経済と社会』（「経済と社会的諸秩序および諸力」草稿）の編集問題についてはすでに詳細な研究・論争があり［シュルフター／折原 2000］，ここで立ち入るべくもない．シュルフターの接近法は，本章で試みたような書簡を手がかりとする作業を経験した者には，かなりの説得力を持つように思える．だが，ヴェーバーが草稿を書き進めていくときに自ら見出した論理を貫こうとしたであろうことは容易に想像できる．そのスタイルは，『科学論集』収録の諸論稿にそくして向井［1997］が明らかにしたごとく，徹底したものである．折原の接近法の説得力を感ずる所以である．今後公刊される書簡に，シュルフターの主張に有利な文言が含まれている可能性は，まず小さいであろう[14]．

ここでは GdS への寄稿に関連した情報を以下 5 点列記して，考慮すべき点の所在だけでも明らかにしておきたい．

1．妹リリー・シェーファー宛書簡に「音楽史について書きます．つまり他の文化圏がはるかに繊細な聴覚やずっと強烈な音楽文化を示しているのに，ただわれわれだけが『和声』音楽を持っていることを説明する一定の社会的諸条件について，です．注目すべきこと！──これが修道院制度の所産なのだ，ということが示されます」（12年8月5日）という記述が見られる．ヴェーバーの，文化諸領域の固有な合理化という着想が調性音楽の発展，音の合理化から出てきたとはよく言われることであるが，その立ち入った検討を筆者は寡聞にして知らない［シュルフター 1990：127-30］．手がかりとして掲げておく．

2．ヴェーバーは社主宛書簡で，ハンドブックとは独立して，ないし別冊の補巻の形で「文化内容（芸術，文学，世界観）の社会学」をあとから出したいものだ，と記した（13年12月30日）．彼のロシア文学への傾倒ぶり，とくにド

ストエフスキーとトルストイ論を書いてみたいという欲求は知られているところだが，他のどんな素材が想定されていたのであろうか．

　3．上述した14年3月20日付け社主宛の全体見取り図では，ヴェーバーは「経済と社会」寄稿用に30Bgと記入していた．社主は以前よりヴェーバーが自分の寄稿の単独分冊を望んでいると思っていたと書いてきた．当初より初版は合冊を念頭においていたヴェーバーは，第2版での分冊発行を望む，と応じた．さらに，『アルヒーフ』とハンドブックからの論稿を編んだ論文集を考えていることが伝えられている［Winckelmann：37-8］．この論文集は，すでにハンドブックからは外されて独自な1冊となる話のあった1910年プランの第1篇「Ⅳ．経済学」の「1．問題設定の対象と論理的性格」の拡大版のことだとすれば，のちの『科学論集』に近いものが想像できなくもない．ただ文脈からはこの可能性は低いと考えざるを得ない．また宗教社会学関連のものだとすれば，その後に消えた計画と言わざるを得ない．19年10月25日付モール社の出版予告では『宗教社会学論集』Ⅰ～Ⅳの内容が知らされ［シュルフター：168-9］，GdS用原稿からの収録の余地は認められないからである．だとするとこれは，折原の言う頭をつけた「社会学」の単行本化であろうか．しかし「カテゴリー論文」は『アルヒーフ』ではなく『ロゴス』誌が初出である．

　4．1914年3月にヴィーザーの提出稿を見て自分の稿への新たな手入れの必要性を感じたヴェーバー（14年3月21日）は，その後「ヴィーザーに関して，当時下した評価はただ一部分しか妥当していなかった．彼がその著作で扱ったある程度包括的な社会学的問題を扱ってくれるだろう，と考えたのだが，だがそうはしてくれなかった」[15]ため，「私は，帰宅したらすぐに，自分の仕事の3回目の改作を行います．そして浩瀚な章を一つ付け加えなければなりません」（社主宛，14年4月2日）と記した．そしてそのまもなく後に「私の原稿は9月15日に完成しますから，それから植字を始めることができます」（14年4月21日）としている．この問題についてはすでに論じられており［シュルフター／折原：108-9，145-7］，争点の一つをなしている．

　5．ヴェーバーの執筆予定部分は「経済と社会的諸秩序および諸力」以外に

もあったが，草稿は残っておらず，したがってこれ以外の部分については思弁の域を出ないことになる．ともあれ14年3月時点で彼が自分の名前を書き込んだ項目を並べておく［II/8：564-70］．

   第Ⅰ篇第Ⅲ分冊
 経済と社会 予定：30Bg.
 問題設定の対象とイデオロギー的性格
   第Ⅱ篇第Ⅰ分冊 （全体では第Ⅳ分冊）
 近代国家と資本主義
 近代的交通状況の一般的意義
   第Ⅲ篇第Ⅲ分冊 （全体では第Ⅶないし第Ⅷ分冊）
 農業における資本主義の限界
   第Ⅴ篇   （全体では第Ⅸないし第Ⅹ分冊）
 阻害の種類と射程 etc.
 農業資本主義と住民集団
 中間層保護政策 シュヴィートラントとマックス・ヴェーバー
 労働者階級の本質と社会的状態
 資本主義の内的転換の諸傾向 アルフレートとマックス・ヴェーバー

「経済と社会」以外の項は，予定量欄は空白である．それゆえヴェーバーがどの程度本気で書くつもりだったのかは分からない．しかし，執筆者がほかに得られないときは自分で書いてもよい，と判断したからこそ名前を入れたと見るべきであろう．第Ⅰ篇の項は，科学方法論として，いわば準備の容易な箇所とみてよい．そのほかは，第Ⅱ篇の「交通」がやや特殊領域と映るが，それ以外の「農業」「中間層」「労働者」については，彼の関心からも経歴からも，手を染めてしかるべき項とみられる．資本主義と国家の関係や第Ⅴ篇「内的転換」は，彼の資本主義の一般的性格に対する関心から，教科書的に書いてもよい，という気になったのではないか．とくに資本主義の内在的諸問題は自分で扱う

つもりであった，という姿勢を見ることもできるが，いずれにせよ確たることは分からない．

(2) **現存稿についての理解**

現存する稿についてだけでも思弁をめぐらしておきたい．1914年8月6日『アルヒーフ』7月号でGdSの出版予告として「第3部：経済と社会　社会学　マックス・ヴェーバー担当．経済的社会政策的体系および理念の展開過程　フィリッポヴィッチ担当．」と掲載された［シュルフター／折原：57］．ヴェーバーは，さきにふれたように初版では自分の稿の単独分冊は望まなかった．彼は自分の研究をまずはGdS中の「社会学」なる項目のもとに公表しようと考えていた．これは，ジーベック社の販売政策上の利害と企画の特色を考えてのこと，とみられる．いま問題となるのは旧稿，つまり現行版『経済と社会』第2部であり，これとすでに公表されていたGdS「序文」（資料2を参照）とについて，最近の研究をふまえて，以下のことを一般的に確認しておきたい．

ヴェーバーの作業は序文に明確に唱われた「生の一般的合理化」命題に即していた．彼はまず，「理解社会学の若干のカテゴリー」で理解社会学とよばれる独自な領域設定を行った．その中味について，折原［シュルフター／折原：149］はヴェーバーの中心的課題を，ゲマインシャフト秩序の合理化を掴み出すことだとしている．法，宗教という文化領域での固有な合理化の論理は，たとえば中野［1993］や第Ⅱ章の記述の下敷きにしたコールバーグ［1996］の説明でわれわれの理解可能なところとなっている[16]．

従来，ヴェーバーの理念型や類型論に対しては，それは動態のモメントを欠く静態的なモザイク的概念構成ではないか，という見方があったように見受けられる．次の第Ⅴ章で具体的に論ずることになるが，この批判は，概念構成が理念型的になされざるを得ないことを別にして，ヴェーバーの理念型が当該文化領域での固有な合理化を説明するために構成されるものであり，この理念型を駆使して説明される合理化の展開という彼に固有な「理論」をうまく捉えていなかったところから生まれたもの，と言えるのではないか．したがってまた，

ヴェーバーの社会学を「合理化の社会学」と呼ぶことには正当性があり，ヘニス［Hennis：7］の批判は当たらない［シュルフター：155-6］．歴史学派に見られる進歩・発展観が，その対象とする領域の広さとあいまって，ヴェーバーに連続するものとされたようであるが，歴史的な変動を明確に「合理化」という観点から捉え，また文化諸領域の固有な合理化なる観念を持ち込むことにより，ヴェーバー独自の理論が成った．それを彼は「社会学」の名のもとに提示しようとしたのであり，しかもこれをGdSの中に置いた．経済文化領域と他領域との分節・接合という扱い方は，確かに形としては歴史学派的であるが，その網羅主義的方法を免れた観点の明示がなされており，分析上の明晰さをはるかに高める試みであった．

「宗教社会学」章と「世界宗教の経済倫理」との関係にも触れておこう．この両者の関係については，ヴェーバー自身が読者に相互参照を乞うていた．この相互関係の質について触れねばなるまい．「宗教社会学」章は，上述したごとく宗教という文化領域における固有の合理化の進展を明らかにし，教団形成のあり方，そして宗教と経済領域の関係を一般的に検討している．その意味では，形式的には経済との関係という視野限定をもったヴェーバーの「宗教社会学理論」と呼べる質をもつものである．一方の「世界宗教の経済倫理」はどうか．歴史家マイアー批判の論文「批判的研究」で多面的価値分析を加えられるべき歴史的個体について論じていたヴェーバーからしてみれば，「歴史」研究を「斯くなりて他とならざりし所以」の因果的説明とのみ定義することは，あまりに狭い限定となってしまう．したがって「儒教と道教」以下の研究は，自覚的に「世界宗教の経済倫理」の研究と位置づけられたものであるから「歴史叙述」とは言えず，宗教的合理化の「社会学」的個別研究と呼ぶべきであろう．「中間考察」での合理性の類型論の具体的展開と位置づけられるものである．中国やインドに関して自ら一次資料操作ができないことを自覚していたヴェーバーは，上述の社会学的課題のためには二次資料でやれると考えたのであり，その範囲で可能な，世界諸宗教の具体像に即した「経済倫理」の検討を行って，そこに見られる特定の「合理化」をたどっている[17]．その限りでは二つの間に

分業関係はあったといえる．そしてヴェーバー自身が名づけたごとく，どちらも「宗教社会学」的研究として意図されていたはずであり，「儒教と道教」は『宗教社会学論集』第1巻に収められた．

しかし，ではヴェーバーにとって「歴史叙述」とはいかなる形で可能だったのだろうか．もはや「過去がどうであったか」を再現する記述は不可能 [Tenbruck 1999：180] となったヴェーバーにとっての「古代農業事情」第3版以降の叙述方法，いや認識関心すら［山之内 1997：192］が問題となってくる[18]．

近年では，GdS 寄稿中の法，宗教，支配の諸社会学研究と「世界宗教の経済倫理」に見られるような分析＝記述とを併せて一般に「歴史社会学」と呼ぶようである．厳密な定義を欠いてはいるが，この呼称は，ヴェーバー後期局面の著作の性格を特徴づけるのに，便宜上の利点をもつ．宗教社会学以外でヴェーバー自身どれだけ自覚的であったかは分からないが，上述の意味で宗教での著作間分業に示された二層の区別が留意されていれば，この呼称を用いることも有益であろう．

5．構想の実現過程

GdS は分冊刊行となり，また第1次世界大戦の勃発もあって，全体構想の実現過程はいささか複雑になった．そこで1910年プラン，1914年第一分冊の序に付された全体構想，そして刊行された各分冊の目次を資料3で一覧表にしてみた[19]．これによって分かるとおり，GdS はある時点で初版の全冊が出そろうということはなかった．のちの分冊発行の時点では前の項目がすでに2版だったり，すでに GdS から外れていたりした．特徴的なのは第5分冊である．その2「第3篇A．財流通　第2項　信用銀行制度」は1915年に刊行されたが，のちシュルツェ＝ゲファニッツの稿は単行本となり，ヤッフェの稿は消えた．1929年時点での第5分冊は，1：Sieveking, 2. Aufl., 2：Hirsch, 2. Aufl., 3：Wiedenfeld という単独論稿の3冊となった．契約時点で第2版以降に個別項

目の分冊化が予定された執筆者がかなりいたので，発刊の長期化により，結果的には Wiedenfeld のように最初から分冊出版となるものもあった．

　とはいえ1910年プランの枠は残っていたと見ることができるのではないか．ヴェーバーの死後も契約書は生きていたはずである．「大きな変更」は既述のごとく量の配分や全体の有機的関連にかかわっていたが，題材配分（テーマの配列）では大枠は変わらなかった．1925年刊行の第4分冊の執筆者には1910年プランの名前がかなり再現されている．同様に第9分冊の2冊（1926，27年刊行）には，当初プランの第5篇をともかくも再編した苦労がうかがえ，ミヘルスの稿も収録された．

　GdS 全体の実現過程を追うことはヴェーバー研究の範囲を超える．彼の死後，ジーベック社がどんな配慮と努力をしたかということが規定要因になろうからである．ここでは以上にとどめたい．

　一つだけ，後段との関連がある挿話を示しておく．第1次大戦のさなか，社主が GdS への追加・増補として「戦争と経済」ないし「戦時経済」の項を出してはどうか，との問合せをヴェーバーに出した［II/9：384］．ヴェーバーは，それが欠かせない項であろうとして，第一候補にオイレンブルクを，そして第二候補にオットー・ノイラートをあげている（社主宛，1916年4月14日以前）．『アルヒーフ』に掲載されたオイレンブルクの「戦時経済の理論」（1918/19）はその準備だったという．しかしこの項は結局 GdS には含まれず，ヴェーバーの担当部分の第2章に内容的な説明が含まれる形となった．またこのことは，14年4月2日の書簡をめぐるシュルフター＝折原論争（前出，周辺事情の第4論点）にかかわらせてみると，折原に有利な事実とみなすことができる．一見逆接的だが，後からの計画修正は，それだけ元原稿の独立性を想像させるからである．

6. 暫定的結論

(1) 項目からみた意図

　さきに記したように執筆者未定の項目にヴェーバーは自分の名前を入れておいた．これは，いざとなればそこは自分で書くつもりがあった，と受け止めるのが自然である．さきに挙げた項目から窺える特徴として，ヴェーバーは資本主義経済の現段階に孕まれる問題を指摘しておきたかった，と言えそうである．全体の構成は，理論篇を頭に置き，次に近代資本主義の基本問題を扱い，そうして各部門の個別検討に入るという形をとる[20]．ヴェーバーが GdS を教科書的なものとして仕上げるなかで，他社の競合企画にはない特徴を GdS のどこに見ていたか，と問えば，まさにこの篇構成自体と，非経済領域の社会学的扱いを含んでいること，が挙げられよう[21]．前者の，総体として現代資本主義分析に向かう編成は重要な特徴である．この点をおさえたうえで，初めに示した住谷の第3論点に触れよう．

　当初よりすでに，項目にはドイツの銀行や諸産業分野，さらに経済・社会政策を扱うものが用意されていた．このことから形式的には GdS がドイツ資本主義の批判的認識をめざしていた，と言うことは可能である．ただヴェーバーの意図にはそれ以上に強いものがあった．それは農業の重視に象徴される．社主が，グリュンベルクの「農業制度」の原稿が来ないので初版から外したい意向を伝えた（ヴェーバー宛，14年7月20日）ところ，ヴェーバーは，この項が「*絶対に欠くことができない，本篇（第3篇）の主要項目*」（イタリックは原文．社主宛日付けなし．[Ⅱ/8：771]）である，と反応した．農政論者としてデビューし，シェーンベルクにも農業の専門家として声をかけられたヴェーバーである．ドイツ資本主義分析の鍵がこの農業部門にあることを充分に承知していただけに，「農業制度」は欠くことのできぬ主要項目なのであった．したがって住谷の第3論点は有効である，と判断する．

理論の扱いについては，ヴィーザーを理論篇に獲得することが当初より企画の目玉だった．その彼にヴェーバーは何を期待したのか．理論の項に関する記述を拾ってみれば，

1．1910年2月末（？）Die Liste Siebecks "Zusage für das Handbuch der politischen Ökonomie"の記載［II/6：419-20］
  ヴィーザー教授，ヴィーン：I. 3. 理論史（I. 2.）を抜いた抽象理論．短い方法的序論と2節分．I. 単純経済の理論（主要テーマ：価値），II. 交換共同体の理論（主要テーマ：価格），15Bg. 期限：遅くとも1912年イースター．

2．1910年のプラン［II/6：767-74］
  II. 経済理論．（価値・価格理論，いわゆる分配理論，間接交換（貨幣）の，資本と信用の，そして営利経済形成の一般理論．叙述は抽象度を徐々に下げて経験的現実にまで触れるべきである．「動態的」諸問題ははずす）（Prof. v. Wieser.）

3．GdS 1. Abteilungの第一分冊で実現された目次
  III. 経済社会の理論　1．単純経済の理論，2．国民経済の理論，3．国家経済の理論，4．世界経済の理論

　こう並べてみても，ヴェーバーがヴィーザー論稿を社会学的考察に欠けると批判した理由がもう一つ明快ではない．ただ，さきにも触れたが，この時期にヴィーザーの *Recht und Macht*（1910）が刊行され，ヴェーバーもこれに目を通していたであろうことを想像すると，オーストリア学派の理論世界の成立根拠と妥当領域を社会学的に説く能力を，ヴェーバーはヴィーザーに期待したのではないか[22]．ヴィーザーの原稿が印刷に入った時点での感想は「ヴィーザーは良い——とはいえ私が思ったほど厳密ではない．ですが教科書という性格には合っています．しかしこれで私の項をもう少し拡充せねばならぬように思います．代替にはなりませんが」（14年3月21日），「ヴィーザーも，個々の点で

のみ弱い部分があるだけで，まさに教育目的には全体として素晴らしい」(14年4月15日) とある．ヴィーザー（とビューヒャー）の提出稿の出来への不満が「経済社会学」章執筆につながったであろうことは，想像の範囲では，可能性が高い．これはシュルフターと折原の争点にもかかわるであろう．今後の検討課題としておきたい．

いずれにせよヴィーザー論稿が GdS 全体の刊行予定時期すら規定していたのは上述のごとくで，ヴェーバーがオーストリア学派の理論項目をとりわけ重要視していたことは明らかである．彼がドイツ歴史学派とオーストリア学派との統合をどこまで方法的に意識していたかは分からない．「収斂」の予想を持っていた，との見方を許す序文の文言以外の適当な表現は見当たらない．ただ両派の最高の頭脳を可能な限り動員して GdS の水準を高めようとしたのは確かであるから，この意味で，住谷の第2論点は限定的に妥当する，としておく．

(2) GdS の位置――結びにかえて――

ドイツ語圏では，経済学を指す語の検討 [Burkhardt：577-91] をまつまでもなく，国家運営の学としての官房学，国家学の伝統の強さは知られている．シェーンベルク版の後継企画として始まった GdS でも，社主ジーベックが財政学を欠いて"Politische Ökonomie"を名乗ることへの不安を1910年代になっても口にしたことは象徴的である．4版まで数えたシェーンベルク版の品切れの後を新たな学問水準のもので埋めることを考えたジーベックにしてそうであった．またそれゆえに「社会経済学 Sozialökonomik」の語の発案は実に好都合であっただろう．理論と現状分析，政策を包括する GdS は，経済学徒の入門書から中級教科書レベルまでの需要に応えるべく構想された「ハンドブック」であった．大戦勃発で刊行は中断するが，最初の売れ行きは上々であった（社主よりヴェーバー宛，14年8月4日，[Winckelmann：41]）．発刊直後には第2，第6分冊の好意的な紹介が『アルヒーフ』に載った［Philippovich：819-31］．

経済現象の理解への導入部をなすビューヒャーの論稿「経済的発展段階」は，

邦訳で読むことのできる「国民経済の成立」[ビュヒャー 1942：91-164] と較べるまでもなく生彩を欠いていた．当初彼に割り当てられた導入部の項には 5 Bg の量が見込まれたのに，提出稿は結局 1 Bg だけであった．このことがヴェーバーの経済社会学の形成に寄与したのは皮肉である．

ヴェーバーの寄稿の基本モチーフは，GdS 序文に示された「経済の発展が何よりも生の一般的合理化の特殊な一部分現象として把握されねばならぬ，という見解」にあった．経済を部分現象とする見方を GdS 全体の序文に掲げる姿勢は，経済理論の軽視とは異なる．だが，その後の economics の発展に伴って進んできた economics と applied economics で経済諸現象総体を解釈する立場とも明らかに異なっている．ヴェーバーがヴィーザーに求めたであろう経済的契機と非経済的契機の分節・接合への配慮（社会学的考察）は，political economy から economics への展開を発展とする立場の「経済学」からは考慮されなくなってしまうであろう．ヴェーバーは，自らが経済理論に関心を持たなくなっていったということは別にして，社会諸現象を applied economics の対象として説く社会経済学などおよそ考えなかったであろうことは言うまでもない．

第 5 篇に配された政策領域の諸論稿はヴェーバー死後の刊行である．わが国でもよく読まれたようで，ドイツ語を学んだ経済領域の大学教師が以前「経済史はクーリッシャー，政策は GdS」をタネ本にした，とは筆者のしばしば仄聞したところである．注目は政策領域に限られなかった[23]．GdS がこうした国際的な利用に耐える質の執筆者を揃えることができたのも，ジーベックとヴェーバーの協力の賜物であった．企画の進行，とくに日程に関してはジーベックがひっぱりつつ，題材配分と執筆者の確保では明らかにヴェーバーに主導権があった．他社の類似企画との競争ももちろん考慮された．項目と執筆者の間の調整，記述内容の指示，代役の手配など，編集には専門家の多大な労力が注がれた[24]．現役の大学教授を退いて後も，『アルヒーフ』編集や社会政策学会の活動を通じて経済学者たちとの交流を保ち，ときに大学からの人物評価依頼に学術面での鑑定書を書いていたヴェーバーであればこそ可能な作業であった．

おそらくはプレンゲやレーデラーらの協力を仰ぎながら，提出稿すべてをチェックして，量や記述の具体的内容について必要な限りで執筆者に注文を出す，というのは，名目的「編者」にこなせる作業ではない．一部に例外はあるようだが，執筆者についてはその学風や傾向をふまえての依頼であり，この全ドイツ語圏の経済学者への目利きといい，研究の新動向への配慮，広い分野への目配りに至るまで，「経済学者」ヴェーバーにしてなしえたこと，と言わねばなるまい．

資料1．1913年12月8日付け執筆者への回状 [II/8：424-8]

　最終的に必要な草稿が来年初頭には集まって，それから若干の外面的な点が整理されたあとで，2月中に「社会経済学ハンドブック」の印刷が始まります．──この名称ないし類似のものをこの著作を呼ぶのにわれわれは提案します．当該の先行するシェーンベルクの双書とのかかわりが少しでも表われることを避けるためです．刊行は，大枠の篇別で順次分冊で行われる予定です．しかもできる限り毎度第1巻と第2巻の一分冊が平行して発送される予定です．(後者は第3篇，1．Abschnitt：“Handel”で始まります．) 印刷と送付は，なんとかして実行できるように，中断なく早急に遂行されます．

　私はこの機会に共同執筆者諸氏に対して以下のことをお伝えします．

　印刷がもっと早くに始まりえなかったという深く悲しむべき事態に関しては，どの方も「責任」は負っていません．ヴィーザー教授の寄稿（第1篇，Abschnitt 2）ぬきでは明らかに始めることはできませんでした．ですが彼は，私の知るところ，彼のすべての利用できる時間と精力をつかって作業され，特別の休暇をとり，他の一切の仕事を後回しにして，全く避けられぬ作業中断だけしかされませんでした．彼が自分で設定した提出の期限は他のすべての契約にとって決定的だったのですが，自ら1¾年遅れてしまいました．このことは，作業の進行の中で始めて出てきた客観的な学問上の事態にその原因があるのでして，決して彼の個人的事情に由来する原因があるのではありません．他の執

筆者の，とくに大きな寄稿の提出にあった遅滞は，一部は重い病気にかかったことに原因があり，同様に1名の全面的な脱退，もう1名の部分的脱退もありました．

もちろんこうしたことすべては，それがわれわれ全員に重くのしかかってきたこと，期限を守って提出した執筆者諸氏がそれだけ長く自分の原稿をストックさせておかねばならなかったこと，を何ら変えるものではありませんし，私はこうした方々から幾度もはっきりと私に寄せられたこのことについての激しい不満を当然ながらよく理解できます．もちろん個人的にも，草稿を今やまだ何カ月も印刷まで待たせている諸氏に対して，再三催促してきたことを心苦しくも思っております．ただ実際問題として，出版社と私にはそのすべては何ものも逃れられませんでした．きわめて残念に思いますのは，こうした事情の結果として，いまこうした時間の経過の中でも，第1巻ないし第2巻でそれぞれ最後に出てくる篇（2と5）の若干の包括的な論稿（Abschnitt）を別に新たな方に依頼する必要性が生じたことです．これが，全巻を一度にではなく，すでにお知らせしたように，両巻の分冊を順次出版させざるを得ないことの理由です．ただ，こうすることで，いまや諸氏のためにどうしても，最後に出る分冊用のいまだ届いていない草稿を手もなく待つことは避けられます．実に悲しい，そして私は口を閉ざすべきではないと思いますが，実に正当な不満を当然のごとく引き起こしたのは，承諾した原稿を仕上げて提出することなく，別の仕事を進めて厚い著作を出版することに何らの疑念ももたなかった方がいた，ということであります．

私も，こうしたことは何としても契約遵守の義務とは合致しない，と考えます．出版社はそのような態度にほとんど無防備にさせられておりますが，一方で人は出版社には期限の遵守を求めます．その結果として，最後に出される分冊（Abt.）の著者諸氏，つまり第2篇ではゾンバルト，ライスト，アルトマン，ライトナー（寄稿の一つ），シュタイニッツァー，ザルツ，ゴットル（寄稿の一つ），フォーゲルシュタイン（寄稿の一つ）の諸氏はあと若干の時間，また第5篇の著者諸氏，つまりアルフレート・ヴェーバー（寄稿の一つ），レーデ

ラー，アドルフ・ヴェーバー（寄稿の一つ），シュヴィートラント（寄稿の一つ），ヴィゴドチンスキー（寄稿の一つ），スワルト，ヴィルブラント，ツヴィーディネック（寄稿の一つ），ミヘルス（寄稿の一つ）の諸氏はもう少し長い間，印刷を待たねばならなくなります．印刷は，この部分，とくに第5篇については，同時に発行される諸論考が届いて初めて開始できます．ですがこれらの方々のうち，あとになって初めて代替で入ってくれた方を別にしても，もともとの執筆者諸氏の若干の方が，ずいぶん時間がたった今，なお部分的な遅滞状況にあります．

ほかにいくつもあるなかで，（草稿の）提出がばらばらで，とりわけ，いくつかのとくに重要な諸寄稿がほぼ完全に欠けているのは，きわめて遺憾な結果です．そのうちのいくつかには代役を見つけることがおよそ不可能なので，他の方法を用いてこの叢書の水準を保ち，かつ独自性を高めるために，ほかの，私にとってはずっと重要な項「経済と社会」の仕事を犠牲にして，この叢書のため，かなり包括的な社会学的論稿を提供したほうがよいと考えました．これは，こうした事情がなければこのような形では決して引き受けなかったであろう課題です．また他面では，個々の部分相互の調整は今やあちこちで，最初の計画およびそれに応じた共同執筆者諸氏との合意に較べて著しく悪くなります．

私はこう言えるでしょう，こうしたこと一切をもし予測しておったならば，尊敬する年長のコレーゲの求めで，また出版人に対する友情から引き受けている連絡と編集上の仲介を行うことなど，決してする気にはならなかったであろう，と．それでも私は，この書が全体として高い水準を示すものであり，一部は大きな犠牲のもとにこの書に忠実であった共同執筆者諸氏をだいたいにおいて満足させるであろう，と信じております．

タイトル表記に関しては別にして，私は以下の点について皆様からご了解をいただけるものと考えております．短い無書名の序の中で，一つは，他の以前のものとは違う本書の性格が，そして共同執筆者の複数の方々が出版社の助言と最終編集作業に参加したことが述べられ，個々の寄稿の責任は執筆者に委ねられ，ついでに全体構成のあり得る欠陥，欠落，繰り返しについての責任は私

第Ⅳ章　GdSの編集　129

にあることが述べられる，ということになります．この書は，以前合意したように，すべての共同執筆者の集団的編集団の名のもとに出されます．名前はアルファベット順，同じ字の中では年齢順で並びます．

ハイデルベルク　1913年12月8日
マックス・ヴェーバー

資料2．GdS第1分冊に付された序文 (GdS, 1. Abteilung, Vorwort)

序文

　この叢書では，類書では扱われるのが一般的な問題圏のうち，さしあたり1．財政論，2．救貧制度論が入っていない．いずれも今日では全く独立した学科の対象をなしているからである．そうした諸学によって扱われる諸現象が社会経済の形成にかかわっている限りにおいて，そうした諸関連は（本叢書の第2ないし第5篇で）個別的叙述の対象とされている．同様に私経済論の基礎は，それが社会経済的諸関連の理解に必要と思われる限りにおいて，扱われている．他面では，多くの個別的叙述（第1および第3篇）において，技術および社会的諸秩序に対する経済の諸関係が，通例なされるよりもたっぷりと扱われている．しかもこのことは意図的になされている．つまり，そうすることによって，そうした諸領域が経済に対して有する自律性もまた明瞭に現われるのである．これは，経済の発展が何よりも生の一般的合理化の特殊な一部分現象として把握されねばならぬ，という見解に発したことである．体系的叙述という叢書の一般的性格に応じて，叢書に一般経済史を加えることは，さしあたりなされなかった．そのかわり，経済の「発展諸段階」という導入的な小論のほかに，社会経済の個々の具体的な部分領域の叙述には，短い歴史的な序論が付されている．文献目録的性格を持つ文献指示はあえて排し，その代わりに，（第1篇の）一般的学説史のほかに，すべての個別論説にも，読者を当該分野の専門文献の主要傾向へと誘うことだけを目的とした批判的な（研究史）概要が付されたが，

これは叢書の教育上の性格に応じている.

　社会経済学の科学的方法の純粋に歴史叙述的な分析（第１篇）と並んで，社会諸科学の体系的な―認識理論をも叢書自体に入れることは避けた――それは，実質的な経済的文化社会学とともに，別冊にとっておかれる――が，これは叢書としての特質にかなったことである．そういうものは，それが，あたかも個々の共編者たちにとって共通の一個の方法的立場を規定しているかのごとき，誤った外観を容易に引き起こすことになろう．そのような共通の立場は存在しない．というのも，叢書としての本「要綱」は，叢書としてのことの性質からくる諸特性を持つからである．当初の意図に反して，具体的に相互に重なりあう大きな問題領域をそれぞれ一人の執筆者の手にまとめて委ねることはできなかった．そのため多数の専門家による分担執筆が避けられなかったが，これが方法論の，さらには実践的立場の「統一性」の放棄を強く規定した．容易に気づかれるだろうが，それだけにいっそうのこと，共同執筆者たちは方法的および政治的にきわめて様々な陣営に立っている．個別諸問題を専門家が扱ったことで得るところが，上述の不可避的断念をいくらか埋め合わせてくれることを期待している．方法論の領域では，われわれの学問分野において，結局はすべての途が再び一緒になる，という考え方にいずれにせよ慣れてくるに違いなかろう．叙述手段および用語法の望ましい統一性が犠牲になったことに対しては，相異なる概念的補助手段をもって同一の問題を扱ったという利点が対置できるのではなかろうか．個々人の学問外的な諸前提に規定される実践的な立場の相違も――この立場の違いの表明を見合わせることは，共編者の間で見解が分かれ，そうしないことにしたが――問題の多面的考察には一定の利点を提供しえたかもしれない．叢書にとってのこうしたあり得る長所が実際にこの要綱にどの程度備わっているかを判断するのは，ここで行うべきことではない．

　予定していたように全巻がまとまって出版されないのは残念である．共同執筆者の何人かが，寄稿の仕上げに必要な時間をあまりに少なく見積もっていた――そうと気づくのが遅すぎたのであるが．さらに執筆者のうち１人の逝去と，何人もの重く長い病気が，一つには大きな遅延を，また一つには最終的な

欠落を，そして同時に進んだ作業の段階において新たな寄稿者を得る必要性——しかもきわめて重要な部分について——を，もたらした．こうしたことのために，個々の部分の相互的了解と調整にとって，叢書ということの性質からくるよりもはるかに大きな困難が次々に生じた．すなわち欠落と対象にそくして避けられえた繰り返しの危険が大きくなった．この点をこの第1版に関して体系的に取り除くことは，全面的に可能ではなかったけれどもこの困難な事態が著作にそれほど深い傷跡を残していないことは期待できる．

　それぞれの寄稿はまずもって独立したまとまりとして読まれるべきであり，それぞれについては当然ながらすべての点で執筆者のみが責任を負う．全体の構成の検討には多くに執筆者が，とくにK. ビューヒャーとE. v. フィリッポヴィッチが加わった．けれども構成およびテーマ編成のあり得る欠陥についての全責任は，合意によりこの版についての編集を引き受けたマックス・ヴェーバー教授にある．教科書が，とくに叢書が，題材編成の理論的範例を提出するという課題を引き受けることはできず，実践的な考慮を理論的理想より優先せざるを得ないということは，いずれにせよ想起さるべきである．

　編成方法については，各巻に付された一覧が叢書全体を説明している．そこからすでに明らかとなることだが，この叢書で試みられている社会科学の体系的研究に関連した考察という傾向は，この種の以前の試みとは何ら関係がない．このことはまた，G. v. シェーンベルク編「政治経済学ハンドブック」にもあてはまる．これは1882年に第1版が，1896-98年に第4版がラウプ社（H. Laupp）から出され，1897年にJCBモール社の所有者（パウル・ジーベック）の手に移され，この出版社から出されていた．シェーンベルクのハンドブックに新しく手を加えて出版しようという出版者の当初の計画は——このために他方面にわたって長い交渉がなされたのだが——再三の無益に終わった試みの末，ついには全面的に放棄されざるを得なかった．新たな本を，旧来のものに依存するという欠陥はあれ，少なくともそれへの「代用物」として提供できるのではないか，という第2に抱かれた期待も，残念ながら実行不可能であることが明らかとなった．新たな著作の編集に際して採られた目的と，考慮された別の

読者層，学問的に変化した状況に対応して変わってきた理論と社会学に対する態度，その結果として取捨される領域と問題圏に応じて，また問題設定とテーマ配列に応じて全く異なった編成，こうしたことが，叢書計画の作業の進行のなかでだんだん明らかになったように，この要綱のシェーンベルク版ハンドブックとの一切の結びつきを完全に排除した．この要綱は，外的にも内的にも全く新たな基礎の上で成立したのであり，それゆえ以前のシェーンベルク版との関係を何ら主張することはできない．

　刊行は第1分冊（第1篇第1部）とすぐに出される第2分冊（第1篇第2部）をもって始まる．これに続いてまず第5分冊（第3篇第1部）が出され，これで個別問題の叙述（第3〜5篇）が始まる．第5分冊は組版中である．第6分冊（第3篇第2部）と第7分冊（第3篇第2部）は8月に，第3分冊（第1篇第3部）は10月に組まれる．すべては1915年中には印刷されて出されるはずである．各分冊ごとの簡単な事項索引のほかに，全体についての詳細な総索引が出される．

　　　ハイデルベルクとチュービンゲン，1914年6月2日
　　　　　　　　　　　　　編集担当者と出版者

第Ⅳ章　GdSの編集　133

資料3

1910年のプラン

		Bg.
Erstes Buch. 経済と経済学		
I. 経済の諸画期と諸段階	K. Bücher	5
II. 経済理論	v. Wieser	15
III. 経済、自然、社会		
1. 需要と消費	Oldenberg	1.75
2. 経済の自然的条件		
a) 地理的諸条件	Hettner	
b) 経済と人口	Mombert	
c) 経済と人種	Max Weber	
3. 経済の技術的諸条件		
a) 経済と技術	Gottl	1.5
b) 労働と分業	Herkner	2
4. 経済と社会	Max Weber	
IV. 経済科学		
1. 問題設定の対象と論理的性格	Max Weber	4
2. 一般的学説史・方法史の諸画期	Schumpeter	
V. 経済・社会政策的体系と理念の展開過程	v. Philippovich	2.5

Zweites Buch 近代資本主義経済の独自な要素

I. 序. 近代資本主義の原理的性質	Sombart	2.5
II. 近代資本主義の法的基礎		
1. 近代私法秩序と資本主義	G. A. Leist	
2. 近代国家秩序と資本主義	Max Weber	1
III. 近代的運営の諸要素	Leitner	計3
IV. 近代営利経済の需要に対する一般的関係	Steinitzer*	
V. 家計、経営、企業：企業形態の歴史と制度	Steinitzer*	
VI. 近代経済における財産範疇と所得形成	Salz	1
VII. 近代経済の運営の諸意義	Salz	1
VIII. 近代経済における技術的基礎		
1. 経営諸力と原料	Gottl*	計2.5
2. 機械と近代的技術の特殊な諸原理	Gottl*	
3. 近代交通経済における情報サービス	Max Weber	
IX. 資本形成と資本利用	Salz	1
X. 貨幣と信用：資本市場	Plenge	10
XI. 近代経済における貨物、資本市場	Vogelstein	2
XII. 生産と需要	Plenge	3

GdS 1914年の総目次（以下の年は発行年）

Abt. I. 1914
Erstes Buch：経済の基礎
A. 経済と経済学
　I 経済的発展段階　Bücher
　II 学説史・方法史の諸画期　Schumpeter
　III 経済社会の理論　Philippovich：政策的体系と理念の展開過程（大戦まで）
　　Heimann：政策的体系と理念の展開過程（最近の）
Abt. II. B. 経済の自然的技術的諸条件．1914　I-2. 2. Aufl. 1924
　I 人間の経済の人口論的諸条件　v. Wieser
　II 経済と人口　II-1. 2. Aufl. 1923
　　a) 人口論　Hettner
　　b) 経済と人種 (R. Michels)　Mombert
　III 消費　Michels
　IV 労働と分業　Oldenberg
　V 経済と技術　Herkner
　　　II-2. 2. Aufl. 1923　Gottl

Abt. III. C. 経済と社会　Abteilung III. 1921　III. 2. Aufl. 1925（2分冊）
　I 経済と社会の諸秩序，諸力　経済と社会 Weber
　II 経済と社会政策的体系と理念の展開過程　Max Weber

Abt. IV.　Abteilung IV
Zweites Buch：近代資本主義の原自な要素　Teil 2. 1925
　I 近代資本主義の原理的性質　Sombart
　II 近代私法秩序と資本主義　私法秩序と資本主義 Leist u. Nipperdey
　III 近代的国家秩序と資本主義　近代国家秩序と資本主義 Brinkmann
　IV 近代的利経済の財政と運営と資本主義　情報制度の一般的意義 Steinitzer
　V 公的団体の財政と運営と意義　私経済の運営の諸要素 Leitner
　VI 私的情報制度の一般的意義　需要充足と営利経済 Steinitzer
　VII 需要充足と営利，家計，経営，企業　財産と財産形態 Salz
　IX 財産範疇と所得形態　資本、資本形成、資本動態 Salz
　X 資本形成と資本利用　近代経済における価格形成 Zwiedineck-Südenhorst
　XI 近代経済における貨物　貨幣銀行形成と信託 Emil Lederer
　XII 近代経済における価格形成　景気循環と恐慌
　XIII 景気循環と恐慌

134

Drittes Buch. 個々の営利領域と経済的国内政策					
I. 財取引					
1.+2. 商業の組織と形態 およひ国内商業政策	Bücher	5	Abteilung V. 3. Buch. A 財流通 Teil 1:商業, 1918		
			1. 商業の発展, 本質, 意義 Sieveking		V-1. 2. Aufl. 1925 Sieveking
			2. 商業と国内商業政策の組織と形態 Hirsch		V-2. 2. Aufl. 1925 Hirsch
3. 固有の取引所取引と取引所制度	Schumacher	2.5	Teil:2 信用銀行制度, 1915 ドイツの信用銀行 Schulze-Gaevernitz (→1922 単行本化)		
II. 信用銀行制度					
1. 銀行経営の前史と基礎	Jaffé	1	英, 米, 仏の銀行制度 Jaffé		
2. 信用銀行の組織, とくにドイツの	S-Gaevernitz	4	Teil 3:運輸制度		V-3. 1929
III. 運輸制度 (海洋船舶航を含む)			1. 運輸手段の経済的社会文化的意義		運輸制度 Wiedenfeld
1. 前史, 組織, 一般的原理	Lotz	1	2. 運輸企業の組織 (3〜5 略)		
2. 輸送価格形成の一般的原理	Wiedenfeld	7			
IV. 工業			Abteilung VI. B. 財生産		
1. 工業的経営形態, 工業政策の歴史	Sieveking		I 工業, 鉱山業, 建設:1914		Abt. VI 2. Aufl. 1923
2. 近代の工業経営形態	Schwiedland	1.5	工業的経営形態の歴史		Sieveking
3. 資本主義的工業の立地理論	Alfred Weber	1	工業経営諸形態の競争		Schwiedland
4. 近代的工業技術の経済的特性	Schiff		工業立地論		Alfred Weber
5. 資本主義的大工業の経営諸論	Leitner	2.5	資本主義的大工業の経営論		Weyermann
6. 近代的大工業の信用・資本需要	Vogelstein*	計4.5	近代的工業技術の経済的特性 Weyermann		Zwiedineck-S.
7. 資本主義工業の結合と専門化	Vogelstein*		資本主義的工業の金融組織と独占形成		Adolf Weber
8. 資本主義工業の労働需要と賃銀政策	Zwiedineck-S.	1.5	労働需要と賃銀政策		Gothein
9. 工業的大資本主義の「限界」	Schwiedland		鉱山業		Vogelstein
V. 鉱山業	Gothein	2	住宅生産		
VI. 農業			Abteilung VII II 農業と林業		Abt. VIII. 1922
1. 農業史の諸画期	Wittich	1	農業政策の諸画期		Wittich
2. 資本主義的農業の経営論	Brinkmann	4	農業経営論		Th. Brinkmann
3. 農地価格形成	Esslen	3.5	農地価格形成		Esslen
4. 農業制度	Grünberg		農業制度		I. Grünberg. II. Wegener
5. 農業信用	Mauer	3	農業信用		Mauer
6. 農業と販路	Wygodzinski		農業と販路		Wygodzinski
7. 農業における資本主義の限界	Max Weber				
VII. 林業	Hausrath	3	林業		Hausrath
VIII. 狩猟と漁業	未定		C. 保険制度		Moldenhauer
IX. 住宅生産	Adolf Weber				
X. 保険制度	Moldenhauer	2.5			

第Ⅳ章　GdSの編集　135

項目	担当者	数
Viertes Buch. 近代国家の対外政策および対外的経済・社会政策		
I 貿易の発展と通商政策の体系	Rathgen	17
II 対外資本投資		
III 植民地制度と人種政策		
Fünftes Buch. 近代国家の対外経済および対外的経済・社会政策		
I 発展の阻害、反作用の射程		
II a) 工業経済と人口の質	Max Weber	
b) 農業経済と人口の質	Alfred Weber	0.5
III 資本主義と所得分配	Max Weber	
IV 資本主義と人口分類	未定	
消費者組合組織	未定	
住宅政策	Wilbrandt*	計2
V 資本主義時代と消費者 1.	Adolf Weber	0.5
2. 住宅政策		
VI 資本主義と中間層		
1. 中間層保護政策	Schwiedland u. Max Weber	3
いわゆる新中間層		
2. 積極的中間層政策		
a) 内地植民政策	Max Weber	
b) 協同組合	Wilbrandt*	
3. いわゆる新中間層	Max Weber	
VII 資本主義と労働		
1. 賃銀価格指標		
2. 労働者階級の本質と社会状況	Zwiedineck-S.	0.5
3. 労働市場、契約法、職員	Schachner*	
4. 労働者保護	Schachner*	
5. 労働者保険	Schachner*	計5
6. 社会政策の限界	Schachner*	
VIII 現代の反資本主義の大衆運動	Michels	3
IX 資本主義の内的再編化傾向	Alfred u. evtl. Max Weber	1

Abt. VIII
4. Buch 資本主義的世界経済と
近代国家における対外的経済・社会政策
　貿易、貿易政策　Eulenburg

Abt. IX
5. Buch 資本主義の社会的諸条件と対内政策
I 資本主義の経済的社会的阻害
II 資本主義と人口分類
III 資本主義と所得分配
IV 資本主義と消費者
　住宅政策
V 資本主義時代の経済の社会的貴族性
VI 工業と商業における中間層保護政策
　内地植民政策

Abt. IX-1, 1926
再編の史的叙述　C. Brinkmann
貴族制　Brinkmann
ドイツ農民層　G. Albrecht
中間問題　Pesl
新中間層　Lederer
工業プロレタリアート　Briefs
反資本主義大衆運動の心理学　Michels
人口の職業的編成　Neuhaus
人口変動　Neuhaus

Abt. IX-2, 1927
農業保護政策　Schmidt
内地植民　Swart
協同組合　Wygodzinski u. Totomian
諸階級と組織　Lederer u. Marschak
労働者保護政策
社会保険　Lederer
中間層政策　Th. Bauer
消費者、組合政策　Wilbrandt
福祉政策　Adolf Weber

＊複数項目で一括してBgを与えられた者

第Ⅴ章　目的合理性と価値合理性——経済領域の合理化——

1．本章の課題

　ヴィンケルマンによるヴェーバーの『経済と社会』の編集に対する批判から始まった研究により，現行第5版の第2部に収められた諸論稿が1910～14年のもの（旧稿群）であること，そして第1部が1919～20年に仕上げられたもの（新稿）であること，が明らかになっている．また「倫理」論文（1904年）以降，ヴェーバーの関心が「社会学」なる新たな学問形成へとシフトしていったことも知られている．しかし，ではヴェーバーが自身の手で出版準備にまでこぎつけた『経済と社会』第1部の第1～4章が，その関心のシフトとの関連で，旧稿群とどう違っているのかということは，第1章以外あまり問題にされていない．ここで筆者の手に余るこの問題に立ち入ることはできないが，少なくともヴェーバー自身が完成させたテキストを扱うことで，問題への接近回路を探ることくらいは試みておきたい．

　そこで以下ではこの作業を二段階に分けて，まず本章では第1部第2章「経済行為の社会学的基礎範疇」（「経済社会学」章と呼んでおく）のごく一部について，一つの解釈を試みる．次に次章で，同じ「経済社会学」章を素材としながら，そこでの「社会学」的概念構成がもつ意味を考察する．併せて，この作業を通じて，このテキストに現われたヴェーバーの資本主義観および経済社会学のいくつかの特徴を少しでも明確にしておきたい．

　すでに研究史上，本章で扱う論点に触れた優れたものがあるので，その成果を利用しながら13・14項（原典にある§13，§14という表記をここでは項と記

す）を解釈し，この箇所をわれわれのヴェーバー理解のヨリ大きな枠組みの中に位置づけてみる，という手法を採った．経済社会学は，法や宗教，支配の分野と較べて検討が手薄であったが，近年，同時代史料の分析やヴェーバーのテキスト解釈が進んできており，『経済と社会』第2章の理解に向けて，視角と検討材料が出つつある状況である．ここではごく短いテキストの13・14項を扱うのみであるが，それでも「社会学者」ヴェーバーの問題意識や概念構成論の全体にわたる論点にかかわっている．対象を絞って小さな論点を考察するなかで，筆者のヴェーバー理解の妥当性をはかる試みでもある．

具体的には，以下で二つの論点を検討したい．まず，『経済と社会』は有名な社会的行為の四類型の説明を含む第1章「社会学の基礎概念」を受けて第2章に「経済社会学」章を配している，という事実をきちんと受け止めたい．ヴェーバーの基本動機を経済社会学の土俵でみるならば，それは経済的合理化の進展を独自の方法で描くことになろう，という予測が容易にたつはずであり，また実際にヴェーバーはそれを形式合理性の進行という形で行っていたことが明らかとなる．

次に，以上の問題構成自体ではないがその系論として出てくる比較体制論について，その基本形が同時代人ディーツェルの議論に見られることから，ディーツェルとヴェーバーの関係を検討する．ディーツェルは社会経済学 Sozialökonomik の名を冠した書[1]の著者として知られるが，彼の初期論稿はヴェーバーに大きな影響を与えたと考えられる．「資本主義の精神」の提起や「文化諸領域」の扱い方までが，ディーツェルへの反応ではないかと思われるフシがある．いささか唐突な推測だと受け止められるであろうことを予想し，「精神」論文や「客観性」論文の関連箇所を示して，的外れな想定ではないことの論証に努めた[2]．

2．形式的合理化

マルクスの疎外論とヴェーバーの官僚制的合理化論を対置して，これらを現

代社会理論の優れた遺産とする議論は K. レヴィット以来なされており，最近では社会学の領域でも様々に議論されている³⁾．しかしヴェーバーの議論について，これを「物象化論」という語の明示によって再規定したのは中野敏男のみではないだろうか⁴⁾．本節は，中野がヴェーバーの概念構成論をその問題意識にまで立ち入って分析した成果を下敷きにしている．そのうえで，合理化が物象化をもたらすという中野の命題それ自体ではなく，彼のヴェーバー社会学・行為論への分析成果を利用すると何が読み取れるか，と問うてみたい．とはいえ結果的に中野の狙いとそう違うものが出てくるわけでもないが．またその中野の研究はとくにヴェーバーの「法」領域のテキスト分析をもとに行われているが，ここでは，その成果を「経済」領域のテキストで見ることになる．

(1) 貨幣計算

ヴェーバーが形式合理性と実質合理性を区別し，両者のアンチノミーを指摘していたことはよく知られている．1964年ヴェーバー・シンポジウムでも両者の関係の理解が，近代資本主義の合理性の評価とかかわって，一つの争点をなしていた⁵⁾．この論点を，ヴェーバーのテキストに即して確認するのが，ここでの課題である．

『経済と社会』第2章「経済行為の社会学的基礎範疇」の12項は，邦訳（富永訳）では「実物計算と実物経済」と題され⁶⁾，有名な「……純粋に合理的な『計画』をする手段がないとなれば，われわれは合理的な『計画経済』についておよそ語ることができないことになってしまう」(56)という文言を含んでいる［富永訳：353-4］．ここでヴェーバーは，「われわれの統計のじつに10分の9以上が貨幣統計ではなくして実物統計なのである．過去一世代にわたる著作はほとんどすべて，実物的な財供給を支持し経済が収益性に指向することを批判することばかりやってきた」(57)と「講壇社会主義者」を特徴づけ，彼らがその実，市場価格が有効に作用する経済を前提とした社会政策に指向していたのであって，完全社会化をめざしたのでないことを指摘した．併せて合理的な実物計算の可能性が一般に注目されてこなかったこと，世界大戦と戦時・

戦後の経済問題がこの論点に注目をうながしたこと，そしてノイラートがそれをいち早く取り上げていたことに触れた[7]．

ただし実物計算の可能性についてヴェーバーは，戦時経済が一種の「破産者の経済」であり，計算が技術的な（目的が所与のときに手段を検討する場合の）正確さをもつだけで，目的をめぐる競争を考慮すると初歩的な考量しかできず，「家計」計算の部類に入るものであって，「戦時・戦後の経済に適合的な実物計算の形態から平時の永続的経済に適合する推論を引き出すことは，疑わしい」という批判的な論評を付した[8]．そして実物計算も貨幣計算もともに合理的な技術であること，だがこの二つ以外にも，計算に無縁な，ないし計算合理性の低い経済行為があること，を指摘して，こう結んだ．「計算の担い手は常に貨幣であって，このことから，実物計算がそのほんらいの性質上要求されるところに比して事実上技術的に未発達なままにとどまった理由が説明されよう（そのかぎりで O. ノイラートは正しかったといってよかろう）」(53-8)[9]．これをうけて13項（富永訳では「貨幣計算の形式合理性の条件」）に入ってゆく．

13項はきわめて短く，原文で1ページ弱である．「こうして，貨幣計算の形式『合理性』は，きわめて特殊な実質的条件と結びついており，これがここで社会学的に関心をよぶものとなる」（強調は引用者）と始められ，以下とくに，1．市場闘争，2．市場の自由，3．有効需要と所得分配，の三点が論じられる．この冒頭の記述にヴェーバーの中心的テーマが現われている．すなわち形式的-実質的（formal-material）の対概念，および両者の関連である．まずは市場闘争の手段である貨幣から．

①貨幣

すでにヴェーバーは10項で，貨幣を経済行為の指向にとっての形式的に最も合理的な手段であること，つづいて11項で合理的な経済的営利に固有の貨幣計算の形態を資本計算と名づけてその合理性を強調していた．だがそこでも「資本計算はその最も形式的に合理的な形態においては，人間の人間に対する闘争

第Ⅴ章　目的合理性と価値合理性　141

を前提にしている」(49) として，貨幣をもたぬ人の，つまり有効需要にはならない人間の充足欲求が排除されてしまうことを指摘していた．これを受けた形でここ13項では，形式合理性の形式的たる根拠に触れる．

　「貨幣」は，人間の人間に対する闘争に刻印された価格の特質を原則的に排除することなく人が任意に改変できるような，無害な「不特定の効用サービスの指図証券」では決してなく，まずもって闘争手段であり勝者への報賞（Kampfpreis）[10]なのであって，ただ利害闘争チャンスの量的な評価を表現するという形式においてのみ計算手段である (58).

　いうまでもなく，ある財が特定の価格で売買されるということは，販売者の側ではそれ以上の価格でなければ提供できない競争者たちを排除することであり，購買者の側ではその価格までは支払えないという競争者たちを排除することである．それゆえ価格は競争の手段であり，闘争の手段である．そして営利目的で市場に登場する行為者たちのなかでも，競争の勝者には貨幣が報償として与えられる．

　9項では経済行為の形式合理性と実質合理性とが対比的に説明された．経済行為が形式合理的であることは，「少なくとも貨幣という形態が最大の形式的な計算可能性を示すという意味で一義的」であるのに対して，「実質合理性」の概念は，無数に多くの価値尺度（倫理的，政治的，功利的，身分的，等々）で価値合理的ないし実質的に測定することになるので，きわめて多義的だ，というのである．しかも経済行為の結果を実質的に評価することのほかに，行為自体における主観的心情や，行為手段に対する多数の尺度からする評価というものも存在する．このような経済行為の「実質合理性」という観点からすれば，貨幣計算という「形式的」行為は副次的でしかない，と説明された (44-5).

　そうであれば，「ただ利害闘争チャンスの量的な評価を表現するという形式においてのみ計算手段」である貨幣は，まさしく経済行為主体たちの市場闘争の手段として，つまり実質的な利害闘争の遂行を支えるものとして，貨幣計算

の形式合理性が発揮されるのに仕えていることになる．

②市場

　次の条件は市場の自由である．ここで，ヴェーバーの市場観について立論に関係する限りで簡単にまとめておこう．

　ヴェーバーの市場観は，『経済と社会』旧稿群中の「市場ゲマインシャフト」によく現われていたが，新稿では扱いがやや変わっている．旧稿は，「すべての合理的なゲゼルシャフト行為の典型としての，市場における交換を通じたゲゼルシャフト結成が存在する．たとえ［需給の］一方のみであっても，大多数の交換希望者が，交換のチャンスをめぐって競争する場合には，市場と呼ぶべきである」［WG：382］として，そこで行われる駆け引きに中心的意義をおいた．そしてこの駆け引きは，市場での交換相手の行為（→価格闘争）のみならず「不特定多数の，自らと現実のないし想像上の競争関係にたつ他の交換利害関係者の潜在的行為（→競争的闘争）に」準拠させる限りにおいて，つねにゲマインシャフト行為である，とした．そしてここで貨幣使用によるゲマインシャフト形成に注目した．以上は旧稿独特の用語だが，「商業とは誰がだまされるか，という活動である」という世界から「正直は最良の策」の命題が妥当する継続的な取引関係の世界への移行を説明した．ここには，第Ⅱ章に触れたアダム・スミス『道徳感情論』における経済倫理観と重なるものがある[11]．

　最終稿での市場の扱いは，秩序形成よりも市場そのものの説明が表に出ている．その説明の前にヴェーバーは，貨幣と貨幣計算を説明し，貨幣使用の帰結を示した．そこでは，交換可能性の飛躍的増大や，時間差のある反対給付（債務）の貨幣額による見積もり，価値の蓄蔵，欲望充足の範囲の拡大，等が挙げられているが，最後に，これらの基礎になっているのが貨幣計算であることが強調される．貨幣計算とは，効用サーヴィスの現時点での評価のみならず，将来的評価や機会費用をも一元的に貨幣額で評価しうる可能性を指すものと考えてよい．そして貨幣と財・サーヴィスの交換可能性（「貨幣と引き換えに交換対象を手放しまた獲得する機会の全体」）を市場状態と名づける．このことを

第Ⅴ章　目的合理性と価値合理性　143

図5-1　市場の自由

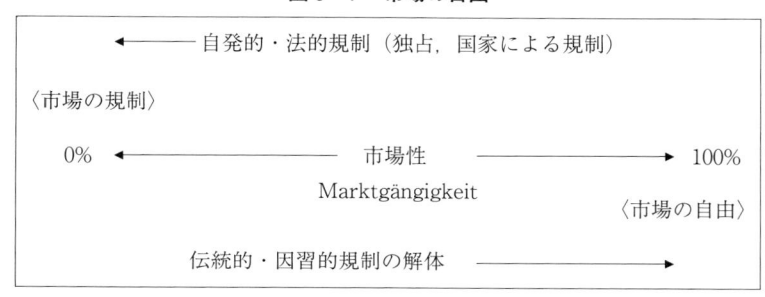

```
┌─────────────────────────────────────────────────────────┐
│         ←──── 自発的・法的規制（独占，国家による規制）       │
│〈市場の規制〉                                              │
│                                                          │
│  0% ←─────────  市場性  ─────────→ 100%                  │
│              Marktgängigkeit                             │
│                                      〈市場の自由〉        │
│         ──── 伝統的・因習的規制の解体 ────→                │
└─────────────────────────────────────────────────────────┘
```

モノの側から言っているのが市場性（「ある対象物が市場でそのときどきに交換対象に転じうる規則性の度合い」）であり，ヒトの側から言っているのが市場の自由（「個々の交換当事者の，価格闘争および競争的闘争における自律性の度合い」）である．市場性と市場の自由が実質的に制限される状態は市場規制と呼ばれる（43）．以上の関連は，図5-1のようにまとめられる．

さて12項に戻ろう．ヴェーバーはここで市場の自由が，競争的闘争やマーケティング組織や宣伝の費用，「経営規律および物的生産手段の専属，したがって支配関係の成立，といった社会的条件」にも関連していることを指摘した．

③形式と実質

第3の条件は，さきに有効需要と所得分配と名づけておいたが，ヴェーバーの市場経済観をよく示すものとして注目すべき記述である．内容的にはすでに11項でも説かれていたものである．

> 効用サービスに対する欲求それ自体ではなく，購買力ある欲求が，資本計算を通じて，実質的に営利的財生産を規制する．それゆえ，その時どきの所有分配に応じて，特定の効用サービスに対して類型的に購買力と購買性向をもつ所得階層の，限界効用の布置状況が，財生産の方向性にとって決定的である（59）．

見られるとおり，ヴェーバーはここで資本計算の形式合理性の実質的条件として，所得分配や消費の態様といった実質的な内容をあげている．所得とは，すでに示したように，競争の報償として得た貨幣と言い換えることができる．また所得水準に応じた生活のために特定の財・サービスを購入するという消費行動を想定すれば，景気変動のなかでたとえば貧富の差が拡大したり，貧困層の市場の自由が低下したり，富裕層の生活習慣が特定財の市場性を低下させたりすることがある．つまり市場における経済行為の結果をも含めた事態が，形式合理性の条件としてあげられているのである．これを一般的に表現すると，ヴェーバーは，形式合理性の結果である実質的な内容が，形式合理性の制約条件の一部となっている，という関連を説いている．

ヴェーバーはここで形式合理性と実質合理性とは，経験的に一致することがあろうとも，原理的にはあいいれない，と強調し，「なぜなら，貨幣計算の形式合理性は，それ自体としては，実物財の実質的な分配について何も述べるところがないからである」と説明した．彼の有名な形式合理性と実質合理性の対比（むしろ対立！）は，この貨幣計算を重要なモティーフの一つとしていた，と見ることができる．

そして13項は二つの合理性のこうした関係についての記述で結ばれている．

> 最大多数の人間に最小限度の物的供給を行うということを合理性の尺度とみなす観点からすれば，最近の数十年における経験では，形式合理性と価値合理性とは確かによく合致しているともいえる．これは，経済的指向をもった社会的行為が貨幣計算のみに適合するような種類のものであり，それの動機づけがそういう性質のものになったためである．しかしいずれにせよ次のことは確かである．すなわち，形式合理性は所得分配の形態とむすびついてはじめて，物的供給の形態に関して何事かを述べ得るのにすぎない (45)．

ここからいくつものことが読み取れそうだが，以下の三点を掲げてみたい．

第一に，ヴェーバーが自ら観点を一つ示して，そこから現実を評価していること．まず営利的経済行為が市場闘争に指向するようになってきて，貨幣計算の，それゆえ資本計算の形式合理性が高まった．これは観察から得られる経験的歴史的な傾向である．そしてその結果は，一言でいえば生活水準の上昇，財生産と有効需要の順調な伸びである．「最大多数の人間に最小限度の物的供給を行う」という（一種の功利的＝）実質合理的な尺度からみてもその合理性は高まったといえる．これはひとまず，市場経済のパフォーマンスに対するヴェーバーの評価として受け止めることができよう．

第二に，貨幣のもつ形式合理性はあくまで形式的なのであり，しかも所得分配という実質的な条件を欠いては己れの市場パフォーマンスに資するという機能を合理的に発揮できない，という逆接[12]．そうであるならば，資本計算の合理性を一定の実質的な目的（一定の物的供給の形態）に資するように作動させるために予定される政策については，その政策手段が，貨幣計算という合理的機能への負荷を最小にするような配慮が求められる，という示唆が得られる．たとえばこのように，所得分配にかかわる政策の可能性を問う余地をここに見出すことができる．

第三に，ヴェーバーはここで「形式合理性と価値合理性」と言っている．9項にも「価値合理的ないし実質的」という記述が見られた．周知のように『経済と社会』第1章の社会的行為の概念では「目的合理的」と「価値合理的」が対照されている．経済行為には伝統的なものもあるが，基本的には目的合理的なものであるから，目的合理的行為のうちに形式合理性と価値合理性という二つの契機が孕まれている，ということがここで言われている．これについては次章でもう一度触れよう．

(2) 社会学——行為論の準拠枠——

『経済と社会』冒頭の第1章「社会学の基本概念」（新稿）において，ヴェーバーは自らの社会学を，社会的行為を理解して因果的に説明するものとした．そして多様な現実の理解に向けて，社会的行為や社会関係，秩序，団体の理念

型を次々に構成していく．さきに挙げた中野の研究はこの第1章を解読したものであり，その結論は第2章にも当てはまるはずである[13]．以下，その基本筋を示しておこう．

　社会学の対象は人間の行為であり，したがって現実の経験的認識が課題となる．この認識のために，経験的な一般的規則としていくつもの理念型が構成された．そしてそれらに論理的には先行するレベルで，準拠枠としての行為類型論が与えられている．有名な社会的行為の4類型（目的合理的／価値合理的／感情的／伝統的）である．これはヴェーバーの「行為」への関心に従って構成されたものだが，4類型をひとまとまりにしている「統一原理」において把握することで，ヴェーバーの問題関心が捉えられる．

　まず行為における「意識性」に着目すると，人間の振る舞いに対して主観的に思われた意味が付与されている場合，これを「行為（Handeln）」とよび，付与されていないものを「行動（Verhalten）」とよんでいる．つまり，行為主体が自覚的に振る舞っているか否かの区別であるが，これを程度の問題だとすれば，きわめて自覚的な行為と意味を付与されない行動とを対極として，無限に多様な社会的行為の領域に「意識性」からみた準拠軸を1本引くことができる．行為の意識性が高いというのは，行為主体が自己の抱く目的や価値感情を充分に知っており，その実現に向けての行為の場合である．意識性が低いとは，主体が外部からの刺激にただ反射するだけの場合や，惰性でことを続ける場合のことを指す．そしてヴェーバーにあっては「意識性」は行為の合理性と，また人格の「自由」と結びついている．高度な「意識性」をもって「合理的」に振る舞うところにこそ「自由」の本来的な意義がある，と考えられた．したがって準拠軸において合理性の対極にくるのは非合理性であり，これは自由の対極としての「自然性」に重なる．この合理性（Rationality）－非合理性（Irrationality）の準拠軸をR-I軸としよう．

　意識性が低いとき，観察者は行為の動機をうまく理解できない．この理解不可能な行為の認識を得ることは，行為類型論の形成にとって重要なワンステップであった．作品史的にみると，ここを埋めることとなったのは工業労働調

査[14]であったことが分かる．それを簡単に説明しておこう．当時，社会政策学会内では自然科学的認識論に立つ厳密な研究を要求するエーレンブルクに代表されるグループが影響力を強めており，弟のアルフレート・ヴェーバーもその中にいた．そして経済理論がその認識モデルを採りうるなら，どのようにしてか，という問題が出されていた．またダーウィニズムの影響下にプレーツらの人種論も登場していた．そこには，生物学的自然主義が根拠をもつなら理解社会学や行為論はいらない，人間の活動が有機体の刺激受容器官の働きの従属変数であり，心理的なるものが脳の生理的プロセスの付随現象だとすれば，心理物理学（Psychophysik）的唯物論になってしまう，という問題があった．こうして心理物理学を経験科学的に検証すべき必要が出てきた［Schluchter 1995：36］．社会政策学会は農業労働調査に続いて工業労働の調査に着手した．調査では労働市場・社会移動から熟練形成・労働曲線まで検討されたが，そこに新味はない．ヴェーバーは実態調査による経験的社会研究の中身によりも，むしろ調査の方法に関心を抱いた．すでに「倫理」論文で「資本主義の精神」という経済心術（Gesinnung）の発生史を扱った彼は，今度は逆に大経営の機械装置にそくした分業がいかなる質の労働者を選抜・陶冶するか，を探ろうとする．そして理解心理学に触れていた彼は「理解」の限界を考え，意味をもたぬ心理物理的な生の表現が心理学で扱えるなら，クレペリンの習熟・疲労研究が役立つであろうと想定した．彼は1908年夏，親戚の経営する工場で自ら調査を行い，「工業労働の心理物理学」を書いた．ここでなされた理解不可能な意味をもたぬ行為の範疇的定立は，いま問題にしている彼の行為論の枠組みに対し，この作業の成果として貢献している，と考えてよい．

　次に，行為は価値実現の手段なのか，行為それ自体の価値が意識されているか，という「価値と行為」の関係に着目する．ヴェーバーは，ある行為にさいして意欲されているものが，「その行為によってもたらされるであろう事態に対する予想の内容」にあるか，または「その行為をなすこと自体」にあるのか，の二つを区別している．これを「価値のための行為と価値としての行為」という対極に配して，2本目の準拠軸を引くことができる．その内容から，両極を

図 5-2　行為類型（[中野 1983：170] より）

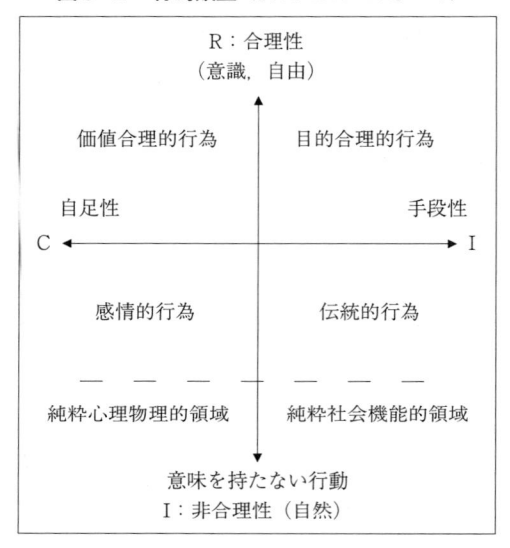

```
                R：合理性
               （意識，自由）
                    ↑
    価値合理的行為  │  目的合理的行為
                    │
      自足性        │      手段性
    C ──────────────┼────────────── I
                    │
    感情的行為      │  伝統的行為
                    │
    ─ ─ ─ ─ ─ ─ ─ ─ │ ─ ─ ─ ─ ─ ─ ─
   純粋心理物理的領域 │ 純粋社会機能的領域
                    ↓
            意味を持たない行動
            I：非合理性（自然）
```

図 5-3　意識性の低下

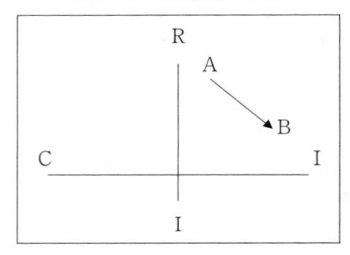

```
              R
              │  A
              │    ↘
              │      B
    C ────────┼────────── I
              │
              I
```

　それぞれ手段的（Instrumental），自足的（Consummatory）と名づけて，この軸を C-I 軸としよう．2本の準拠軸を直交させた座標平面に上記の社会的行為4類型を配したのが図5-2である．

　図の理解のために一例を挙げる．第Ⅱ章でみた宗教的文化領域の救済財を考えてみよう．救済宗教では魂の救済が現世ではかなわない，神の所有は不可能である，とされる．だが信者は救われていることを現世で知りたい，ないしは救いの証しを現世で得たいと望み，この意欲は，その宗教に独自な神観念にもとづいた救済財を発展させる．そこから神の道具であろうとする場合と，神の容器であろうとする場合が生じる．前者が禁欲となって，積極的な倫理的行為を生み出す場合については，「倫理」論文で説明されているが，これは「目的合理的行為」の現われ方の一つである．後者は，容器となって神に充たされたものであろうとするから，瞑想ないし狂躁という一種の状態性の追求ということになる．その追求自体が価値としての行為であるから，これは「価値合理的行為」といえる．

4類型がひとまとまりであることについては説明が必要だろう．まず「行為の限界」（あるいは限界の彼方のケース）とされる伝統的行為から出発してみよう．厳密に伝統的な行為は，意味をもたぬ，自然性の体現として「行動」にあたるであろう．だが行動は，習慣化したものへの固執が意識的に維持されることにより，行為に移行する．そして伝統が感情的に維持されるときは「感情的行為」へ，また信念として維持されるときには「価値合理的行為」へと，移ってゆく．次に目的合理的な行為から始めると，それが意識性を低下させて惰性となれば，それは伝統的行為であろう．こう考えると伝統的行為は，他の3類型が設定されることで，類型として位置を与えられている．同様に感情的行為についてもヴェーバーは，感情の意識的発散の場合にはそれを昇華というが，「その多くの場合その行為はすでに価値合理化や目的行為，ないしその両者へと進んでいる」とした［WG：12］．

　このようにヴェーバーの準拠枠レベルで設定された行為類型論は，具体的な現実を説明するために組み合せて利用するモザイク理論などではなく，準拠軸をまたいで相互に依存と緊張関係に立ち，また移行もする現実の諸々の行為を，観察者側で設定した R-I 軸と C-I 軸という物差しで理解するためのものであった[15]．

　準拠枠のもう一つの特徴をみよう．目的合理的行為では，高い目的意識性にとどまらず（それは価値合理的行為でも同じだ），当該行為がもたらすであろう結果が計算され，その結果のための手段としてその行為がなされる．目的が高次化し，行為の目的合理化が進むと，個々の行為に内在する価値は希薄になる．それが価値合理性と対立するまでに進むと，価値を忘れた純粋な目的合理的行為に転化してしまうが，このことは価値の合理的追求という観点からすればマイナスに働くだろう．徹底して手段化した純粋目的合理的行為では，行為の準拠すべき目的をすでに確定したものとして無反省に受け入れるか，所与のものとすることで，意識的・合理的反省思考が放棄されることになる．つまりここに至ると純粋型は，意識性・合理性のレベルが低下し，「自然性」に侵食されて自由から遠ざかったものとなってしまう．この変化を図5-3でA→B

と概念化してみた.

　以上のように R-I 軸に C-I 軸を加えることにより，合理性のパラドクス，行為の合理化がもたらす問題の所在を明確に示すことができる.

　さて，社会的行為は相互性をもつことで社会的関係に展開する．行為者が他者と様々な社会的関係を結び，こんどは逆にその社会的関係によって規定を受けながら，社会的行為が営まれる．ヴェーバーの理解社会学は，この過程のダイナミクスを問題にする．そこで行為から関係，団体にまで進んだとき，準拠枠の問題意識が現実世界でどのような形で現われてくることになるか，見てみよう．

　社会的関係を永続的に作り上げる意味内容は「格率（Axiom）」という形で定式化されうる．当事者たちは，相手がこの格率を遵守すると予想（期待）し，自分の行為もこの格率に準拠させる．そして行為が合理的であればそれだけ，社会的関係はその格率に準拠して（それを意味内容として）永続的となる．格率は，単なる規則性とか規範ではなく，行為者が主観的に意識した規範についての表象なのだ．だから，社会的関係は，行為の意識性が高まるほど合理化してゆき，それに歩調を合わせて行為の意味内容も明確な格率へと進展する．次に，社会的関係の意味内容が，主観的・内面的な格率から当事者相互間の約束にもとづく協定（Vereinbarung）にまで進展することがある．これも合理化の進展とみてよい．

　社会的関係の2類型として「ゲマインシャフト形成」と「ゲゼルシャフト結成」が示される（9項）．前者は，社会的行為のあり方が，当事者たちの主観的に感じられた（感情的あるいは伝統的な）共属感にもとづく場合であり，後者は，社会的行為のあり方が，合理的（価値合理的あるいは目的合理的）に動機づけられた利害関心の均衡や，同様に動機づけられた利害関心の結び付きにもとづく場合，と規定された．行為者の意識性に注目すれば，前者から後者へと合理化が進んでいることになる．ゲマインシャフト形成が持続する場合には，行為者はその共属感の内容を格率として抱くようになり，関係も自覚化＝合理化されよう．格率への自覚的意識性が高まって，当事者たちが独自の利害関心

第Ⅴ章 目的合理性と価値合理性　151

を抱いてそれに指向するようになれば，関係はゲゼルシャフト結成へと進展する．そこでの合理性が高まると，格率は明示的に約束された協定に定式化される．

　ゲゼルシャフト結成の純粋型として，まず市場での純目的合理的な交換が挙げられるが，これは一時的なものである．次に目的結社（Zweckverein）が挙げられるが，これは「目的および手段が関与者の物的（sachlich）な利益の追求にだけ向けられている持続的行為の協定」となっている．もう一つの純粋型は，心情結社（Gesinnungsverein）であり，「価値合理的に動機づけられ」たもので，「情緒的感情的な利害の擁護を無視してSache（＝大義）のみに仕えようとする合理的セクト」がそうである．いずれも協定に基礎をおく持続的，合理的な社会的関係である．ということは，自足的であれ手段的であれ，合理性の高まりとともに，行為はSache（モノ・コト）追求の持続的な関係となる，という帰結をもたらす［WG：21-2］．

　さらに団体（Verband）に関する記述まで進もう．「ゲゼルシャフト結成の制定された秩序は，自由な協定によって成立する場合もあり，授与と服従によって成立する場合もある」．そしてここに奇妙な転換の契機が挿入されていることが分かる．授与とは「全構成員の人格的で自由な協定によって成立したのではないあらゆる秩序」［WG：27］のことだと定義されているが，そうだとすれば，授与は，意識性（合理性・自由）の水準を低下させうる形態だといわざるをえない．また団体は，協定による団体（Verein）と，授与による団体（Anstalt）とに区別されるが，どちらも「合理的（計画的）に制定された秩序」をもつ，とされる．

　以上のことから，ほぼ次のように言えるのではないか．アンシュタルトでは，秩序からすると高度に合理的であるが，行為の意識性の面では合理性の低下した形態がもたらされる．つまり，社会的関係の合理化という一つの見通しを概念的に構成しているヴェーバーの図式によれば，諸局面が並行して合理化の方向へと進まないことが示された．行為者の「行為における意識性が高まって社会的関係が合理化してゆく」と，「秩序が整備され合理化されて」ゆき，成員

の行為の手段性はますます高まってゆく．ところがその過程自体のなかで，その「秩序が行為者に反作用し，行為の意識性を低下させる」という事態をたどる可能性が生じるのである．ヴェーバーの準拠枠は，社会的行為と社会的関係の逆説的な関係，合理化のパラドクスを明確に意識させるものとなっている．

　最後に15項のベトリープ（Betrieb）の定義を見よう．「ベトリープとは，ある種の継続的な目的的行為のことを指し，ベトリープ団体とは，継続的に目的的行為を営む行政スタッフをもつゲゼルシャフト結成を指すべきである」［WG：28］．ここには，目的の継続性という指標があてはまる限り，政治的・教会的事業，結社業務などが含まれる．それゆえ，自治体や国家といった政治的事業，営利活動を継続する企業などが代表的なベトリープ団体ということになる．

　現代人が持続的に合理的行為をなしているのは，ほとんどがベトリープ団体においてである．その代表格は国家と企業であろう．こうした団体を結成したのは，特定の価値を実現するためであった．その過程で，合理化の進展はsachlich な利益追求，Sache（モノ・コト）に仕える態度を押し進めた．Sache 追求の合理的な行為が，団体形成の独自な力（固有論理）の発動により，Sache それ自体があたかも主人たる位置を占め，それが人間に強制と服従をもたらす事態を生み出してしまった．合理化の果てに行為の物象化（Versachlichung）がもたらされたのである[16]．

(3) 合理化のパラドクス

　以上の中野の「基礎概念」の理解を，2章13項のテキストに重ねて考えてみる．まず価値合理性を導く一定の実質的な価値がいかに登場するかは明示的には問われていないが，経済以外の文化諸領域にも由来しうることは自明であろう．それが人の様々な生の在り方に由来するとして，意欲する人間であれば，特定の価値内容を実現するために行為することがある．意識的な価値合理性の追求は，市場経済の形式合理性と対立するのが通例であるとしても，同時に，形式合理性（市場性）を補って，行為の意識性を高めることにつながるのであ

る．行為の手段性の昂進（目的合理性の上昇）は，価値合理性の低下，その限りで意識性の低下を引き起こす．これは自由の減少と意識されてしまい，意欲の減退になりかねない．それゆえ現実には「目的合理性と価値合理性」が両者相まって己の存立を保証しあうことになる，というのが，13項に含まれる重要な示唆であった．

　なお，ここで一つの補足説明が必要であろう．価値合理性の関与の仕方については，経済行為が目的合理的行為だとすれば同一の経済行為に価値合理性を安易に認めることは定義上論理矛盾ではないか，という疑問が生じるかもしれぬ．その答としては，次に記すことのほかに，こういう事情もある．すなわち，ヴェーバーは「経済行為」とは区別された「経済的な指向をもっている行為」の存在を指摘して，それを「第一次的には他の目的に指向しているのだが，その途上で『経済的な事情』を考慮に入れる（あらかじめ経済的配慮が必要なことを主観的に認識した）場合，……」[WG：31；富永訳：302]と規定した．この行為が経済現象をなす要素として存在することは容易に理解できよう．そうであれば「他の目的」に指向した行為連関が経済現象となっている，という事態も想定できる．「人間の経済」が経済行為だけの関連で完結していないことの示唆であり，この点については第Ⅶ章で触れたい．

　さて中野が鋭く指摘したように，準拠枠レベルで現われる目的合理性や価値合理性というヴェーバーの理念型（純粋型）は，単独ではきわめて不安定なものであり，それ自体では存立を保証されえない性質のものである．このことは，支配の領域での正当的支配の3類型と同じであり，カリスマ的支配であれ合法的支配であれ現実の世界にあっては純粋型では安定しない，という構成とパラレルになっている．支配社会学での「カリスマの日常化」の重要性を想起すれば容易に理解できる．またワイマル大統領制の正当性論議でも，ヴェーバーには，不足した合法性をカリスマ的正当性で補うという思考が働いていた．さらには政治領域での「責任倫理と心情倫理」の対概念にも同じことが言える．両者の相補的関係が政治的行為を支える，という構成がそこには読み取れる．ヴェーバー概念構成論の特徴として，論理的に突き詰めれば核心において反発す

る二つのものが，現実的には相補的に機能したり，境目が流動的であったりするような構成をとっている，ということを指摘しておきたい．

それでは以上のような行為の準拠枠を用意したヴェーバーの視角から，経済という文化領域はどのように見えてくるのか．

ヴェーバーの問題意識を端的に示したものとしてかならず参照される『宗教社会学論集』の「序言」は，一つの資本主義論とも言えるものとなっている．ヴェーバーは，ここで宗教社会学の基本課題を，西洋近代の認識，つまり近代合理主義文化の特性を因果的・歴史的に解明することとし，西洋近代にみられる特性を備えた文化諸領域として，科学，芸術（音楽，建築，絵画），新聞・雑誌，官僚組織，公団体としての国家，資本主義を挙げている．そして資本主義を「われわれの今日の生活のもっとも運命的な力（schicksalsvollste Macht）」とした．また，この資本主義を「持続的かつ合理的な資本主義的運営（Betrieb）という姿をとって行われる利潤の追求」と規定し，そこで決定的なのは「貨幣額で表現される資本計算が行われる」ことだ，とした［RS：1-5］．

近代の合理的資本主義は人類史上に古くから見られる営利活動を，終わりのない「利潤追求」活動に変えた．それはベトリープという姿をとった継続的な営みとなる．ベトリープ団体というゲゼルシャフト結成が行われると，「利潤追求」に終わりはなくなる．個人，自然人には死という引退が用意されているが，法人となった企業は going concern として，制度化された利潤追求活動を終わらせることがない．現代資本主義の主役はまさしくこの法人である．ヴェーバーが「社会学の基本概念」で追い詰めていったのは，近代人が「合理化のパラドクス」を抱えることになる生活の主要舞台，すなわち国家と企業の問題であった，と見ることができる．

「倫理」論文が示したように，法人を主役とする資本主義が社会的制度として成立するためには，利益を合理的に無限に追求する活動を自己目的化して生きるのが善いことだ，という精神的態度を備えた人間の登場が必要であった．そして，ひとたび出来上がった合理的制度が移転・模倣されることによって，

合理的営利追求は地球上に伝播していった．形式合理性が徐々に完備されていく．その中に生まれた人間たちは，制度の要求する社会機能を果たす歯車として生きる以外には道がない．制度への適応が求められる．逸脱しないように規律づける技術も開発される．

しかしヴェーバーの歴史研究が明らかにしたのは，西洋のある時点で高揚した宗教意識という裏づけがあって，初めて人間はこの合理的生活態度を方法的に追求できた，ということであった．その前提が欠けている時代や地域に生きる人々に同様の規律を要求すれば，慣習・伝統から反発が生じるであろう．のみならず「自然としての人間」内部から反発が生じるかもしれない．西洋近代でも，たとえば工業労働調査で示されたように，心理物理的自然としての人間は，疲労や単調感を「能率低下」という形で表現するのである．だが資本主義という運命的な力の働く経済という領域では，市場性，それゆえ形式合理性を高めようとする固有論理が発揮されてきている．高度な形式合理性をもった資本主義とその文化は，現代人にとっての「運命」となっている．

3．営利衝動——資本主義の精神——

第2章14項の考察にはやや回り道を通る．「倫理」論文および「客観性」論文はヴェーバーの方法論争への対応という文脈で読まれてきたが，第Ⅰ章で紹介したように，近年この論争からヴェーバーまでの議論の過程を検討する研究が出され，これによりヴェーバーの同時代的な位置がかなり明らかになってきた．本節では，従来まず正面から扱われることのなかったディーツェル（Heinrich Dietzel, 1857-1935）に触れ，彼の議論がヴェーバーの作品にどうかかわったかという視点から論じてみたい[17]．

(1) 前史：ディーツェルの議論

ナウは，「シュモラー，メンガー，ディーツェル，ヴェーバーの方法論的アプローチを取り出すことによって，ドイツ語圏経済学の方法論的自己了解が一

世代の間にいかに根本的に変化したか」[Nau 1997：25] を示そうとする著書の中で,「……ディーツェルは,理論的社会経済学の二つの前提としての利己心と経済的原則という議論を提出したが,ヴェーバーによるその受容はきわめて両義的である.ヴェーバーによると,ディーツェルは経済的命題の発見的仮説的価値を承認したが,そうした命題が心理学的に基礎づけられるという観念からはいまだ充分に解放されていない.これに対してヴェーバーは経済的命題のいっさいの心理学的基礎づけを避けようとした」[Nau 1997：234] と述べた.このナウの示唆をうけて,ディーツェルの提起した論点にヴェーバーがどう反応したかについて,若干の検討を試みることにする.あらかじめ結論を示せば,ヴェーバーの経済心情（Wirtschaftsgesinnung）という捉え方にはディーツェルが大きな影響を与えていると考えられる.また理論的な比較体制論の端緒を構想したディーツェルに対して,ヴェーバーは,社会学における行為動機のレベルでこれを説いた,という構図を描くことができる.

　まずディーツェルの主張を理解するために,彼の批判対象となった歴史学派の「抽象的経済理論」観を,図式的にまとめてみよう.歴史学派は,「抽象的理論」が経済現象を,利己心（self-interest）を追求する人間の行為連関とみて,それのみを行為動機とする人間モデルから演繹される経済行為の論理的記述をば「経済理論」として認めるものだ,とする.したがってそのような理論に経験的妥当性は認められない.人間は多様な行為動機をもつのであって,利己的な行為のみが社会に存在するのではないし,経済現象はより広い社会現象の一部であって,他の諸現象と結びついている.それゆえ現実の経済現象を説明する理論とは,多くの経験的事実の観察を積み重ね,そこから帰納的に導き出すことによって得られるものなのである.人間の行為動機のうちには利他心もあり,文化的発展に応じて人間の倫理的な向上も見られるのだから,こうした人間の変化も見ずに利己的動機のみを仮定することは,経済理論の出発点としても誤っている.

　これに対するディーツェルの批判はおよそ以下のようである.彼は,そもそも限界効用理論によるメンガーのシュモラー批判の論理は既知のものであり,

理論の精緻化にとってのささやかな刺激にすぎない，という立場［Dietzel 1890：570］であり，方法論争ではメンガーの側に立つ[18]．

まず，経済行為の動機を利己主義（エゴイズム）と考えるのは誤りである．最小費用で最大の成果を得ようとすることは「経済原則」という営利衝動 Erwerbstrieb なのである［Dietzel 1884：365；Dietzel 1884a：33ff.］．経済にかぎらず，希少性にかかわる人間の行為には，この心理的推進力 psychische Triebkraft が働く［Dietzel 1884a：200］．社会活動の一部分の内容をなす経済的社会現象のみをあつかう社会経済学は，社会的な科学として理論的および実践的という二重の課題を有する．それは理論的な科学としては，経済的社会現象の存在を記述し因果的に説明するという課題をもつ．それがなんであり，なぜそうであるのか，を言おうとするのみである．経済理論を構成するためには，「経済人」の前提を用いる．ある出来事の帰結は，それにかかわる諸個人がもっぱら経済的な動機にのみ規定される，という仮定のもとに考察される．そして上記の心理的な力が孤立的に作用する，と仮定される．J. S. ミルは，諸個人の行為が富への欲求のみに支配されると仮定したら，富の諸現象がいかなる経過をたどるか，を示すのが理論的社会経済学の課題だ，と主張したのであって，人間のすべての行為がもっぱら富の追求から出てくる，などと言ったのではない．人間の進歩とか歴史の発展といった歴史哲学ぬきで因果的経済認識をめざすために，出来事に反応する人間がある一定の心理的推進力のもとにあって，それに応じて行為する，という仮定を描いたのである［Dietzel 1895：28-9，57，78-9］．

それゆえ利己主義者という仮定は誤りである．ミルは，それに代えて「経済人」仮定を描くことにより，方法論に根本的な進歩をもたらしたが，これがこれまでは充分に評価されてこなかった．この道を進む代わりに，ヴァーグナーやメンガーらは，歴史学派の攻撃に対して「エゴイズム」仮定を防御しようとした．彼らは，最も一般的，最も強力な心理的推進力がエゴイズムなのだ，という主張で一致している［Dietzel 1895：80-1］[19]．

こうしたディーツェルの議論には，現実の分析と歴史哲学（つまりは目的論

的議論)との混在,すなわち当為と存在が未分離であることへの批判や,ミルと経済人への言及があって,若き経済学教授ヴェーバーも大いに参考にしたはずである.ヴェーバーの『講義要綱』にはディーツェルの著作が挙げられており,ヴェーバーは当初から,現実の人間とは対照的な「構成された経済主体」から導出される理論,というその論理的核心には着目していた[Weber 1898:5, 29-30].

(2) 「客観性」と「倫理」

1904年発表の「客観性」論文には,上述したディーツェルの議論を明確に意識した文言が見られる.まずその箇所を引用する.

> 上記の概念において,なにか精密自然科学に類似したものが創り出されるべきであるという自然主義的偏見から,まさしく,こうした理論的思考形象の意味が誤って理解されることになったのである.問題は,人間におけるある特定の「衝動」つまり「営利衝動」を,孤立化させて取り出すこと,あるいは,人間行為におけるある特定の格率,すなわちいわゆる経済原則を,孤立化させて観察することにある,と信じられた.抽象的理論は,心理学的な公理に立脚することができると思い込んだのであるが,その結果,歴史家は,ある経験的心理学にうったえて,そうした公理が妥当しないことを証明し,経済的事象の経過を,心理学的に導き出そうとした.……
> そういうわけで,抽象理論が提起した定理の心理学的根拠づけの問題や,「営利衝動」や「経済原則」などの射程をめぐり,いくえにも取り交わされた論争は,けっきょくのところ,さしたる実を結ばずに終わったのである[WL:188-9;折原補訳:108-10].

ここには,「経済的利害を孤立化させて把握する」ことは可能だというディーツェル[Dietzel 1884a:241]への批判と,同時に,「心理学的な公理に立脚することができる」という抽象的理論の想定への批判が現われている.さらに

第Ⅴ章　目的合理性と価値合理性　**159**

これは，シュモラーの心理学への期待に対する批判でもあった[20]．ヴェーバーは，何か抽象的な理念や心理的な仮説を実体化して，そこから現実の出来事を導き出そうという態度を，現実を説明するやり方としては拒絶している．

　ディーツェルは，「純粋な経済的社会」を想定して，国民経済とは区別された社会経済の理論を「社会経済学」という独自の理論として確立することを狙っていた[21]．この点で，方法論争の文脈からすれば，上述したように彼は明らかにオーストリア学派の側に立った．ヴェーバーはこれに対して，経済理論を，自然主義的痕跡を払拭した「理念型」として認めようとした[22]．第Ⅱ章で強調したように，「理念型」が，方法論争を背景に，まずもって経済理論に関して提起されたものであったことには留意すべきである．だがこの文脈でより重要な点として止目すべきは，ディーツェルが社会経済的現象を個人の経済的利害によって構成されるものとし［Dietzel 1884a：228］，諸現象の因果関連を抽象的に考察することを経済的社会理論にゆだねて［Dietzel 1884a：259］，そのさい「経済原則」としての営利衝動をあらゆる理性的な行動の原理として自明のもの［Dietzel 1884：365］として説いたこと，である．このような見方に対して，ヴェーバーは「客観性」論文と同時期に書かれた「倫理」論文で「資本主義の精神」という理念型を提出する．

　「倫理」論文の執筆動機を何か一つのものに帰すことはできそうにない[23]が，経済史と経済理論の双方における「営利衝動」の論じられ方を受けての研究という側面があるのは間違いない[24]．この語の流布過程については，竹林史郎が詳細に検討しており，また「資本主義」概念の登場を見事に描いている［Takebayashi 2003］．その研究成果を受け，ここでは「倫理」論文の周知のヴェーバー命題にはあまり立ち入らず，まず語法に着目しよう．

　　「資本主義以前」の時代には……「営利衝動（Erwerbstrieb）」が未知或いは未発達であったというわけでもなく，また近代の浪漫主義者が空想しているように「金銭欲」が当時は——或いは今日に於ても——市民的資本主義の範域に属しない人々の間では，これに属する人々の間より少なかっ

たというわけでもない［RS：41；梶山訳：99］．

　竹林によれば，旧歴史学派[25]にあって「私益」や「利己心」「個人主義」と表現されていたものが，ブレンターノやシュモラーにおいては「営利衝動」ないし「商業精神」と呼ばれた．彼らはこれを，一つには，古典派経済学のうちに妥当しているとされた「利己心」から導出しており，もう一つには，経営形態の変化，すなわち手工業から家内工業への移行のうちに生じたものと捉えていた，ということである[26]．

　ヴェーバーの「資本主義の精神」概念は，「営利衝動」による資本主義の成立の説明を批判するものであったが，以上の文脈からこれを二段階に分けて理解しておこう．まず営利衝動の用い方に関しては，ディーツェルと歴史学派的用法の双方への批判であった．社会経済的現象すべてに通用する行為原理としてディーツェルが想定する営利衝動などという経済原則では，「資本主義の精神」を産み落とした禁欲的プロテスタンティズムの職業倫理を説明できない．またブレンターノらの営利衝動すなわち商業精神の浸透による経済発展という理解では近代の合理的資本主義の成立は解けないであろう．そして次に，独自の解法として，経済現象を引き起こす人間の行為動機には非経済的要素が働くことを示したことである．ただ，宗教的動機を入れて初めて説明できるというのは，ディーツェルが一面的な説明のみを理論的課題としたことへの全面否定とはならないから，諸領域の関連づけを例示したというにとどまるかもしれない．その意味では，社会経済的現象の説明に宗教領域の要素を繰り込むことのできる事例を示すことで，ディーツェルへの補足を行ったことになる，といえる．

　「客観性」と「倫理」の論文は，さきに触れたように方法論争後の経済学の展開に対するヴェーバーの回答という面をもっていたが，メンガー＝シュモラー後の，ディーツェルやハスバッハの議論を見ておくことは，ヴェーバーの議論の含意をかなり明らかにしてくれる．それにしてもここでヴェーバーが，救いの証しという宗教的な動機や自由の希求といった観念の力を経済行為の説明

に入れる，という方法を精緻化しようとしたことは，きわめて重要であった．経済領域とそれ以外の諸領域の相互の関連を捕らえる方法がここで模索されていたはずである．そしてそれは行為の動機レベルでの説明に集約された．文化諸領域にまたがって生きる人間の態度決定は，諸価値の相克に決着をつけるものとして，その人の行為のうちに表現されることになるからである．

　　……この労働を職業として，また救拯を確信するための最良の，終には屢々唯一の手段として，考えることによる実践への心理的刺戟（psychologische Antrieb）を付与したのだ［RS：200；梶山訳：352］．

ここには，経済行為の規範となるものが宗教という文化領域に固有の展開（救済の確信を得ようとする努力）から生まれたこと，そしてそれが実践への心理的起動力として働いたことが説かれている．こうして，文化諸領域の固有法則性を明らかにすること，その内容が他の領域における行為の動機レベルで受け止められるときの具体的な事情を把握すること，そして諸領域間の緊張（吸引と反発）のなかで選択的親和関係が働く点を見出すこと，こういった課題が現われる．ヴェーバーは方法的模索の中から行為の社会学に傾斜していった，と見ることができる．そしてその場合，「われわれが押し進めようとする社会科学は，ひとつの現実科学である」とか「社会科学において問題となるのは，事象の質的な色彩である」［WL：170，173］といった表現にうかがえるように，ヴェーバーはこれらの課題を「社会科学」のものとしていた．

(3) 社会主義の精神

　さきに触れたように『宗教社会学論集』の「序言」は，経済論，資本主義論といえるほど，西洋の市民的な合理的資本主義の特質を強調している．いわく「『営利衝動』とか『利潤の追求』，つまりできるだけ多くの貨幣利得をばどこまでも追い求めようとする，そういったことがら自体は，ここでいう資本主義とは何の関係もない」［RS：4］．そして宗教とならんで「生の諸領域」として

経済,技術,学問,教育,戦争,司法,行政を挙げ,それぞれに多種多様の合理化が存在したことを指摘したのちに,こう記した.

> ……近代西洋における合理主義の独自な特性を認識し,その成立のあとを解明することが問題となってくるのである.そうした解明の試みはすべて,経済のもつ土台としての意義に応じて (der fundamentalen Bedeutung der Wirtschaft entsprechend),なによりも経済的諸条件を考慮するものでなければならない.しかし,またそれについては逆の因果関連も見逃されてはならない [RS：12；論選：23].

『宗教社会学論集』の冒頭で,経済が土台としての意義をもつことを述べ,資本主義を「運命的な力」と称したことは,ヴェーバーにとって「経済の合理化」がキーモティーフの一つをなしたことの証しにほかならない.そしてその経済の合理化は,経済行為の動機分析を行ってこそ,充分に説明できる.また経済に固有の合理化が資本計算の形式合理性にかかわっていることは,前節で見たように,この「序言」でも触れられていた.そして「逆の因果関連」の例が「倫理」論文であり,そこで「資本主義の精神」という独特な経済心情 (frame of mind)[27]の成立を説いた.

では,ここに資本主義のオルタナティヴとしての社会主義についても,「社会主義の精神」なる経済心情を措定できないのか,と問うてみよう.あながち無謀な問いではないはずである.というのも,『経済と社会』第1章の中に次の一節が見られるからである.

> 社会学的に見れば,社会主義経済も,限界効用学説で交換過程を説明するのと全く同じように,「個人主義的に」説明するほかはない.言い換えれば,諸個人——社会主義経済に登場する「職員」の諸類型——の行為の解釈を通して理解するほかはない.なぜなら,社会主義経済の場合でも,経験的社会学の重要な仕事はつねに,この「共同社会」が成立し存続する方

第V章　目的合理性と価値合理性　163

向へ個々の「職員」や成員が行動するのには，いかなる動機が働いたのか，働いているのか，という問題から始まるのであるから［WG：9；清水訳：29-30］．

　ここでヴェーバーの社会主義論[28]を全面的に検討する用意はない．ただ，この引用で提起された問題に，『経済と社会』第2章の14項後半部が応えている事実を確認したいのである．14項は「流通経済的需要充足」と「計画経済的需要充足」を対比して検討している[29]．その後半部は，計画経済の担い手たちに独特な利害関心が働くことを指摘し，彼らに自律性のない活動が課せられると説いて，こう述べた．

　　それゆえに計画経済は，純粋に物的な特殊な獲得機会と並んで，また本質的に理念的な「利他的」性格の動機（Antrieb）をも利用する．これは，営利経済の内部で通常，購買力をもって欲求された財を生産する方向に自律的に営利機会指向が貫徹されるのとおなじような，計画経済的需要充足の方向でのこれに対応する作用をつくり出すことをめざすものにほかならない．さらにまた，計画経済は，それが極端におしすすめられた場合には，形式的計算合理性の減少を甘受しなければならない．というのも計画経済は貨幣計算と資本計算の廃止を不可避の条件としているのだから（60）．

　ヴェーバーは，すべての社会主義が実質合理性を要求することで形式合理性の低下を甘受せざるをえないことを指摘し，その存立可能性が低いことを示唆している．その意味では，14項は社会主義批判となっている．ここで注目すべきは，「理念的な利他的性格の動機」に触れたことだ．計画経済が機能するためにはそれに適合的な動機が必要になってくる，ということが指摘されている．そのような経済心情が現実に生ずる可能性について問われれば，ただちに然りと言うのは困難かもしれない．とはいえ，この論じ方は，あらゆる経済行為を営利衝動という「経済原則」で説明しようとしたディーツェルの主張への，一

つの対応として見ることもできるのではないか．あえてディーツェルへの対応とみなす理由が一つある．

ディーツェルは，分権的経済組織（競争体制）と集権的経済組織（集産体制）を対比させ，両方の経済理論が可能であると示唆することで，比較体制論の緒を開いたとされる人物である．彼は，現実の経済制度は両者の混合形態（Mischformen）であり，いずれが強く前面に出るかは歴史的に異なる，とした．また，理論家は，競争体制の方が複雑な動きをし，その理論の構築の方が難しいがゆえに，まずその理論形成に取りかかるべきである，とした［Dietzel 1895：86-92, 118ff.］．これに対してヴェーバーはこの第2章において，合理性を基準にとった市場性や，団体の類型論（経済従事団体／経済団体／経済規制団体等），貨幣計算と実物計算の対比，営利と家計の基本区分，さらには独特な専属（Appropriation）の諸形態30)を展開して，いわば市場経済と計画経済を極とした歴史上の多様な経済組織の理念型的見取り図を描いた．その中で，14項の経済心情への言及があったわけである．いわば土台としての経済の意義を検討し，加えて「逆の因果関連」の可能性にまで触れたことになる．ヴェーバーはディーツェルの問題提起に対応し，そしてそのさきにまで進んだ，と言える．またこの対応関係で考えると，メンガーに始まるオーストリア学派の経済理論を，この経済組織のスペクトルの一方の極である市場経済に妥当する理論の理念型とみなしたことも容易に理解できよう．

理念的な動機の提起という面に言い添えれば，これは後のノイラートの姿への先取り的批判となっている．第Ⅶ章でみることになるが，1920年代に入ってからヴィーンにいたノイラートは，オストロ=マルクス主義の「新しい人間」論にコミットすることになるからである．この議論は，当地での社会化を支える新たなエートスの提起であったと捉えることができるので，14項での批判的コメントは，いわば「社会主義の精神」の先取り的批判とも言えるものとなっている．もちろんヴェーバーがそのような語を用いているわけではない．だが，行為動機の説明として営利衝動が使われていた当時の議論のなかで，その衝動が倫理的に陶冶された結果として「資本主義の精神」が成ったことを説いたヴ

ェーバーは，営利という Sache の追求と対極をなす「理念的な利他的性格の動機」が要請される経済組織を分析するところにまで至ったのである．

4．小　括

　13・14項は，第2章の市場経済に関する記述（6～12項）の総括的部分とみなすことができる．14項に続いてヴェーバーは「13・14項について」という本文と等量に近い注記を付した．その冒頭にはこう記されている．

　　ここで述べたことがらは，周知の事実をいささか鋭く指摘してみただけのことにすぎない．流通経済は，「利害状況」に典型的かつ普遍的に指向しているあらゆる社会的行為のうちでも最も重要なものである．流通経済がどのように需要充足を行なうかは，まさに経済理論の研究対象であり，これについての知識はここでは原則として既知のものとして前提されている(60)．

ここから，本章で扱った第2章13・14項は，経済理論で論じられる経済現象を経済社会学の対象として分析した後に，そこに含まれる社会学的に重要な論点を整理した箇所であった，ということがあらためて確認できる．それゆえにこそ，第1章「根本概念」の基本的問題設定とのかなり直接的な論点対比が可能な記述が含まれていたのであろう．ここに取り上げた論点である市場経済に固有な合理化のあり方は，「目的合理的行為」としての経済行為に孕まれる「形式合理性と実質合理性」の関係を中心的論点の一つとして扱っていた．

　最後に，以上のささやかな作業をふまえて気づいたヴェーバー研究総体に関わる論点を，今後の研究のあり方にかかわらせ，少し膨らませた形でまとめて記しておきたい．

　(1)『経済と社会』旧稿群は，生の様々な領域における社会的関係が固有法則性を発揮して，諸個人の行為に反作用することを記述している．「市場」草稿

でもこの点は明確に示されている．

> 市場がそれ自身の固有法則性（Eigengesetzlichkeit）に身を委ねるところでは，市場は人格を見るのではなく，ただモノのみを見る（nur Ansehen der Sache, kein Ansehen der Person）．そこには同胞義務や恭順義務はなく，人格的ゲマインシャフトに担われた自然発生的な人間的関係はなにもない［WG：383］．

　この「市場」草稿は未完とされており，刊行された第2章（新稿）との安易な比較はできない．ただ，新稿では市場論以降の内容が，分業や資本計算，貨幣等の記述を含んでおり，当初予定より質的量的に大きくふくらんだであろうことが推測される．経済社会学要綱（GdS）へのビューヒャーとヴィーザーの寄稿に対する不満から，ヴェーバーが自分の担当箇所でその補充を行おうとしていたことには前章でふれたが，「経済社会学」に関してはこのことが旧稿との質的相違の理由として重要である——こう考えておいてよかろう．

　(2) 同様に，そこにはGdSへの自らの寄稿分をかなり論点網羅的に仕上げようとするヴェーバーの姿が想像できる．第2章ではノイラートや戦時経済論に関する記述が目につくが，こうした時事的な重要問題にふれたのも，予定はされたが結局は実現しなかった「戦時経済」の項を自分の寄稿分でカバーすることで，彼はGdSの教科書的性格を強めようとしたのではないだろうか．しかも彼は最新の素材までも独自な理解社会学の分析対象とし，経済社会学の形を取った「社会主義論」をも展開して，そこに含ませている．こうした論点は1914年段階のプラン，つまり戦前の旧稿にはなかったはずである．企画の修正にみあった形で慌ただしく書かれたであろう新稿部分の「経済社会学」章に展開された論点が，のちに社会主義経済計算論争として知られる論争史上において独自の位置を占めることとなった[31]．

　しかもその過程でヴェーバーは，経済行為における「形式合理性と実質合理性」対比を重要な論点として用いることとなった．ヴェーバーの「合理性」を

論ずるとき，旧稿にとどまらず執筆者自身の責任で準備された『経済と社会』第1分冊を，つまりは新稿部分に含まれる「経済社会学」章を視野に入れる必要がある．このあまりに常識的なことが，しかし，いわゆる「作品史」的接近が言われるなかでも十全な重みをもって意識されてきた，とはとても言えないのが現状ではないのか．経済思想史の分野で盛んに論じられたことが，ヴェーバー研究ではうまく受けとめられなかったと言わざるをえない．

(3) ヴェーバーの中心テーマを「合理化過程」と解することについて，最後にふれたい．彼が1914年のGdS序文（前章を参照）および『宗教社会学論集』「序言」で合理化にふれた事実は，やはり重い意味をもつであろう．本章の考察から筆者が言えることは，大要，以下のごとくである．

経済行為は目的合理性を高めることによって，そこに現われる社会的関係の固有な論理（Eigenlogik）の反作用を受け，合理性の内実である意識性を低めてしまう結果を引き起こすことがある．また価値合理性の追求も意図せざる結果を生み出してしまうかもしれない．「土台としての意義をもつ」経済領域では，資本主義という「われわれの今日の生活のもっとも運命的な力」が登場した．資本主義は貨幣の計算合理性に支えられた資本計算によって可能となっている．ヴェーバーが西洋近代をこの形式合理性が著しく進展した文化世界と見ていることは疑いないし，また彼の中心的テーマが「西洋合理化過程」であったことは否定できないであろう．そして同時に，理解社会学に潜ませた準拠枠によって合理性の解剖図を示し，人間の自由で意識的な選択，つまり実質的な価値選択がいかなる結果をもたらしうるのかを自覚させている．確かにヴェーバーの記述には悲観的な色調がただよっている．だが彼は，こうして人間の自由の余地を探っているのではないか．これは次章で扱うことになるが，現代人に与えられた自由の可能性を探ること，これも彼にとっては重要なテーマであったに違いない[32]．経験科学者ヴェーバーはその作業を，主知的合理化の産物である科学によって進めたのである．

かつて「経済学」の名称でクニースら（旧）歴史学派経済学者が進めた「人間の科学」は[33]，本章第1節でみた議論が限界効用や機会費用，帰属という概

念に支えられていることで明らかなように、オーストリア学派の理論を受容し、第2節のディーツェルへの対応で示したように一度は非経済領域に関心を移して文化諸領域の問題を考察し、諸領域の緊張のなかに生きる人間の行為を扱うことを課題とする理解社会学を開拓したヴェーバーを通じ、新たな姿となって展開した、こう言えるのではないだろうか．

第VI章　自由のプロジェクト

1．本章の課題

　前章末尾では，（旧）歴史学派の「人間の科学」がヴェーバーにあっては理解社会学という新しい姿で人間の自由の余地を探るものとなったのではないか，という見通しを記しておいた．これを受けて本章では，この見通しに少々肉付けする作業を試みたい．具体的には，まずヴェーバーの自由の捉え方を確認し，次に前章に続いて経済現象の捉え方を「経済社会学」章によってもう少し取り上げ，最後に自由を考察するのに適した道具立てについて考察する．まずは本章のテーマまでの前史を記しておこう．

　新歴史学派の形成局面では，経済学の新たな研究スタイルが，現実の社会問題の解決に資するものとして追求された．パイオニアたちは，実態調査，統計的把握，行政・立法の研究，そしてゼミナールという教育・研究の新方式を備えて，学問の刷新をはかった[1]．この中で理論の普遍的妥当性（絶対性）を批判する旧歴史学派の現実的関心は受容すべきものとみなされた．彼らの目から見ると，古典派経済学はもはやドグマであり現実認識に欠けるものだった．限界効用理論の登場は，古典派的関心から一歩も出るものではなく，メンガーの関心が交換理論に集中したことも，むしろ古典派の世界を狭めるものであると受け止められたのではないか．「方法論争」では，メンガーは経済現象の学問的認識における理論の重要性を語り，理論の地位の向上を求めた．シュモラーにとってオーストリア学派は，現実の社会問題の解決には届かぬ理論の狭い世界内部での新潮流でしかなく，その要求は容れられるべくもないものだった．

こうして両学派は大学の教授職の取り合い合戦を行うことになる．

ヴェーバーが経済学教授として登場した時，彼は充分な理論的訓練を欠いたままで，明らかに歴史学派の色を帯びていた．講義準備の過程で理論の新たな潮流としての限界効用学派にふれることとなる．そこで彼の関心をひいたのは，古典派以来の「経済人」仮説の厳密な定式化だった．その説明能力を了解するとともに，それだけでは現実の説明にならないという理解に至っていた．他方で，当為と存在の明確な区別を行わずに，政治的意思決定の固有な意義を軽んずることにつながる歴史学派の学問観にも不満を抱いた．

ヴェーバーは，自ら歴史学派の子と名乗った．第Ⅱ章にみたごとく，新しい雑誌の刊行にあたり執筆した「客観性」論文で，彼は経済学が二つの学派に分かれていることについてふれ，両者の架橋に腐心していた．結果，理念型による現実理解，つまり個性的現象を因果的に理解する現実科学（社会科学）の立場を打ち出すことにより，歴史学派的関心のもとにオーストリア学派の理論的研究の価値を認めた．この立場でGdSの編集にあたった．第Ⅴ章で指摘したように，1914年のヴェーバーはGdS序文にあるように学派対立の解消には楽観的であった．

ヴェーバーは理論の妥当性根拠の解明に向かう．規則的−類型的現象の生起は，それをもたらす規則的―類型的な行為があるのだから，なぜ人間がそのように行為するのかを問うた．こうして有名な行為類型論ができあがる．この作業は同時に，「人間が自由に行為する」とはどういうことなのか，という根源的な問いをふまえたものである．『経済と社会』は，ヴェーバー自身「社会学」と呼び，また「理解社会学」の書と受け止められている．行為動機を理解し，その行為の連鎖によってできあがる集団や社会現象をすべて行為動機から解明するという構想を示している．そこでの重要な主題の一つとして，社会的行為の相互関連から社会集団が生まれると，この集団の固有論理が個人の行為に変容を強いる，というダイナミックスの解明があった．このことは経済の領域においてもなされており，前章のテーマとして取り上げた．

こうして問題は次のように表現されることになる．ヴェーバーの中心的関心

が西洋合理化過程に収斂したとすると，彼は，合理化の極北に位置する市民的資本主義における合理的経済行為の要請が人間の自由といかなる関係に立つと考えたのだろうか．

2．クニース批判

　ヴェーバーの自由観をみる場合，まずは「ロッシャーとクニース」論文におけるクニース批判が出発点となる．ここではまずこれを簡単に見ておく．
　クニースは，一方での人間の自由な，かつそれゆえに非合理的・個性的な行為と，他方での自然に与えられた行為の諸条件の法則的な決定性とを対照させる．対してヴェーバーは，「人間の自由な行為はその動機を理解し得ると言う意味で合理的なもの」であり，自由な行為の解明可能性が計算可能性にとってプラスの契機だとする．逆に解明可能性が少なくなるにつれて「意志の自由」は否認されることになるのであって，「行為の自由」と「歴史の非合理性」はむしろ反比例の関係にある，と言わざるを得ない［WL：69］．たとえば精神病理的な原因によって自由を奪われた人であれば，計算不可能性が増大するというわけだ．前章に論じたように，ヴェーバーの場合には「目的的な人間の行為」［WL：45］は「合理的」な解明可能性が高く，このことが「規則」の定式化を根拠づけることになる［WL：70］．クニース経済学のキーワードの一つである類比（Analogie）では，比較観察によって諸現象に見られる類似性を獲得するにとどまっていた．このように，経済現象において人間の自由に由来する非合理性が関与すると考えるのであれば，規則性の根拠づけは観察対象の拡大による意外にはない，ということになる．つまりヴェーバーは，この論理を批判することによってその基礎にあるクニースの人間観そのものを転換した［小林　1999a：60-1］．
　ヴェーバーはクニースの「人格」概念を否定した［WL：138］．ヴェーバーにとっては「究極的な価値に対して内的一貫性をもつこと」こそが人格性の規定である．ヴェーバーは歴史学派について以下のように述べている．

歴史意識が覚醒し，成長するにつれて，われわれの科学では，倫理的進化論と歴史的相対主義との結合が，幅を利かせるようになった．これは，倫理的規範からその形式的性格を剥奪し，文化価値の総体を『慣習倫理的なもの』の領域に引き入れることにより，この『慣習倫理的なもの』を内容的に規定し，そうすることで，国民経済学を，経験的な基礎の上に立つ「倫理的科学」にまで高め，それ相応の威厳を付与しようとした［WL：148］．

クニースには人倫（倫理・習俗，Sitte）の高次発展への信頼に裏打ちされた人間の発展に対する楽観主義があった．そしてこの姿勢は，存在の認識から当為の認識にまで導いてくれる経済学，という構想を許すものとなった．その論理的な仕上げはシュモラーによって行われた．彼は遠い将来に発展法則の把握可能性を望みつつ，現在の社会改良策の充実を評価し，その傾向を政治的に支持する立場にあったが，その立場（＝当為）を経済学研究の成果（＝存在）によって正当化した［小林 2006：137-8］．したがってヴェーバーは，存在から当為が導出されることはないとする立場から，シュモラーをも含めた歴史学派批判を行ったのである．

さらにヴェーバーは「ロッシャーとクニース」末尾において，クニースの「人格」と「民族」概念がともに有機体理論の適用されたものであることを分析し，それらが諸現象の実在根拠とされていることを批判した．このようなヴェーバーの作業は，ヘニスには「まったく理解不能」と映った［ヘニス：170］にしても，科学観の転換を進めていたヴェーバーには必要だった．そして「客観性」論文はその立場の宣言でもあった．すなわち，

> 科学の研究領域の根底にあるのは，「事物」の「即物的」連関ではなく，もろもろの問題の思想上の連関である．新しい，意味のある観点を開示するのは，新しい問題が，新しい方法をもって探究され，そうすることによって真理が発見されることにあるのであって，そのばあいにこそ，新しい

「科学」が成立するのである［WL：166；折原補訳：64-65］.

3．理解社会学の課題——経済社会学——

(1) 方法的個人主義

　ヴェーバーは経済理論の妥当性根拠を探り，経済現象を惹起せしめる行為にまで遡って考えた．彼の考察の結論を一般化しておこう．

　経済領域で法則とされるものは，経験的に確認された傾向的現象というにとどまらず，目的合理的な経済主体が行為に付す理解可能な意味からその行為を説明できる，ということがあって初めて，妥当性の高い「法則」という位置を得ることができる．目的合理的行為を理念型として設定し，この行為類型のみを舞台に登場させることにより，そこに現われるはずの現象を容易に法則や理論として記述することができる．経済学の課題が経済現象の理解にあるなら，以上の限定を付せば理論の説明能力の高さは否定すべくもない．実際には特定の「目的合理的」経済行為のみで成り立つ社会など存在しないから，経済理論の説明能力に限界があるのは当然である．この事実をふまえた上で，観察者が無限に多様な現実を整序しようとするとき，まずは個人の純粋目的合理的行為を観念的に構成し，論理的に整合的な，その意味で合理的な説明の可能性をまず確認しておくことが有用である，というのがヴェーバーの立場であった．方法的合理主義という語を，こうした立場を表現するものとして捉えておこう．また，社会現象とは個人の社会的行為の関連によって生起するのだから，個人の行為にまで遡り，その行為動機の理解から始めよう，という立場を方法論的個人主義と呼んでおく．

　こうしてヴェーバーは前章に描いたように，経済的行為の指向する営利や家計需要充足に応じて，行為から規制団体や管理団体といった団体に始まる様々な経済組織を組み立てるという，独自な経済社会学を残した．そこで読み取りえたことは「合理化のパラドクス」であった．すなわち，アンシュタルトでは，

秩序からすると高度に合理的であるが，行為の意識性の面では合理性の低下した形態がもたらされる．諸局面は並行して合理化の方向へは進まない．人間の「行為における意識性が高まって社会的関係が合理化してゆく」と，「秩序が整備され合理化されてゆく」につれて，逆にその「秩序が行為者に反作用し，行為の意識性を低下させる」事態が生じる可能性が現われる．すなわち，社会的行為と社会的関係の逆説的な関連，「合理化のパラドクス」が生じることを指摘していた．

(2) 資本主義をあぶり出す

ヴェーバーは「経済社会学」章の市場論において，具体的な市場のあり方を普遍史的に説明しようとした．たとえば，日常消費財と不動産や耐久財の差は，市場性の大小で説明される．また，ギルドやツンフトの政策や初期独占が機会利用を特定の人に留保する市場規制と市場の自由を追求する勢力の抗争がいかなる具体的利害をめぐるものであったか，が特定される．さらに古い時代のタブーや身分的な規制から，現代のカルテルなど協定による自発的な市場規制までが，同じ用語で説明されている．人類の経済史一般を扱える用語の精緻化は，経済社会学領域を含む彼の構想した社会学のスケールの大きさを示すものである．と同時に，この概念の道具箱とさえ称される決疑論（カズイスティーク）の利用法に一つの示唆を与えている．なぜこんなものを開発したのか．それは様々な目的に利用できる概念用具として，普遍史をカバーできる射程を持たねばならなかった．だから利用可能性が高いのであり，これを利用した興味深い研究が日本でも出された[2]．しかしこの答はまだ一般的にすぎる．彼は，西洋の合理主義の到達地点，すなわち現代の合理的な経済，自由な市場と大企業，近代国家というわれわれの生きる場が，われわれの生にいかなる意味を持っているのか，という強烈な関心を抱いた．彼は「運命として」の資本主義，とも語っていた．この合理的資本主義の意味を問うために，正確にはこの運命を生きるわれわれの生きる意味を問うために，カズイスティークは利用できる．むしろ逆に，この意味を問う，という関心・観点から，『経済と社会』のカズイ

スティークが構想された，と言うべきであろう．そこから，いわば近代の資本主義をあぶり出して捉えよう，というわけである．少し説明を加えよう．

まず，ヴェーバーには「資本主義」一般の定義が見当たらない．資産の事前・事後の評価とむすびついた営利の組織された形態ということは指摘される．だから彼の資本主義観の特徴としては，事前・事後の評価という資本計算と，その計算に現われる合理性の強調，さらに以上の点だけからすれば資本主義は近代の産業化のはるか以前から存在したという見方，が挙げられる．だが「合理的資本主義」となると，資本主義的企業を核とした説明がなされる．まず自由な労働力と合理的分業，固定資本の存在を前提とし，さらには貨幣と資本の整備された市場，株式投資の可能性，合理的貨幣制度，合理的行政と法制の存在も前提とされる．前章で確認したように，彼にとっての西洋資本主義の核心は，「持続的かつ合理的な資本主義的運営（Betrieb）という姿をとって行われる利潤の追求」にあり，そこで決定的なのは「貨幣額で表現される資本計算が行われる」ことであった．ここから彼の資本主義論の特質が見えてくる．

彼は近代の合理的資本主義を一つの極とする資本主義の類型論を描いていた．政治寄生的資本主義とか略奪資本主義，冒険商人的資本主義という表現があるが，これらはみな，合理的資本主義を構成する要素のいくつかが合理的でなかった，とくくることができる．政治寄生的資本主義の場合，営利機会へのアクセスが権力との関係によって得られるとすれば，市場における処分力の平和な行使による営利活動からは遠いものだし，事業の継続性も権力との関係に依存している．合理的資本主義が持続する条件をなしている課税方法や商取引にかかわる法制が，権力の都合で変更されるようなことがあっては，合理的な将来予測が成り立たない．また資本市場が未整備だと資金調達の予定が立てにくい．こうした様々な要素が整備されることによって初めて合理的資本主義が登場することになるのだが，しかしこうした要素は，均一な歩みをもって合理的な姿で実現されるわけではない．

市場や所有権や商法や行政などが，それぞれ資本主義に適合的な合理性を備えるようになるのは，それぞれの領域での固有な合理化の進展によっている．

この複合的なプロセスを追うことができるように，彼は瑣末とも思えるほどの類型論を展開した．商法の研究で，ローマ法世界とは異なる背景から連帯責任原理や特別財産の制度が現われたことを見てきたヴェーバーにすれば[3]，単線・直線的発展という見方を採ることはできない．また中世都市の市民的精神が合理的規律の基礎になったとしても，当時の手工業の分業と近代工場の分業のあり方は異なる．さらには法による予測可能な合理的行政の整備となれば，もっと後の時代であろう．

こうして彼は，歴史学派の経済史研究の成果を，発展段階という図式から解き放ち，近代の合理的資本主義を一つの極とした類型論的見取り図へと組み換えようとしていたのである[4]．形式合理性の貫徹した市場経済が理念型としての経済理論の妥当する場となる，という先の説明では，形式合理性という一本の基準線の極を想定すれば足りた．だが今度は複数の要因の独自な展開が問題となり，しかも相互に緊張関係に立つ諸要因が考慮されるため，発展段階という構図はなじまない．となれば，諸要因間の促進・阻害関係を指摘しながら，様々な資本主義の類型を提示し，そのそれぞれと近代の合理的資本主義との差を明示することを狙うというのは，ある意味で容易に想定できる手法である．それがどう具体化されているのかを，以下に例示してみよう．

ヴェーバーは『経済と社会』第2章24a項で農地と工業および運輸の二つについてのカズイスティークを展開し，つづけて資本主義に至る過程を五つの類型にまとめた．

　a）労働者への前貸し手段として企業家による貨幣的運営手段の事実上の独占化．これにより，営利手段の労働者への専属（Appropriation）が形式的に続くにもかかわらず……生産信用と生産物の処分権により財生産の管理は企業家の手中にある．
　β）事前に市場知識を事実上独占化することによる生産物の販売権の［企業家への］専属，同時に，授与された独占的（ギルド）団体秩序あるいは政治的暴力の特権（レントの源泉ないし貸付の対価として）による市場チ

ャンスと貨幣的運営手段の専属．
　γ）家内工業に就いている従属的労働者の内面的規律化．彼らは企業家に原材料と装置を提供されている．
　δ）企業家への物的全生産手段の専属の場合，経営内で合理的な労働の専門化を伴わない仕事場経営の創出．鉱業では，鉱物・坑道・装置の鉱山所有者への専属．運輸業では大所有者による造船経営．……一般的帰結は，労働者からの生産手段の剥奪（Expropriation）．
　ε）生産経営の資本主義への転化における最終段階として，製造および運輸の機械化．つぎに資本計算．すべての物的生産手段が資本となる．すべての労働力が「働き手」となる．有価証券所有者のゲゼルシャフト結成へと企業が変質することによって，管理者も［生産手段を］剥奪され，形式的に「官僚」になり，所有者は実質的に信用提供者（銀行）の代理人となる（85）［富永訳：417-18］．

そして，これらの類型をさらに組み合せて歴史上現われた農業と工業の具体的な形態を説明するのだが，この節末尾での工業についてのみ見ておこう．そこでは，a）部族工業，b）カースト工業，c）オイコス的工業とデミウルギー的工業，の説明に続けて，

　d）自由な工業が支配的だった古典的な所在地といえば西洋中世，しかもそこのみである．もちろんそれはいたるところに存在し，とくに［自由な工業の契機の一つたる］ツンフトは普遍的であった（とくに中国および中近東）が，古代の「古典的」経済にはもちろんまったく欠如していた．インドではその代わりにカーストが存在した．
　e）資本主義的発展の段階としては，西洋以外では普遍的に広まっていた工業の形態は β 類型までのみ，であった．こうした相違を生んだ理由を純粋に経済的な基盤だけから説明することはできない（86）．

と記されて終わる．ヴェーバーの博識は，古今東西の現象を処理できそうな図式を生んだが，結局は西洋近代の資本主義が，論理展開の帰着点なのである．西洋人ヴェーバーとしてはある意味でそうならざるをえない．そのため彼の道具箱は，経済史をいわば目的論的に再構成する作業にはとりわけ適したものとなる．彼の「経済史」講義も，いわばそうした作業とみなされよう．西洋の経済史研究は，この資本主義へと至る過程を発展段階として捉えようとしてきた．段階の構成や発展の推進力については様々に議論された．だが段階設定のポイントは経済圏の広がりや経済政策の主体に置かれた．当初ヴェーバーも，段階的発展という図式で GdS 編集にあたったのだが，幾度もの書き直し作業の中でそれを捨て，類型論的「社会学」という構想に至る．そしてこの「経済社会学」章において，分業の編成原理と「専属」（後述）を中心に素材を組み換えて類型化していた．分業の編成様式には種々のものがあり，それぞれに独自の編成原理があった．したがってそれらが西洋の資本主義におのずと帰結するわけではないのである．

だが西洋人ヴェーバーからみれば，現代人にとっての「運命」となっている高度な合理性を備えた資本主義を終点におく経済史の叙述が課題となるのは当然であった．非経済的要因の検討の一例である「倫理」論文が示したのは，資本主義という経済制度が成立するためには，その前提に，営利活動の合理的無限追求を自己目的化して生きる人間の存在が必要であった．合理的制度が移転・模倣されて地球上に合理的営利追求が地球上に広がってゆく．市場性や市場の自由などの合理性を高めようとする「経済領域の固有論理」が発揮される．そうして，さきに見た合理化のパラドクスが作動しだす．われわれはこの場に生きるほかはない．このようにして資本主義は現代人にとっての「運命」となっている．

再三強調してきたように，われわれ現代人が持続的に合理的行為を営む舞台をなすのは前述のベトリープ団体であり，自治体や企業のほかに，学校や病院などの法人，軍隊などが挙げられる．邦語ではベトリープを運営，ベトリープ団体を運営体と表現できる．一般的には「経営」「経営体」と訳されてきた．

第Ⅵ章　自由のプロジェクト　179

だがこれだと病院や軍隊には馴染まない．ただし経済的ベトリープを経営と表記し，これが行政組織や非営利の諸団体にも転用されていると考えれば，そう違和感はない．ともあれ資本主義経済における中心的なアクターが企業であり，財・サービスの供給によって収益をあげる目的でこのベトリープ団体が結成された．営利という経済的価値実現の過程で，関与者の経済行為は目的合理性を高めるが，団体形成の固有論理によって各人への強制と服従が要求されるようになってくる．すなわち物的な利益追求に仕えることになる．営利企業に象徴される資本主義とは，自由で意識的な，それゆえに合理的な行為が，合理化の果てに行為の物象化（Versachlichung）を引き起こすという「合理化のパラドクス」の体現なのであった．その資本主義成立の諸条件について，生産手段の労働者からの剥奪を可能とする経済的条件と，その剥奪を促進する企業側の事情とを検討した項は，次の文言で結ばれている．

　　資本計算の最高度の形式合理性が労働者を企業家の支配のもとに隷属させることによってのみ可能となるというこの事実は，経済秩序のより特殊的な実質非合理性を示すものである．
　　　最後に，e）自由な労働と生産手段の完全な専属によって，規律が適正にたもたれる (78)．

　人類史上に古くからある営利活動は，経済に固有の論理を諸事情の連鎖の中で発揮しつつ，近代の合理的資本主義という終わりのない「利潤追求」活動となった．そしてそれはベトリープという姿の継続的な営みである．利潤追求はベトリープ団体というゲゼルシャフト結成をもたらしたが，この法人格を得た団体に担われると，利潤追求には終わりはない．自然人には不可避的な死がまっており，彼／彼女の営利活動にも終点がある．ところが法人に自然死はこない．法人となった運営体である企業は，going concern として，死を避けようとする限りは利潤追求活動を永久に営み続けることになる．

(3) 形式合理性と実質合理性(1)

　以上の準備を終えて，経済という領域における「合理化」について，もう少し考えてみよう．ヴェーバーはここで「形式合理性」と「実質合理性」を対置させる．前者は，「経済行為の形式合理性とここで言うのは，その経済行為に・とって技術的に可能でもありまた現実に経済行為に適用されてもいる計算の度・・合いのことを指すものとしよう」(44)［富永訳：330］と定義されるが，やや立ち入った次の説明の方が分かりやすい（強調は引用者）．

> 経済行為は，すべての合理的な経済に固有な「事前の配慮」が，量的に，つまり「計算可能」な熟慮というかたちで表示され得，また実際そのよう・・に表示される度合いが高ければ高いほど，形式的に「合理的」と呼ばれるべきである (45)．

　計算は貨幣によって行われる．貨幣はまさしく「経済行為の指向における形式的に最も合理的な手段」であった．貨幣計算は計算可能性を極度に高める．したがって，市場で貨幣を用いた交換を繰り返すことにより，経済行為の形式合理性は高まってゆく．人が，自前の計算で取引することや，あらゆる財・サービスの流動性の上昇に利益を見出せば，自ら種々の市場規制を排するようになる．こうして市場性と市場の自由が高まってゆく．ここに経済における形式合理性の進展が見られる，と言うことができる．目的合理性が行為者の動機と意識性に着目したものであるのに対し，形式合理性は，上掲2箇所の強調部から分かるように，観察者から見て妥当性のある経験則や理論が事前の配慮のなかにきちんと組み込まれているかどうかを問うものとなっている．
　次に実質合理性だが，ヴェーバーはこの語で，「経済的指向をもった社会的行為による一定の人間集団のそのときどきの財供給が，一定の価値評価の公準という観点から，そのような公準のもとで観察されて，行われているまたは行われうる度合い」(44)［富永訳：330］を表現しようとする．

まず，ここで「一定の価値評価の公準」と言われるものの中身が問題となる．行為の結果を評価する基準は多様でありうる．技術的に適合的な方法を網羅して目的合理的に計算したからといって，それは事前のことであり，それだけで充分ではない．設定した何らかの基準との関連で行為の結果を「価値合理的ないし実質的に目的合理的な尺度で測定する」(45)［富永訳：331］ことが必要だ，とされる．そこに挙げられた例は，倫理的，政治的，功利主義的，快楽主義的，身分的，平等主義的，といった要求である．実質合理性という概念を提出することで，具体的な行為がこうした様々な要求をどこまで実質的に充たしているかという問いが可能となる．とはいえヴェーバーの定義があくまで財供給についての価値評価という土俵でなされていることを忘れてはなるまい．それゆえここでは，この概念提出の眼目は，むしろ，合理的な価値尺度が無限に多様でありうることをはっきりさせることの方にあった，と捉えておこう．経済の実質合理化など，安易に言えるものではない．経済では，まず「形式」合理化の進展が認められる，と言えるにとどまる．もちろん二つの合理性基準のどちらも満たす事態はあるのであって，前章でみた「経済社会学」章13項末尾の「形式合理性と価値合理性」の合致という記述で示唆されていた内容はその一例とみてよい．

　次に，結果に対する以上の実質的評価と並んで，行為それ自体に対する評価も可能である．目的実現のために選択した手段としての具体的な行為を，倫理的・美的等の観点から評価するのである．こうした観点からすれば，貨幣計算の形式的行為などは副次的な意味しか持たなくなるかもしれないし，敵視されることすらあろう．経済行為であれば自明とされる「形式合理性」が，他の領域の評価基準にかなう保証などない．形式合理性の「形式」的とは，現実の事態のごく一面を表現するにすぎないのである．

　さらに，形式合理性に対置された実質合理性の説明中，「価値合理的」な尺度と「実質的に目的合理的」な尺度という表現が並列して出てきていたことにふれねばなるまい．ここでのこの用法は，まず，前章での行為の自足性－手段性（価値合理性－目的合理性）という対置関係が問題なのではない．そして次

に，行為者が主観的に抱いた目的ないし価値の意識性の程度ということでもない．結果への評価尺度として主観の意識性の程度をもってくるというのは，現実的にはあまり意味をもたない．意識性の程度ではなく，それぞれなんらかの具体的な「徹底した価値的立場」「首尾一貫した合目的的立場」に立ったうえで，と読むのがここでの可能な解釈である．すなわち，価値的立場の一貫性も，目的実現に対する行為の一貫した適合性も，どちらも行為の結果に対する実質合理的な評価基準となること，が言われている[5]．

したがって二組の合理性対比は，その狙いが異なっている．「目的－価値」対比では行為の意識性のレベルでの合理性評価であった．これに対して「形式－実質」対比の場合，形式合理性は，行為の目的とその実現手段との適合性を事前に評価したものであり，実質合理性は，行為の結果に対する事後的な特定の価値的立場からする実現程度の評価である．つまり後者の場合，行為者の意識性という主観ではなく，主観的にめざした立場を基準とした客観世界の現実的評価が問題とされている．行為類型の設定のさいには行為の動機分析から「目的－価値」対比が行われたのだが，今度は事前の計算と事後の結果を対比する視点から見ている．そのため，財供給の多様なあり方について，事後的に設定可能なものも含めた，多様な評価基準のいずれかからみた充足度を，ここで「実質合理性」の語で表現したもの，と了解することができる．

こうして経済行為の結果に対する多様な評価尺度からの実質合理性評価が視点として設定されると，第一に，経済現象が文化諸領域の一部分であり，他の領域と現実には切り離せないことが自覚できる．この意味については後でふれたい．第二に，合理的な投機活動がパニックや大量失業を生むという経済領域固有の現象と，たとえば経済成長が大気汚染・気象温暖化といった（今日なら公共財の枯渇という）事態とが，ともに「実質合理性」で語ることができるようになる．

ちなみにヴェーバーは，貨幣計算から，営利・営利活動の概念を導入して資本計算の合理性へと説明を進めるが，その前に貨幣計算の合理性の説明において「貨幣計算——じっさいの貨幣使用ではない——は，目的合理的な経済的生

第Ⅵ章　自由のプロジェクト　183

産の固有の手段をなしている」(45)と記している．資本計算というからには，生産財に関する機会費用や償却を想定するのは当然であり，「経済的生産(Beschaffungswirtschaft)」(45)の語は別に違和感を与えない．だがこの語を用いたことは，とくに商業にみられるような営利活動一般ではなく，近代の産業資本の活動が明確にターゲットに据えられていたことを示している．

　ヴェーバーの定義(48-50)は，「資本計算とは，営利機会とその損益を評価しかつ検査することである」「資本というのは，企業目的にとって処分可能な営利手段の，資本計算による決算で確定された，貨幣総額である」と続き，貸借対照表の意義が併せて説明されている．彼は「ここでの資本概念は……厳密に私経済的かつ『会計』的にとらえられている」と述べて，会計学のテキストの参照を要請している．だがこうした叙述の前後に，およそ異質の表現が現われる．たとえば，資本計算の基礎に計算可能性があることが決定的だということ，そして「経済計算の基本形態たる資本計算がただ西洋にのみ成立した」ことなどが強調される．後者についてはさらに，「資本計算を行う営利経済がすべて，市場で生産手段を購入しかつおなじく市場で生産物を売るという意味での『二重の』市場指向を有して」いたわけではなく，徴税請負のような市場指向的ではないが資本計算指向的な営利が存在したことを指摘する(53)．こうした類型論的描写が徹底した(二重の)市場指向の活動を一方の極に据えて構想されていることが理解できよう．ヴェーバーは経済理論を，この一方の極，すなわち生産と消費が市場を介して循環する近代の流通経済を対象とする理念型的論理的構成と位置づけていた．彼は，今日でなら「市場経済における消費者主権」と言われるものをオーストリア学派から受け継ぎ，こう記した．「財生産－営利経営の収益性の方向は，最終消費者の，所得にしたがって形成された限界効用評価によって決定される，というのが経済理論の定式化であることはいうまでもない」(53)．市場指向の極地の状況を想定すれば，そこでは，市場の規制が排除されて市場性が高まり，完全な市場の自由が達成されることによって，資本計算の最高の合理性が達成されよう．

(4) 形式合理性と実質合理性(2)

　合理性の問題に関して，ここで恐慌の可能性を例にして「形式合理性と実質合理性」の対概念の重要性を確認し，その形成史を論じておきたい．

　先に見たように生産手段の労働者からの剥奪は，労働者への支配をもたらす．と同時に生産手段の所有と管理の多様な関係をも生み出す．ヴェーバーが注目したのは「企業の持続的な恒常的収益性に対して第一次的に指向していない利害関係者」つまり「運営外の（betriebsfremd）利害関係者」である．彼らは資本財や株式の処分権を投機の手段とすることがある．資本持ち分の証券化が市場性を，つまり彼らの営利追求にとっては好都合な条件をもたらした．投機という経済行為は形式合理性を高めて遂行されることになる．

> 管理者の地位にたいする処分権についてこれら「経営外」の利害が介入する場合，しかもまさにその管理者の選抜が最高度の形式合理性をもって行われる場合，それは近代的な経済秩序に公汎かつ特殊的な実質非合理性をもたらす．市場機会，とくに資本財およびそれによる営利的財生産への指向が，経営外の純粋に投機的な利害によって干渉を受けるところにこそ，近代的な流通経済のよく知られた現象たる「恐慌」の一つの源泉があるのである（79）［富永訳：406］．

　ここで選抜される管理者として，今日でなら短期的利益極大化策を提案したり，株価上昇を至上命題に掲げてストック・オプションの恩恵をこうむる経営者を想起することは容易であろう．彼らは企業の合理性を高める「所有と経営の分離」，債券や株の商業化（Kommerzialisierung von Unternehmungsanteil durch Wertpapierformen）（97）による合理的資本市場の形成といった条件のもとに登場し，活躍の余地を広げる．諸々の技術的可能性を考慮して営利活動は形式合理性を高める．投機的利害チャンスも同時に広がってゆく．そうしたなかに恐慌という非合理性の芽がひそんでいる．形式合理性の進展は，それ自

身の中から自らを攪乱する要因を生み出すことが説かれていた．そしてそれは実質非合理性と表現された．

　この「形式合理性と実質合理性」という対概念は，じつは旧稿群では用いられていなかった．研究史を繙いて関連論点を見ると，最近のものも結局は折原の議論［折原 1969：382-414］に行き当たっている．そこでまず，1960年代の「整合合理性」の理解をめぐる論争に決着をつけた観のある折原論文の関連論点を確認しておく．

　折原は「理解社会学のカテゴリー」論文（1913）において提示された「目的合理性」と「整合合理性」の解釈を示して，両者の関係を問題とする．目的合理性の方は本書第Ⅴ章での理解と違いはない．「整合合理性」について，折原は，「観察者・研究者にとって『客観的に妥当なもの』としての『整合型』に合致する行為を『整合合理的』行為と呼ぶ」とした．そしてここに出てくる「客観的に妥当なもの」が何を意味するかに着目し，両者がそれ自体としては別種であり，一致するとは限らないことを確認して，両者の関係を以下のように「目的合理性の有無×整合合理性の有無」の4類型へと整理した．

①「たとえば完全な〈責任倫理〉的主体の主観的に目的合理的かつ客観的にも整合合理的な行為」
②「主観的には究極価値－目的－手段の関係が明晰に意識されず，目的合理的でないが，事実上は『整合型』に同調している整合合理的行為」――これを折原は〈没意味的〉行為と名づけた．
そして③には呪術的行為のように行為者は適合的な手段選択をしたと意識しても観察者にはそれが客観的妥当性を欠く場合，④には狂人の挙動のようなものを配した．

　まず，この理解を受け入れたい．そして「整合合理性」範疇が新稿では消えたことと関連させて，カテゴリー論文における「目的合理性と整合合理性」の対比が，新稿では「目的合理性と価値合理性」対比と「形式合理性と実質合理性」対比という二重の対比へと進み，「整合合理性」は解消された，と解したい．上述のややくどいまでの説明で示したのは，形式／実質の対比導入により，

行為の結果に対する評価の視点が提起されたということであった．旧稿にはその視点はない．整合合理的行為が，実際にも目的を遂げるという保証はないのである．当初の目的を反省する契機としては，行為動機レベルでのいかに精緻な分析を重ねても，明白な結果にまさるものはない．しかもその結果に対する評価尺度として，行為主体が当初には意識してないような多様な内容を含む実質合理性が用いられることになった．

　本章での「形式合理性と実質合理性」対比の例は「経済社会学」章から取った．いかに整合合理的な行為であっても，たとえば不況期で家計が貯蓄増加に傾くことは総消費需要の減少に加担することになるし，高度なポートフォリオ理論で株売買にのぞんだり，最新の金融工学によってリスクを管理しても（成功局面は確かにあった──だからこそ整合合理的といえる──とはいえ）パニックを起こすことが実際にあった．どの文化領域でも意図と結果の乖離はあるはずだが，まずはヴェーバーが残した経済領域での例を確認した．そして，まさしくこの経済領域を扱うためにヴェーバーは，整合合理性を解消して結果の評価にかかわって合理性を語り得る仕掛けを考案したのではないか，とさえ思えるのである．

　さきに「目的合理性の方は本書第Ⅴ章での理解と違いはない」と記したが，本章での理解は新稿の「社会学の基礎概念」に依っている．そしてその解釈は折原論文とは異なっている．最後にこの点にも触れることにする．

　折原は，カテゴリー論文における主観的目的合理性と客観的整合合理性の明確な区別が晩年にはうすれて，「社会学の基礎概念」では「『目的合理性』の範疇について，異なった概念規定がなされている」と見た．そしてその証拠として2箇所を引用し，こう結論づけた．「ここではあきらかに，『研究者たる「われわれ」から見ての妥当性』，『無謬性＝研究者』という『客観的整合合理性』の概念内包が，『目的合理性』の範疇にくり入れられている」．「……『理解社会学のカテゴリー』における『目的合理性』と，『社会学の基礎概念』における『目的合理性』との間に，概念上の重大な差異ないし変更があるということはこれであきらかであろう」．こうして折原は「……当面，『理解社会学のカテ

第Ⅵ章　自由のプロジェクト　187

ゴリー』における概念規定に自覚的に固執したい」と表明した.
　しかしこれは，いわば疑似問題であろう．この解釈は成り立たないからである．その理由を二点に分けて説明する.
　A．引用された箇所は，いずれも観察者が行為主体によって主観的に思念された意味関連（Sinnzusammenhang）が一貫したものかどうかを知る技法について記したところである．他人が目的合理的に行為するかどうかを言うためには，観察者が合理的動機理解を行う必要がある．それゆえ，折原が問題視した「厳密に目的合理的な，われわれには妥当と思われる経験に指向した，手段選択の場合」という文言は，行為者と観察者の両方を含む「われわれ」だからこそ，主観的な意味関連が把握できることになるのであって，折原がいうような意味での「区別のうすれ」なのではない．「押してもダメなら引いてみな」式の腰だめ的策略には客観的妥当性などないと気づいているにもかかわらず，それを仮定すれば友人の振る舞いが理解できる場合にこの言葉を援用するのも，行為動機の意味関連を理解するための技法である．ヴェーバーはいくつもの例を出して説明しており，その文脈で問題とされた2箇所を読めば，いずれも折原の指摘するような問題を感じさせるものではない.
　B．折原が問題とした2箇所は，それぞれ『経済と社会』の2〜3ページ，4ページから採られている．いずれも冒頭の第1節（清水訳では「社会学と社会的行為」）の説明中に出てくる．そして12〜13ページの第2節（同，「社会的行為の種類」）において，例の4類型が出され，定義されている．そこには「理解社会学のカテゴリー」論文にはなかった価値合理的行為が登場し，ヴェーバー自ら「それ（価値合理性）には，それを独自の類型として取り出すだけの意義が充分にある」（..., kommt ihr Bedeutung genug zu, um sie als Sondertyp herauszuheben, ...）［WG：13］と記した．彼は13年論文との違いを明確に自覚していた．「主観的目的合理性と客観的整合合理性の明確な区別」が晩年にうすれていったのではない．4類型とも，前章でみたごとく「意識性」，つまり主観的レベルで扱ったのであり，それがヴェーバーの定義の部分での扱い方なのであった[6]．

（補論）社会的関係としての所有

　筆者は「経済社会学」章解読のキーを，上述の「形式合理性と実質合理性」の対概念と，「専属」概念7)の二つに見ている．確かにヴェーバー自身，歴史学派以来の常識となっている「家計と営利の区別」や「処分力」を重視しており，ほかにも「チャンス」などの重要な語があることは承知しているが，ここで扱うことはできない．それでもヴェーバーの基本的関心を理解するために，以下「専属」についてのみ簡単に触れておく8)．

　経済主体が自分の計算で行動するときには，一般に何らかの程度の私的所有が前提されている．「私がXを所有する」とは，私が他の人の意志に左右されずにXの処分権を行使できることを意味する．ここから所有とは「私とXとの関係」のみならず，「Xを介した私と他の人との関係」をも示すものであることが分かる．ヴェーバーは，Xがモノ以外のチャンスの場合を含めた「人－人関係」の様々な様相を，独特の専属論で示した．彼の経済社会学で展開される専属論の射程は長いと思われる．経済史講義では，専属は「所有の秩序と形態」とも呼ばれ，その対象が三つ挙げられている．

> 専属される appropriiert——というのは，「所有秩序の対象となる」という意味であるが——可能性があるのは，つぎの三つである．すなわち，第一，労働の機会（これは「労働の地位と，それに付帯する営利のチャンス」を意味する），第二，物的生産手段，第三，指導的地位（例えば企業者の地位），これである［Wg：11］．

　これらをめぐる「人－人関係」の展開を説明したのが『経済と社会』第1章の「開放的関係と封鎖的関係」である．簡単に言えばこうなるであろう．社会的関係の拡大によってメンバー自身のチャンスの程度，種類，安全，価値などの改善が期待されるならメンバーは外部に対する開放性に関心をもち，逆に，独占によってチャンスの改善が期待されるときは，外部に対する封鎖性に関心

をもつ．また取引所会員資格をもつ人々の間でのように，内部にはチャンスをめぐる競争を許し，対外的にはチャンスを閉鎖することも起きるだろう．ここで留意すべきは，社会的関係の動態が秩序を形成する，という視点から議論されていることである．取引所での商慣行はその好例であろう．

　ヴェーバーは，こうした社会的関係のあり方として「所有」を定義した．彼は，閉鎖的社会関係の構成員を，仲間（Genosse）と，また権利の帰属（Appropriation）の主体を権利仲間（Rechtsgenosse）と呼ぶ．そして，相続可能なものとして個人または世襲的団体に帰属している権利（erbliche Appropriation）を，その帰属主体の所有（Eigentum）と呼び，譲渡可能のものとして帰属している権利（veräußerliche Appropriation）のことを「自由な所有（freies Eigentum）」と呼んだ（23）［清水訳：71-2］．

　「権利の帰属」という表現が旨い表現であることを示しておこう．ヴェーバーの用語法をみると「etwas an jemanden appropriiert」という受動態が用いられている．ここから彼が，専属と呼ぶべき関係を，あるものが社会関係ないし社会集団の構成員の相互関係として「割り当てられている」ことを意味するものとして表現しようとした，と見ることができる．彼は，広い意味での財産ないし所有を，その主体の行為，つまり客体に対する専有ないし（先占のような）専有獲得という支配行為（ヒト－モノ関係）によってではなく，財産主体と他者との社会的関係に還元するという意図をもっていた．社会的行為の動態的過程から秩序が形成され，そこから「法」制定に至って，法による「私的所有権」の確定がなされるという一般論から見ると，ヴェーバーは，法的「権利（Recht）」の社会的基礎を明らかにするための分析用具を用意していたことになる．また所有や財産とは，上記の動態過程の静止画像とでも言えるもの，と理解することができる．そして動態であるがゆえのゆらぎも当然生じうるのであり，実際に生じている．「所有と支配」で自明視されてきた株主の権利内容の判断すら裁判所に仰ぐ事態が，ライブドア騒動に見られたごとく，今日でも生じている．

　こうした権利と社会的過程の動態的関係に着目した吉田民人［吉田 1991：

298-358]は，新たな所有論構築を試みている．第Ⅰ章でも紹介したが，それは，「一定の社会システムにおいて社会的に保障または禁制された，一定の主体の，一定の資源に対する，一定の自律的な関係行為の集合」と定義された「制御能」の概念を提起することで，従来の「所有」概念を揺るがすような環境権や交通権が提唱される現代の様々な「権利」や秩序形成のあり方を，理論的に説明しようとするものである．主体に個人から人類までを，資源には物的・人的・情報的そして関係的（＝地位）資源を想定することで，諸権利の発生から実効ある権利へ，さらには国法による保障に至るまでをも記述可能とする試みである．記述可能ということは，問題点の所在を明らかにできることを意味する．それはまた同時に，私たちの公共的意思形成や倫理規範創出能力の射程をはかることにつながっている．経験科学上の概念構成における試み，「存在」の認識努力は，規範レベルでの，つまり「当為」の模索を支えるものでもある．

4．意味を問うこと

　現象への問いかけの論理を考えておく．ヴェーバーは「かくなりて他とならざりし所以」を説明すること，つまり因果的な説明を社会科学の課題としているが，この課題を先の準拠枠という考え方に重ねてみたい．
　因果的説明では，解明すべき現象を理念型的に概念構成して問題点を一義的に明確にし，経験的規則を稼動しながら客観的可能性判断という手続きを採ることになる．しかも社会現象は人間の社会的行為の連鎖であるから，「なぜそうしたのか？」と問うて行為主体の動機を理解することができ，その点で自然現象よりも，理解の明証性は高まる．
　さて，観察対象としての行為主体の動機のレベルで，世界観にもとづいた主体の意識性（「どこからどこへ（救われうるのか……）」[RS：252]）が登場する．このあまりにも有名な「どこからどこへ」という文言は，だが，つねに観察者に対しても「われわれはどこからどこへ向かおうとしているのか？」とい

う問いとなって投げかけられてくる．経験科学を踏み越えるこの問いは，ヴェーバー社会学の準拠枠のレベルに，きちんと仕掛けられていたのではないだろうか．ヴェーバーの諸論稿がもつ迫真性の秘密の一つがここにある，そう思わざるをえない．

　まず，ある現象Xの因果的意義を説明するというのは，因果帰属を行うことにより，その現象が原因であると言えることを特定する作業のことである．図式化すると，問題とすべき現象Yの「かくなりて他とならざりし所以」を問い，現象Xを原因として把握する．これを「X→Y」と記せば，「X」と「Y」と「→」で成り立つ説明である．Yの一特質をXに含まれる特定内容に因果帰属させている．「倫理」論文では「プロテスタンティズムの倫理」にみられる世俗内的禁欲が「資本主義の精神」の生成に大いに与ったことを示した．こうしてXの因果的意義が明らかにされる．ではYについては何が言えるのか．

　現象Yは，立論の出発点に置かれ，観察主体が自らの価値観点から問題にすべきものとして選び取ったものである．このYは，あらかじめ価値分析がほどこされており，そこから理念型的概念構成が行われて，一義的内容をもつYと表現されたのであった．したがって，「X→Y」が言えたのちには，Yの歴史的被規定性（因果的被制約性）の一面が明らかになった，と言うことができる．ここでの問題はその先である．

　上記の「→」に注目したい．矢印の先にYが置かれていた．このYを，準拠枠図式にのせてみることで，ヴェーバーの仕掛けの意味を捉えることができるのではないか．すなわち，Yの原因がいかなるものであろうと，その因果的な負荷はある一定の方向に向かっている．準拠枠にのせることで，われわれがY，すなわち一定の行為の指向性をそのまま保持し続けることによって，準拠軸のどの方向に向かうことになるのかが見えてくる．ヴェーバーが考えていたのは，準拠枠のレベルで人間がどこに向かおうとしているのか，つまり「→」のゆくえを意識させること，これだったのではないか[9]．

　どんな現象も歴史的被制約性を負ったものであることは理解できるのだが，日常的にはむしろ，「Y」はわれわれにいかなる意味をもっているのか，とい

う問い方をするであろう．この問いに対してヴェーバーは，経験科学という迂回路をたどった末に，人が諸価値の闘争しあう局面で選択を迫られていることを示して，価値への覚醒を要請し，人が己の行為に意味付与するのだと説くことで，答にかえた――そう解しておきたい．解しておきたい，というのはヴェーバーが明示的に書いてはいないからである．それゆえそのように解してよい余地をヴェーバーの文言から示しておくのが礼儀だろう．

　いま「倫理」論文を例にしたが，そこでは「プロテスタンティズムの倫理」と「資本主義の精神」という理念型が用いられていた．どちらも西欧近代の現象であり，だからこれらの語には時間的空間的な特定内容が込められている．その意味で「倫理」論文は歴史の研究に属する．けれども「X→Y」という表記には内容がない．時空的負荷のない形式的な表記である．これまで再三見てきた行為論は『経済と社会』第1章に含まれるが，この書をヴェーバーは「社会学」というタイトルにしようとも考えていた．歴史と社会学の関係について明瞭に説明した箇所を引用する．

　　……社会学は，類型概念を構成し，現象の一般的規則を求めるものである．この点，文化的意義のある個々の行為，集団，人物の因果的な分析や帰属を追求する歴史学と異なる．社会学の概念構成に当っては，例証としての資料の全部ではないにしろ，その多くは，歴史的に見ても重要な現実の行為に仰ぐ．社会学は，文化的意義ある諸現象の歴史的因果的帰属に役立つことも考えながら，その概念を構成し，その規則を求める．すべての一般化を行なう科学に見られるように，社会学の諸概念は，その抽象性のゆえに，歴史の具体的現実に比べて，内容の乏しいものにならざるを得ない．その代り，社会学は，概念の高度の明白性を提供せねばならぬ［WG：9；清水訳：31-2］．

　そしてヴェーバーはこの社会学なるものに経済学を含めていた[10]．その出発点におかれた行為論では行為者における高い意味適合性が，前章の語で言えば

意識性が，重視された．合理的行為類型の構成では，観察者が行為主体の動機を理解することがポイントとなっていたが，これも言い換えると意味関連の把握可能性であった．また，理念型的概念構成の要点は価値関係であった．そこでこの「意味と価値」という語を手がかりにしよう．

端的に言えば，「価値」とは人がなんらかの重要性を認め，その限りで育もうとし，また育んできた何ものかを指す．したがってこの世に生を受けたものはみな，多くの価値をその身の外部にあらかじめ持つことになる．経済的価値，真・善・美などがあげられよう．価値関係とは，観察者が事象の具体的内容を知るなかで，その特定部分を一定の価値に関係づけることをいう．この手続きを通じて，無限の内容を含む現実の中から特定の一部が引っぱり出されて検討の俎上にのせられることとなる．

これに対して，ここでいう「意味」は行為主体が自らの行為に付すものである．その限りでは無限定であるが，行為目的が主体には自覚されていて，通例は他者にとっても理解可能な範囲に収まるであろう．むろんそれが内面化された諸価値であることもあろう．このような性質からして，これを捉える言葉は，それ自体として内容をもたぬ形式的なもの，時空の負荷のないものでなくてはいけない．内容のない，それゆえ形式論理で考え抜かれた範疇を用意することで，多様な内容を把握することが可能となった．だからといって価値・価値関係が捨てられたのでは全くない．幾度もみたように，彼のカズイスティークは，彼自身によって価値関係づけの手続きを経て構成された「近代資本主義」が孕む合理化のパラドクスを示すように考案されていたのであるから．

素材を過去に取り，現象の因果的意義の解明を行うことを歴史研究と呼ぶなら，行為主体の抱く意味関連の把握を目的とするのが社会学である．その意味では，「倫理」論文や「古代農業事情」から『経済と社会』への変化を，作品史的にはヴェーバーの歴史から社会学への移行とみることが可能である．こうしてヴェーバーの社会学は純粋型 reiner Typus（Idealtypus）をもって記述されることとなった．

5．課題としての自由のプロジェクト

　ヴェーバーの様々な合理化という用語法を知れば，彼が「様々な合理化がすべて同じ方向を向き，人間の自由の余地を奪ってゆく」と考えた，などとは言えない．とくに経済という文化領域で，「運命としての資本主義」「経済の規定的な力」という認識をもつヴェーバーが，ある合理性が増すと別の合理性の障害になる事例をいくつもあげていた．確かに数多あるヴェーバー論には，時代を悲観的に眺めたヴェーバー像が描かれる．そして彼の時代認識がそういうものであったような印象もぬぐえない．彼の経験科学的分析は，人間の営為が，つまりは自由な行為が，いかなる観点からの合理性に導かれ，あるいはそれを促進し，またそれに背馳することになるのかを，冷徹に示している．これもよく言われることだが，彼の理論は，行為の動機とそのありうる帰結とを示すものとして，これを学ぶものに態度決定にさいしての反省をうながすという効能をもっている．この時，とりわけそこに潜む「価値への自由」の可能性を探る，という契機は重視されてよい[11]．そうであれば，「倫理」論文において文化創造の可能性を実現した営みの分析が与えられていたことを再認識すべきであろう．

　だが，今の私たちにそんな都合の良い機会が残されているだろうか．先の図5-2の行為論の準拠枠を用いて言えば，価値合理的にして目的合理的な行為を想定したい[12]．C-I軸の一方に振り切れていない行為として，たとえば「資本主義の精神」の担い手たちの営みが，近代の市民的資本主義の成立に与って力があったものとされる．また「自然法」に指向した行為が近代の法システム形成に資するところがあった，ともいえる．この場合，後知恵で，それは結果的に物象化をすすめただけだ，と言うことにさして意味はない．歴史は未来に開かれているのであって，創造の局面を分析トゥールで示せたか，がここでのポイントである．こう考えると，私たちの自由の余地は，様々なレベルで，時代的課題の解決に向かい，かつ行為自体がもたらす充足感を享受できるもの，

あたりにフロンティアをもっていそうだ，と狙いをつけることができる．本章の用語でいうなら，実質合理性の導入によって目的への反省が促され，価値意識の覚醒がもたらされる，というところである．そして1世紀近く前の人物の概念構成論を相手にした真意探りの作業が示すことができるのは，このあたりまでなのではないか．このさきには，文化諸領域の具体的な内容にそくしたヴェーバー研究の応用部門が広がっている．

第Ⅶ章　批判と受容——ノイラートとポラーニ——

1．ノイラート

(1) 経済計算

　ヴェーバー「経済社会学」章で実物計算をとなえた人物として言及されたオットー・ノイラート（1882-1945）をここで取り上げておきたい．貨幣計算にもとづく資本計算の合理性が市場経済の発展を促したことを認めるヴェーバーから見ると，貨幣なき実物計算の場合，生産財市場を欠くことになるから合理的な資本計算ができなくなり，したがって市場なき社会主義は合理的に運営することが不可能だ，ということになる．また，同様の批判がミーゼスからも発せられた．いわゆる「経済計算論争」がここから始まる．こうして経済学史上に「悪名高い『設計主義者』」[1]ノイラートの議論は，市場の機能を深く認識するさいに，いわば噛ませ犬的な役割を充てられてきたと言ってよかろう．

　では，こうした批判はノイラートに届いたのだろうか．結論的に言えば，ヴェーバーとミーゼスの批判，すなわち生産財市場が欠如したのでは合理的資源配分は不可能である，という実物計算批判（貨幣経済，貨幣計算の擁護）はノイラートには届かなかった．まずはこの特異な人物の経歴を，経済計算論のところまで駆け足で見ておこう[2]．

　民間の経済学者を父とするノイラートは，数学を志してヴィーン大学に入ったが，F．テニエスの勧めで経済学へと移り，1903年からベルリンで G. シュモラーや A. ヴァグナー，E. マイヤー，ボルトキェヴィッチらの下で学び[3]，古

代経済史研究によって博士号を取得した．1906年には軍役についた．1907年頃から戦争への関心が高まってきている．1907-17年には新ヴィーン商業アカデミーに教員として勤務するが，その間，1912年にカーネギー財団から１年間の奨学金を得てバルカン諸国の戦時経済事情を研究し，その成果をもとにヴィーンで報告講演を幾度も行ってこの分野の専門家という評価を得た．軍でも戦時経済についての講演を行い，また経済学の授業を担当してもいる．ヴィーンでは数学者ハンス・ハーン（二番目の妻オルガの兄）らと議論を重ねていた（第一次ヴィーン学団）．ちなみに哲学史で名高い「ヴィーン学団」の呼称はノイラート発案とのことである．1909年の社会政策学会ヴィーン大会ではヴェーバーの面前で「快・不快の複合体である生活状態を，快・不快を分けて計算してから総計を算出することなどできない．財全体の価値は財の価値の総計からは導出できないので価値計算には限界がある．国民生活とはその様々な表出が内奥で関連している一個の全体だと鋭く定式化したのは歴史学派創始者の一人だ」と発言していた［Neurath 1998：219-20］．1910年にヴントの『論理学』３巻本の書評論文を発表し，知識の分業の統合には専門化が必要だが，全体の展望も欠かせぬとして，古いタイプのヴント的百科全書の可能性を否定，独自の統一科学の考え方を出した．またそこでパレートの静学を批判し，さらに基数ではなく序数による交換・価格論の可能性を説いた［Neurath 1991：23-46］．戦時中は戦争省でシュパンやミーゼスと同じ戦時経済部門に配属されたが，オットー・バウアーもロシアから戻ってからノイラートと同じ部門に配属されている[4]．17年にはハイデルベルク大学で講師としての採用が決まり，またライプツィヒで戦時経済博物館の設立にかかわり，館長職を要請された[5]．戦後，ミュンヘンのレーテ共和国への協力を誘われ，躊躇しながらも妻オルガの反対を押し切って参加し，中央経済局長官の指名を受けた．レーテへの参加を誘ったのは，以前金欠のノイラートが原稿料稼ぎのためテニエスに紹介されたライプツィヒの雑誌の編集者で，ノイラートを高く評価し，戦時経済調査旅行にも一時同行したシューマンという人物．彼は社会化のための『クラーノルト=ノイラート=シューマン（Kranold-Neurath-Schumann）計画』の共同執筆

者となっている．ノイラートは第二共和国崩壊後に逮捕され，裁判で1年半の禁固刑の判決が下る．この法廷闘争の間，メーレンドルフに共同経済構想が犯罪でないと証言してくれるよう要請している[6]．新生オーストリア国の外相に就任していたバウアーの介入でヴィーンに戻ってからは，共同経済研究所事務局長となり［小林 1998：274-5］，ブレンターノやテニエス，メーレンドルフに通信員となってくれるよう頼んでいる．この研究所の活動の一環として住宅地開発運動にかかわり，ドイツから招いたカンプフマイアー[7]とともに運動の組織化に活躍した［小林 1999：8-12］．

こうした経歴から，彼の貨幣計算なき実物経済という構想の想源についていくつかの示唆を得ることができる．まず戦争という現象への関心はかなり早期よりあった．また戦時経済論は第1次大戦以前に何度か書かれており，バルカン諸国における実物経済の実態を見ていた．それに古代経済史（プトレマイオス朝）の研究から高度な実物振替制度の存在を知っていた．歴史学派の全体論的国民経済観には馴染んでいた．教師として教科書を作りJ.スチュアートを取り上げ，またJ.ローにふれており，重商主義期の経済論にはとくに注目していた．統計への関心は強く，またハプスブルク帝国には官庁統計の名称にWirtschaftsrechnungの語が存在していたことも知られている［小沢：191］．いろいろと想像はできるものの確たることは言えず，またそれはここでの議論には二義的である．1919年に論文集『戦時経済から実物経済へ』が出され，以後のノイラート批判はこの書をターゲットにしていた．ただ，ヴェーバーが目を通したのは個別の雑誌論文（だけ）であったという可能性も排除できない．

1920年刊行の『完全社会化』の「貨幣経済から実物経済へ」の項目では，貨幣計算ではない実質的判断を例示し，併せて貨幣計算をもそなえた実物経済の可能性を説いていた．形式合理性の部分的確保による資源の合理的配分がこうして確保される．だがこの方式がどこまで機能するのか，保証はない．おそらくは戦時下のバルカン諸国やオーストリアでの経験が言わせたことではないだろうか．市場と統制の共存，これは彼の重商主義研究からの印象でもあったはずである．

> われわれは，公的手段により学校と病院のどちらを建てるべきかについての決定を，すでにやってきた．純益計算にもとづいてではなく，その方策が人々の健康と教育に与える作用の直接的な判断を基にして，である．／貨幣額でなくモノ自体が決定の基礎とされるなら，貨幣経済ではなく実物経済となっている．貨幣は商品の指図証として利用されるか，貨幣はなんらかの形で計算単位としてなお維持されるか，ということは特徴づけに充分ではない．そうした「貨幣計算」は経済計画の「実物計算」と並んで存続しうる．合目的的に貨幣計算をそなえた実物経済と言える［Neurath 1920：14-5］．

営利ではなく，人々の幸福の増大こそが重要である．こうしてノイラートは独特な快楽-苦痛計算（功利主義）を，しかも通約不可能性を前提に，考案しなければならなかった．ベンサム流の計算が不可能であるとすれば，ここでも実物計算と同様の思考が働くことになろう．計算単位はないけれども，幸福感情の序数的な計算ならある程度は可能だ，ということか．こうしていわば「費用-便益」計算の両面における計算単位の欠如（通約不可能性）を認めてしまうと，ノイラートの採るべき途はきわめて狭くなる．そしてミーゼスの批判が出された後も，彼はその立場を変えなかった．

(2) 実質合理性

通約不可能性をいうノイラートは，そのため形式合理性を活かす途をかなりの程度ふさがれることになるが，それに代えて実質合理性を活かす途を探ることになった．ヴィーンにおける共同経済（自治体社会主義）の実験の渦中に身を置いていた頃の論稿から引用する（斜体は原文イタリック）．

> 資本主義経済では*個々の経営*はいずれも自分の貨幣計算を有し，利益ないし損失を有する．社会主義社会では，特定の構成をもつ*全体経済*が別の構成をもつ別の経済よりも優遇されるべきか，が評価されうるにすぎない．

社会主義経済では，機械工場の指導を農業経営の指導と比較することは，資本主義経済でなら収支決算を出すことで可能なことだが，そもそもできない．機械工場あるいは農業経営のどちらを拡張すべきかは，いかなる全体計画を優先するかということからのみ，決まるべきである．生産的諸力の分配は経済計画を基礎としてのみ決まるのであって，個々の経営の比較によってではない．最高レベルの機械工場を停止する必要が生じる一方で，技術的にきわめて不十分な農業経営が拡張されることがある．

　組織的に見てこのことは，資本主義経済における簿記が個別経営の*収支決算*に導くのに対し，社会主義経済ではそうではなく，そこでの簿記はただ，ある経営において機械，潤滑油，原料，労働時間等がどれだけ消費され，完成品，半完成品，くずがどれだけ獲得されたかを示すものだ，ということを意味する．そして中央局の経済監察官は，*技術的*合理性を，たとえば一定量のレールがより少ない石炭消費と労働力で生産し得ることを確認することにより，技術的規則にもとづいてのみ検討できるにすぎない．たとえば，そもそもミシンの生産を犠牲にしたレール生産の拡張が経済的であるか否か，ということは計算できない．加えて，ある生産期間の末期には当初とは別の諸条件が支配しているのが一般的だ．新型機械が登場しており，工業，農業の生産量が変化し，備蓄にも増減がある．そして蒸気機関を会計技術的にほし草や薪と比較することはできない．

　総括しよう．貨幣利潤の極大値は資本主義経済における個別経営の目的である，それゆえ貨幣計算はそれに対して一つの意味を，すなわち，この極大値が達成されたかどうかを確定する，という意味をもつ．——［これに対して］全体の快と生活幸福感情の，効用の極大値が社会主義経済の目的である，それゆえ効用，快，生活幸福感情の計算はそれに対して意味をもつ．（その計算は暫定的には単位によって可能ではない．）これに対し労働単位による計算は，もし可能であるとしても，社会主義的な経済目的にとっては意味をもたない，なぜなら「労働」がではなく，「生活幸福感情増大」がその目的なのであるから．人は経済全体を，その「生活幸福感情の

産出」という点で，別の経済より程度が高いか低いか，と判定できるのみである．

　資本主義社会の個別経営の貨幣計算の代わりに，社会主義では，実物計算が全経済の効用評価を伴って登場する．この事情は，マルクスによって誤解されていなかった．彼は，社会主義経済における単位による計算というものを決して論じてはいないし，エンゲルスもそうである．両者とも，全体の効用のために経済の組織化，労働利用と原料・道具の利用が計画的に行われること，のみを語っている［Neurath 1925：394-5］．

　市場経済ならば利潤極大化を動機とした行為の合理的な貨幣計算・資本計算により資源最適配分が実現する，という一般的理解からすれば，この時点でのノイラートの主張は，実物計算では資源最適配分という所与の目的にかなう形式合理性が欠けているではないかと批判されよう．だが彼は批判をものともせず，その目的の所与性自体に疑問符が付されるというところから反論を展開していた．

　彼にとって，営利を目的とはしない経済運営が問題なのだから，「資本計算」なるものはそもそも必要ではない．肝心なのは「幸福感情」の極大化，つまりは福祉水準の上昇である．諸々の財・サービス間に通約不可能性を認めてしまえば，残るのは「実質的な判断」ということになろう．先の引用にあるごとく，「公的手段により学校と病院のどちらを建てるべきかについての決定」を，われわれは「純益計算にもとづいてではなく，その方策が人々の健康と教育に与える作用の直接的な判断を基にして」すでにやってきた，というのである．

　諸目的が競合する場合，資本主義でなら「資本計算」に頼るところを，社会主義でならそれは「政治的決定」に委ねられる[8]．こうした構想は，いわばヴェーバーの批判を逆手に取ったものではないか．ヴェーバーは形式合理性と実質合理性のアンチノミーを説いていた．これに対してノイラートは，前提を変え，形式合理性を捨てて実質合理性のみを活かそうとする策を採ったように思われる．

設計主義者と言われるノイラートは，合理主義の限界を強く意識していた．彼の論稿「デカルトの迷子たちと予備的動機（決定の心理学について）」（1913）には次のような一節がある．

> 自らの洞察ですべてが片づけられるという信仰に固着する人は，そもそも，デカルトが科学の発展の遠い目標として提示した完全な世界認識を先取りしている．この*似而非合理主義*は一つには自己欺瞞へと，また一つには偽りへと導く．教育と性格がこうした誤謬を支える．この誤謬は，合理主義の父として扱われるのが常のデカルトが，実践的行為の領域では自らそれを逃れていた．似而非合理主義者は，充分な洞察を，まさしく厳格な合理主義が論理的な理由からしてそれをすでに排除しているところで，手にしたかのようなふりをするなら，真の合理主義に対して不正を働いている．そのときどきの洞察の限界を鋭く認識するという，まさしくこの点にこそ，合理主義の中心的な強みがあるのだ［Neurath 1991：63-4］．

このような認識をもっていたノイラートからすると，形式合理性の支配する貨幣計算−資本計算にことを委ねる経済世界で実質合理性が犠牲になる状況が生じても不思議はなかったであろう．そして実質合理性の確保・回復に向かうとき，さらに形式合理性に頼むようなことは，まさしく「似而非合理主義者」の振る舞いと思われたのではないだろうか．ヴェーバーやミーゼスの批判は，「赤いヴィーン」の実践にかかわっていたノイラートにしてみれば，具体的な方針提起に役立たぬ理屈でしかない，ということではなく（それもあったかもしれないが），認識論的なレベルにおいて受け入れられないものであった，と思われる．

2. ポラーニ

(1) 透明性の希求

　ノイラートは，貨幣によって曇らされた人間の生活の現実的な関係を透明にするという関心から，貨幣なき実物経済による社会化を説いたが（トライブ），同様の関心はポラーニ[9]にも見られた．若森は「現実において社会を透明にすること」［若森 2006：325］というフレーズを，1925年のヴィーンにいたポラーニの書簡から引いている[10]．同じ年，社会民主党理論機関誌『闘争』にポラーニの論稿「われわれの理論と実践についての新たな考察」［Polanyi 1925］が掲載されたが，まさにこの見通すこと（透明，Übersicht）がテーマであった．この論稿の主張を以下に紹介しよう．

　ポラーニは，全体としての経済を見通すことがそもそも可能か，という問題が社会主義者に突きつけられている，と考える．そして「経済に対するこの見通しの可能性，手段，限界」を「見通し問題（Übersichtsproblem）」と名づけた．だが彼の論述は，これが単に経済の問題にとどまらぬものであることを明らかにしている．管理経済を行うとき，社会の富が商品から成っているからといって，経済が分かりやすいモノのみを扱えばすむといった荒っぽい自然主義では駄目である．「経済の要素とは，1．人間の諸欲求，2．人間の労働の苦しみ（Arbeitsleid），生産手段，つまり土地，機械その他の道具，生活手段の在庫，原料と中間生産物，最後に最も重要な生産手段である労働力，のことだ．この生産手段を用いて，労働の苦しみを最小にし，できるだけ人間の欲求を充足すること，それが経済指導者の課題である．このように，経済の見通しの対象とは，鳥瞰可能な，いわば自然対象として考えられる『経済一般』とは実際には異なり，欲求，労働の苦悩，生産手段，という生産諸要素なのである」．

　管理経済的志向はまず，労働力を含む生産手段，いわば物的なものに向かうが，では他の二つの要素は，どのように把握するのか．それは，当事者の立場

に立ち内面に入り込むことで，その欲求と労働の苦しみをともに経験し感じる（miterleben, mitfühlen）ことで，理解可能となる．内的見通しのこの手続きは，モノについての見通しの外的な方法とは根本的に異なる．見通し問題の管理経済的解決法は，したがって経済要素に対する外的および内的見通しが可能となるか否か，にかかっている．

　経済管理者は，現在の欲求を知り得ないから，前期の消費を調べてこれを現在の欲求とみなすことになる．だが欲求と消費はおよそ異なるものだ．労働の苦しみについても同様なことがある．経済管理者は実際の労働成果や労賃でそれを測ろうとするのが普通だが，実はそれでは測れない．労働時間や産出量，支払われた賃銀は，現実の労苦の認識の代替物とはならない．したがって経済管理者は，この二要素については外見的解決で満足するしかない．

　問題は見通しの手段にかかってくる．まず考えられるのは統計である．統計は可測的な，それゆえ外的な事柄のみを，しかも過去のものを捉えるから，現在の質的な現象は逃してしまう．だから統計は経済の外的見通しのための古典的手段，ということになる．

　第二に組織化という手段がある．工業であれ軍隊であれ，ある部分を組織化することにより見通しは格段にあがる．上下からの情報の流れを通じて，見通し創出的，および見通し補完的機能が充実する．だが経済における純粋に外的に組織された人間の見通し達成能力には限界がある．組織されるのが「経済」ではなく，人間だからだ．そもそも組織にはそれぞれの組織原理というものがあり，その権力原理，法的義務の原理などが組織の見通し機能を制約してしまう．完成された官僚制的装置は，組織に服属する人間たちの欲求と労苦の生き生きした交換に関してわれわれがのぞむ見通しなど，与えることができない．

　こうした管理経済的思考は労働者運動の具体的な現実をおよそ把握していない．今日すでに存在する労働組合，産業団体，協同組合，社会主義的自治体の見通し機能が，管理経済の運営者には見逃されている．これらはすべて経済の内的見通しの機関なのであり，社会主義の発展にとって大いに意義がある．

　こう述べて，次にポラーニは，民主主義的に組織された労働者政党も含め，

組織が見通し能力をもつことの説明を具体的に行う．そこで重視されたのが，構成員であることによって個々人が見通し能力を高める，ということである．労組の賃銀交渉について見ると，組合員なら，賃銀水準を規定する諸要素（年齢，子供の数，職に就くための教育，職場の危険度，責任，労働の希少性等々）に関して，組合員たることからそれらの適切な関係を見通すことができる．それゆえ組合の中で労働に関する一定の評価が可能になり，内部での争点は交渉の材料から外される．こうして労組は，労働世界についての組合員の内的見通し機関なのである．

　同様に産業団体も，単なる多数決の形式民主主義で決めるのではなく，全体の中での当該産業の意義について考慮できるようになる．この成員としての内的見通しこそ，産業の自治の最も重要な前提の一つをなす．消費者協同組合であれば，組合員は地域の住民として日常的な接触の中で得た見通し能力により組織の指導についても批判ができ，組合はお互いの欲求についての内的見通しの機関となる．社会主義自治体では，共通の欲求をもつ住民が自治体の指導を介して，自治体成員としての欲求を家長のように内在的かつ包括的に見通す内的見通しの機関となる．このように，労働者運動の既存の諸形態には，見通し問題の解決に向かう大きな意義がある，という結論が得られた．

　これらの組織は，意図して考案されたり，上から管理経済的に命令されて作られたりしたのではない．根本的に自己の活動の，労働者の運動が進む中での自己組織化の，成果なのである．この内部からの展開にこそ見通し能力の原因がある，と考えたい．組織が見通しの手段としてどの程度機能するかは，組織の基礎となる原理に依存する．労働者運動の組織の基礎となる原理は，権力や強制や権威の原理でも，抽象的な法原理でも，官僚制原理でもない．それはまずもって広義の仲間原理（Genossenschaftsprinzip），つまり同等者のもとでの結合の原理，真の自己組織化の原理である．仲間として，相互の欲求や労働の苦しみの，そして住民としての欲求の，密度と方向（Intensität und Richtung）について内的見通しが得られるのである．論稿は次のように閉じられた．

およそ「意識性（Bewußtheit）」とは，それにどの程度まで具体的な内容が対応しているかに応じてのみ，現実となりうる，というのは社会主義のすべての領域に妥当する命題である．内容なき，対象なき，そして——多様性が問題となる場合には——見通しなき意識性は，妥当性をもたない．それゆえ特殊経済的な機能の意識性もまた，経済的諸要素に関する独自の見通しを前提する．これを提供することは，労働者運動の自生的な諸組織の最重要成果の一つである．まさにこの点において本稿は，社会主義の活動形態としての機能的民主主義という問題とともに見通し問題の解決を論じたのである［Planyi 1925：24］．

　共属感情をもって共に生きる人々の関係の中で見通し能力を備えた組織が，通約不能にみえる諸要素からなる複数の選択肢の中から選択の決定を行う，ということになろう．したがって組織化は民主的でなければならず，意思決定は分権的でなければならなかった．

　この時期，ポラーニは分権的社会主義の模索の観点から，ノイラートは完全社会化指向の見地から，それぞれコールのギルド社会主義論などに関心を向けていた[11]．この関心の基盤として，ヴィーンの自治体社会化政策の展開という現実があったであろうことは容易に想像される．自治体による住宅供給から小生産者の協同組合企業への組織化に至るまでの施策は，社会民主党が議会で多数を占め続けたことで可能となっていた．戦後の食糧・住宅不足，大量失業など難問を抱えたヴィーン市（州）の緊急避難的な対応に対し，ハイエクを含む自由主義陣営は，市場機能の復活を唱えて批判を加えた．厳しい国際環境と，国政レベルでは社民党が国会で野党にまわるというこれまた厳しい国内政治状況のなかで進められたヴィーン州政府の政策は，住宅にとどまらず教育・医療・社会保障など諸方面におよび，住民の生活，それも文化的生活保障を狙っていた[12]．

　この現実が，ノイラートの幸福感情計算の発想に現実的根拠を与えたであろうことは想像に難くない．ポラーニについても，上記の透明性の希求という指

向の現実的基盤が，労働者運動に支えられたこの自治体の社会化政策にあったであろうとみてよい［ポラニー：390-2］．そして彼の場合には，この生活のあり方の評価についての，つまり貨幣額では表示できない生活に対して形式的経済学が行うであろう評価の問題性が，より鮮明に浮かび上がってきたのではないか．後年の論稿「制度化された過程としての経済」では，economic の語には相互に共通するところのない「実体的な意味と形式的な意味」があるとして，「……経済的ということに関する今日の考え方では，その『生存（subsistence）』と『希少性』の両方の意味が融合されており，しかも，その融合が本来，明晰な思考を妨げる要素となっている点の認識が十分ではない」［ポラニー 1975：260］と記した．ヴェーバーの批判と継承をみるときに，形式合理性をどう乗り越えるかという問題を実践的に取り上げたポラーニの議論はきわめて重要になる．これを最後に取り上げよう．

(2) 形式的経済学批判

上述の「制度化された過程としての経済」においてポラーニは，経済の実体的意味と形式的意味の区別が社会学分析に対してもつ重要性を，メンガーもヴェーバーもパーソンズも認識しなかった，とする．そのことは，彼によれば有害であった．彼は，手段の目的に対する関連性を指す「合理的行為」の論理が希少性と選択を対象として形式的経済学になり，これを市場システムの経済に適用することで経済分析が行われることになった，とした．それゆえ市場システム以外のところでは経済分析が妥当しなくなる．これに対し，実体的概念の源は実在（empirical）の経済であり，これは「人とその環境とのあいだの，制度化された相互作用の過程——そこから，欲求を充足させる物質的手段の継続的供給がもたらされる——」［ポランニー 1975：265］と定義された．そしてここで過程と制度化に着目して説明を加え，こう結論づけた．

　　人間の経済は，したがって，経済的な制度と非経済的な制度に埋めこまれ，編みこまれているのである．非経済的な制度を含めることが肝要である．

なぜかといえば，宗教と政府が，貨幣制度や，労働の苦しみを軽減する道具や機械そのものの利用可能性と同じくらいに，経済の構造と機能にとって重要となりうることもありうるからである．／社会のなかに経済が占める位置の研究は，したがって，経済過程がさまざまな時と場所において制度化される，その方式の研究にほかならないのである［ポランニー1975：268］．

この後，この基本方式として互酬・再分配・交換の説明がなされるが，それにはいま立ち入らない．本書の関心から以上の主張を見ると，ポランニーは，ヴェーバーが目的合理的行為範疇で経済的行為を捉えたために，形式的経済学で語られる「経済」に本来ふくまれている実体的側面をうまく扱えなかった，と批判しているように見える．ただ，それほど簡単ではないことを，この後示すことにしよう．ここではただ，この批判がヴェーバー側からどう見えるかについてだけ記す．

第Ⅱ章でみたように，ヴェーバーの社会・歴史観では，文化諸領域の緊張関係という表現で象徴されるように，もとより経済的文化領域は「経済的な制度と非経済的な制度に埋めこまれ（embedded），編みこまれている」．そして『大転換』の表現でいう「悪魔のひき臼」が荒れ狂う時代は，ヴェーバーには「運命としての資本主義」の時代であった．ヴェーバーは，第Ⅵ章に示したように，経済行為における形式合理性も，その結果については実質合理性という評価基準から判断されうる，という論理を用意していた．しかも彼が例示したその例は，まさしく「欲求を充足させる物質的手段の継続的供給がもたらされる」パターンにかかわっていた．だがポラーニには，法的，政治的，宗教的等の文化領域における合理化が経済的合理化とパラレルに進むわけではない，という見方では，まだ楽観的なのだろうか．

　『大転換』では，特異な二重運動論が展開されている．一方での本来的商品と擬制商品（労働・土地・貨幣）の市場拡大，これに対して社会は，自己調整的市場システムに内在するさまざまの危険に対し自らを防衛した［ポラニー：

96-101]．19世紀史をこの二重運動として捉えるポラーニは，市場化に脅かされる社会そのものが，社会全体の利害が，この防衛機能を発揮する，とみた．つまり市場によって一定の社会的諸実体（social substances）が危険にさらされると，自己防衛の運動が起こる，というのである［ポラニー：220］．彼の社会・歴史観が見事に表現されている．彼は20世紀後半に人間の経済を社会に埋めこまれた経済（embedded economy）として回復するために，明確な「意識性」をもって歴史を捉え返している．その作業のなかで彼は，生産と分配の秩序はどう保障されるか，という視点から，互恵・再分配・交換（・家計）なる分析道具の開発を行った［ポラニー：63-73］．

このあまりにも有名な経済過程の制度化，財配分の非市場的パターンの考案は，人類学の諸研究に学んだことが知られている．これについて『人間の経済』の編者ピアスンが注目すべきことを記している．

　　ポランニーは明示的にそのように言ってはいないけれども，これらの諸類型は，経済の社会組織における占有（appropriation）の領域に関連するものである．すなわち，それらは，生産的資源を獲得し処分する人間と，欲求充足のための物的手段とのあいだの関係の典型的類型を定義するのである．そうした諸類型はまた，社会のなかにおける経済を次の意味において設定するのに役立つ．すなわち，大まかにみて，経済過程における人間同士の権利と義務の関係を決めるのが，どのような種類の（社会的，政治的，経済的な）制度上の承認（sanction）なのかを確認する，という意味においてである［ポランニー　1980：57-8］．

そして占有の移動を秩序づける形態として互酬，再分配，交換があげられる，というのである．ポラーニは，経済学者としてのヴェーバーには批判的な眼を向けてはいたが，自らの構想の実現過程では，しっかりとヴェーバーの経済社会学を吸収していた．彼がどれだけ真剣にヴェーバーと取り組んだかをこれほど見事に証している箇所はそう見つかるものではないだろう．

第Ⅶ章 批判と受容

　占有は，マックス・ウェーバーによって，一つの幅をもった現実的な語に置きかえられた[5]．その本来の意味は，財産の合法的な獲得ということであったが，それは事実上所有に値するものすべてを，全体的にせよ部分的にせよ，そしてそれが物的なものであれ，権利であれ，威信であれ，単に有利な状況を利用するという偶然の機会であれ，処分するということをも含む意味に拡張されたのであった．占有の移動は「持ち手」の間の移動として生じうる．ここでいう「持ち手」とは，所有能力をもつ人あるいは人々の集団のすべてを意味している．このことは，相互作用的過程を伴うような財産の領域における変動をいやおうなしに明らかにするものである．物と人間とは，部分的にせよ全面的にせよ一つの占有の領域からもう一つの領域へと移行する．経営と管理，財の流通，所得の分配，貢納と課税，これらは等しく占有の分野である．「持ち手」の変化は，完全な一つのものをもってする必要はなく，せいぜいその一部分を利用して行えばよいのである．

　占有の移動は，なにが移動するかということだけでなく，移動の性格によっても異なる．取引の移動は双務的なものであり，「持ち手」の間の移動として生じる．そして処分の移動は一つの「持ち手」による一方的な活動であって，これには慣習とか法律によって明確な法的効果が与えられる．過去においては，区別はほとんど当該の「持ち手」の類型に関係づけることができた．私的な個人や会社は，取引をとおして占有の変化を行うものとみなされた一方，公的な「持ち手」は処分を行うものと信じられていた．今日においては，この区別は企業によっても国家によっても同様に無視される傾向にある．国家が売買にたずさわる一方，私的な企業が管理や処分を行うのである［ポランニー　1980：83-4］．

付された注（5）では，『経済と社会』第1章「社会学の基礎概念」の「開放的関係と封鎖的関係」，および第2章「経済社会学」章の20項（富永訳では「生産手段の専有」）以下，が指示されている．前章に記したごとく，

Appropriation はヴェーバーの経済社会学におけるキー概念の一つである．訳書では「占有」だが，ポラーニは，日本語でならば専属と訳すのが適切なヴェーバーの語法の意義をここで捉えていた．ポラーニが以下に示す自己の戦略展開のためにここに着目したことは，ヴェーバーの行為から団体形成に至る論理を追い，近代的所有権の相対性をつかむことによって，専属の移動を秩序づける諸形態を構想し展開する論理次元をば自覚して獲得したのであろう，という想像を許すものである．

　ポラーニは複数の合理主義について言及し，そのなかから特定の合理主義が支配的となることに触れており，ヴェーバーの「合理性の諸類型」という発想には通じていたはずである．ただし「形式合理性と実質合理性」はそのままでは使えないと感じたのではないか．行為類型論では，目的合理的と価値合理的の対比であり，しかも行為主体の意識性に注目して範疇化したものであった．そして第 1 章の行為論におけるような厳格な評価基準を明示されていない「形式合理性と実質合理性」を，あえてヴェーバーから持ち出すこともなかったであろう．形式が実体（substance）を捉えることができない，という局面が明確に表現できればよかったのである．こうして，形式的経済学の経済分析に代わって埋めこまれた経済（embedded economy）を扱う手段を考案することが課題となった．とはいえ彼の作業は，いわば実質合理性の回復をめぐる苦闘だったと見える．もっとも社会主義者にならば，多少なりともそのことは言えるではあろう．

　ここにポラーニの作業をヴェーバーのそれと比較する土俵が見えてくる．ヴェーバーは，前章でも記したように，カズイスティークの中から近代資本主義をあぶりだす，という戦略を採った．ポラーニはその反対に，非市場型の財配分の類型をあぶりだしていたのであろう．専属や貨幣，分業などのあり方がそれぞれスペクトルをなして類型として展開されるヴェーバーの経済社会学は，そのいくつかの極をつないでゆくことで資本主義を浮かび上がらせる，という構成である．ポラーニは，上記のピアスンの示唆から考えると，ヴェーバーの専属論の構成からまさしくその意図を読み取り，意識としてはまさしくヴェー

バーの逆を目ざした——そう考えてみたくなる.

　形式合理性批判の文脈でノイラートとポラーニを取り上げた．資本主義という経済制度では形式合理性がきわめて高く，そのことによって様々な形で生活に障害が生まれることがある．いま私たちが，この実質（substance）としての人間の生活を脅かされたなら，それをどう回復するかと考える場合，様々な模索はあっても，形式合理性批判にまで至ることはそう容易ではないはずだ[13]．それでも過去には社会主義諸思想があって，その批判の論理的な可能性をはかってきた．また現実にも実験が行われてきた．第1次大戦後に書かれたヴェーバーの経済社会学は，これらの思想と実験（の一部）を考察の材料としていた．読み方によって合理的資本主義に収斂させることが可能な構成は，資本主義批判を行う側にとっては，格好の対決相手となるであろう．ノイラートはすでにそこで批判されていたが，いわばヴェーバーの論理を取り込んでの反批判を組み立てていた．ポラーニもそこに対決相手を見た．ノイラートと同じく彼の場合も，論理的・抽象的にのみそう言えるというのではない．本章では『大転換』などの著作から，いわばヴェーバーの痕跡を見てきたが，ポラーニは活動の舞台をカナダ／アメリカに移した後も，コロンビア大学での経済史講義のために，ヴェーバーの『経済史』と取り組んだ［若森 2008：86］．英訳版には，ドイツ語版にある『経済と社会』からの理論的抜粋部分はなかった．彼は『経済と社会』そのものに経済史講義ノート作成のため取り組んだ．それは幾度目のことだったであろうか，繰り返しのヴェーバーとの対決は，「経済史」講義の準備という形で，ヴェーバー経済社会学の批判的継承を行っていたのである．

書　評

　ヴェーバー研究にかかわる著作への書評 6 本を以下に収録した．本書第Ⅰ章の補完としてご了解いただきたい．

1. Wolfgang Schwentker, *Max Weber in Japan: eine Untersuchung zur Wirkungsgeschichte 1905-1995*.（Tübingen: Mohr Siebeck, 1998）

Ⅰ

　本書は，ドイツ人歴史家による「日本におけるヴェーバー受容過程」を総括的かつ本格的に跡づけた研究である．1953年生まれの著者シュヴェントカー氏はすでにドイツ史の領域で学位論文を刊行しているが，その彼がこのテーマで大著をものした理由がふるっている．本書の成立事情から紹介しよう．（以下，敬称略．ページを S.-で示す．）

　1981年，ドイツのモール社はヴェーバー全集刊行のパンフレットを作成し，そこに編集委員である社会学者シュルフターの論稿を載せた．84年に刊行が始まる．当時企画に関係した全員が驚いたことに，最初の巻の販売部数の 3 分の 2 はドイツでもアメリカでもなく，日本に吸収された．これは現在までほとんど変わらない（S.307）．85年のシュルフター来日もこの衝撃的な事実があってのことだと評者は仄聞する．著者は88年に出版者 G. ジーベックとの会話で全集に対する日本の注目すべき反応を知って興味を抱き，ここから「なぜ，どのようにして，日本の科学はヴェーバーの著作を我がものとしたか」の研究を始めることになった（S.Ⅸ）．編集委員である師 W. モムゼンの勧めもあったとはいえ，この時点で著者には日本研究および日本語の知識はなかった．その後の著者の努力は驚嘆に値する．89-90年度に立教大学に客員研究員として滞

日，日本語習得，文献収集および解読にはげみ，のちオクスフォードで1年，やはり客員研究員として滞在して第1章を書いた．本書の草稿が96年初めにデュッセルドルフ大学に職位請求論文として提出されたから，ほぼ7年弱でこれだけの成果を挙げたことになる．その広がりと奥行きのおおよそは，以下に掲げる目次からもうかがえるであろう．

 序論
 I．ヴェーバーの著作におけるテーマとしての日本——受容の出発点？
 II．ヴェーバー受容の開始 1905-1925
  1．1900年頃の日本の社会と「社会科学」
  2．日本の経済学者によるヴェーバーの「発見」
  3．大正後期におけるヴェーバー研究の端緒
 III．著作の発見 1926-1945
  1．精神的相互作用：戦間期独日文化科学者の外国滞在
  2．マルクスの影に．1930年頃の日本社会科学の中のヴェーバー
  3．「求道者」ヴェーバー．半絶対主義軍国主義下の受容 1936/7-1945
 IV．日本の「第二の開国」局面のヴェーバー研究
  1．政治-社会的出発状況と文化的環境
  2．戦後初期のヴェーバー解釈（1945-1955）
  3．近代主義者とヴェーバー
  4．日本のヴェーバー研究に対するアメリカの影響
  5．在庫調べ．1964年12月東京のヴェーバー・シンポジウム
 V．1970年以降のヴェーバー「ルネサンス」
  1．国際的前提
  2．足跡を追う．日本人研究者のドイツ旅行と伝記への新たな関心
  3．石切場の作業．日本における社会・政治思想の「古典」としてのヴェーバー
 VI．結語

付録には日本近代「年表」と有益な「ヴェーバーの著作の日本語訳年表」，40ページにわたる「資料・文献」，索引が付されている．

II

日本に初めてヴェーバーの名が現われたのは，1905年に福田徳三が『国家学会雑誌』で同年のドイツ社会政策学会の議論を紹介した論説で，次が1910年の河田嗣郎の『資本主義的精神』だという．20年代に入って大内兵衛が著作の全体像を伝えた．邦訳は，福田以来ドイツ学導入の進んでいた東京商科大学の鬼頭仁三郎訳「限界効用学説と精神物理学的基礎法則」(1924) に始まる (S.75-89)．26-7年には阿部勇が中世都市論，倫理論文を検討して，ヴェーバー社会学の歴史次元を初めて旨くつかみ出し，それは後の社会科学者たちによって取り入れられた．著者はこの点を日本のヴェーバー解釈の一つの重要な特徴と見ている (S.133-4)．戦間期の日独交流では，E.レーデラーのヴェーバー批判，三木清の『社会科学概論』，尾高朝雄のフッサールとケルゼンを介したヴェーバー批判，K.レーヴィット，大塚久雄への影響を軸にK.ジンガーが取り上げられる．

こうして始まった日本のヴェーバー研究は戦時中も止むことなく続き，戦後の周知の「近代主義者」大塚，丸山眞男，川島武宜の成果に至る．プロテスタンティズムの機能的等価物を求めた土屋喬雄の経済道徳の研究は1954年，ベラー『徳川時代の宗教』の3年前だ．著者はこれを「日本の研究が時代の先端にあること，欧米での重要な問題設定を先取りし，ないしそれと平行に展開したこと，だがその成果を言語的文化的孤立のため国際的議論へと持ち出せなかったこと」の一事例と見る (S.278)．

欧米の研究はこうした蓄積のある日本のヴェーバー研究を概ね知らずにいた．大塚の「資本主義の精神」論などごく一部が英・独訳で出されたにすぎぬ．逆に日本の研究者は「翻訳文化」に生きるという事情から利益をこうむってきた．初期のトーニーから最近の「中心的問題設定」に関する議論にいたるまでみな訳出され，それが国内の研究に影響を与えている．この非対称性を打開する試

みとして93年3月、ミュンヘンで「日本とマックス・ヴェーバー」シンポジウムが組まれ、初めて日独の多数の研究者が集った。だが異文化コミュニケーションの溝はここでも深かった。この事態は、日本のヴェーバー研究が西洋の議論を時間差で追いかけてきただけのものではなく、20年代以来日本の歴史と社会の特殊性に由来する独自の問題設定を展開してきただけに、なおのこと惜しむべきことであった。それゆえ日本におけるヴェーバーの影響史を理解するためには、まず日本の歴史過程と受容の出発状況を概略的にでも明らかにしておく必要がある——こう著者は見た。

　こうして著者は開国以来の近代史の基本像を「上からの革命」による徹底した近代化過程としてマクロ社会学の成果を用いて描く。日本は、民主的公共性の形成と個人主義の育成の点で失敗といえるものの、他の指標では近代化を成功裏に達成した。その日本では「伝統的日本と近代的西洋」の図式が非常に強調されたことが指摘される。テーマとの関連では「1925-45年の政治的民主化の遅れに起因する近代化の危機があったにもかかわらず、日本はなぜ近代モデルへの適応がかくも早く、上首尾にいったのか」という問題が、ヴェーバーの著作を重要なものとして受容した日本近代化の二律背反的特質を表現するものとして示される (S.14)。

　受容の一般論として、端緒は様々であれ、個々の科学領域への影響がその国・時代の政治的社会的条件に強く規定されたであろう、との当然の指摘のあと、著者は欧米各国および欧米以外での影響史に触れる。これと対比される日本の影響史は丸山眞男、住谷一彦、内田芳明、茨木竹二らの整理を紹介しつつ描かれる。その特性を示す二点を評者の恣意も交えて掲げておく。まず第一に、日本では経済学によるヴェーバー発見のあと、昭和期には社会学での受容が続き、日中開戦までに価値判断問題、社会政策論、アジア社会分析「倫理」と日本資本主義の形成を軸に研究され、特筆すべきことに、この流れが戦時中も中断されずに、理論社会学、法社会学、行政学、経済学と多岐にわたって進められた。そして戦時期には価値判断問題と理念型、宗教社会学、民族国家と権力国家が重要テーマとされたことが指摘される。第二は日本資本主義論争との関

連である.マルクス主義的諸範疇を用いた分析の中で,講座派の論者が日本資本主義の歴史的個性を規定するのにヴェーバー的な質をもった理念型的補助構成を稼働したこと,また30年代に宗教社会学を用いてアジア研究を行ったことにより,マルクスとヴェーバーを対抗軸とのみ見る西洋人には特異に映るマルクスとヴェーバー的問題意識との重畳が現われた.これは戦後の大塚の比較経済史研究にもつながっている.その系論として,「半封建的資本主義と市民社会」対比図式や方法論としての「マルクスとヴェーバー」問題が戦後に重要論点となっていたことも挙げられよう.

　以上の日本での研究史も参照しつつ,著者は二つの関連する問題関心を記す.それは1:われわれは日本の社会科学者からヴェーバーについて何を学び得るか.別言すれば,日本に典型的なヴェーバー像というのは存在するか.そして2:われわれは日本のヴェーバー研究を手がかりに日本自体について何を学び得るか,というもので(S.33, 342),この関心のもとに著者は影響史の四段階を設定する.これが本書のⅡ~Ⅴ章に対応する.すなわち1)日本の経済学によるヴェーバーの発見,2)社会学の制度化にともなう理解深化,3)「第二の開国」以降のアメリカ化,4)70年以降のいわゆるヴェーバー・ルネッサンス,である(S.342-51).

Ⅲ

　この作業を通して得られた著者の基本的命題は序論で以下のようにまとめられている.1920年代以来ヴェーバーの著作が広範にして深い影響を日本に与えたのは,日本の多くの社会・文化科学者が,自国社会の近代の歴史を部分的近代化の一特殊事例として,ないしヴェーバー的に言えば,部分的合理化として解釈した,という事実に原因がある.彼らはヴェーバーの著作に,人間の発展が市民的契約社会の自律的人格へと理念型的に打ち出されていることを読み,このヨーロッパ近代のモデルを本来の文化的な文脈から解き放って,それを方法および価値理念として日本社会史の分析へと適用した.その象徴的な例が,中村勝巳編『マックス・ヴェーバーと日本』(みすず書房,1990年)である.

ヴェーバーは，一つには，『科学論集』や『経済と社会』の範疇論によって，アジア的社会秩序のあり方をも分析するための概念的手段を提供した．もう一つには，日本の受容者たちは，彼の比較宗教社会学およびそこに展開された合理化観から近代の進化論を読み取り，これを手がかりに日本社会における近代的－合理的要素と伝統的－非合理的要素の関連を把握しようとした．この領域では，たとえば土屋のような「機能的等価物」の探索，より広くはアジア的文化圏という特殊条件下での日本資本主義の成立という問題の検討，また日本官僚制の権力強化が問題となる．またそれゆえ有機体論的国家イデオロギー（国体）の機能，ないし少なくとも1945年までは半絶対主義的天皇体制が問題とされる．ヴェーバー自身，われわれすべてを捉えた近代化過程を，それが「その不可避性と全貌とにおいて初めて全体として姿を表した」時点まで体験した．この意味で日本の科学者たちにとってヴェーバーから発散される力には著しいものがあった．ヴェーバーの著作と人物は，とくに日本の「近代主義者」に対し，呪術的－宗教的および政治的救済論の呪術の園からの脱出路を示し，彼らにその過去と将来の世界を洞察する眼を開いてくれたのである．(S.14-5)

IV

このような研究では，まず日本の歴史と社会科学史の理解，そしてヴェーバーのテキストそのものの理解，そのうえで日本のヴェーバー研究の文献探索と解読，という作業が必要だ．言語障壁をのりこえ，類書（S.22の注で触れられている Agnes Erdelyi, *Max Weber in Amerika*, Wien: Passagen Verlag, 1992 と較べて）を実証密度ではるかに凌駕する成果をあげた著者に心から敬意を表する．ページを繰っては教えられることばかり，己の不勉強を恥じ，内心忸怩たるものを覚えつつも一種の迫力を楽しむことができた．感想を煮つめて言うなら，「私にとって科学とは何か」，その科学に手を染める「私とは何者か」と問い詰められた思いである，となろうか．考えてみれば本書に登場する日本人のヴェーバー研究も，この問いに対する答の学問的な形象だったのではないか．またこのような受け止め方をする者がいるかぎりはヤスパース的「ヴェーバー

像」(S.179f.) の妥当性も存続しそうである．そしてこの問いへの答が，緊張をもった時代への対峙からなされたものならば，その学的形象も歴史に残るであろう．科学の制度化・分業化に伴い，専門領域の研究史も厚くなると，「斯学にとって私（の研究成果）とは何か」の側面のみが注目される．ただその研究主体の「私」一人一人が，実はまず，この科学をも含めた時代や社会と向き合って「私とは何者か」と自問する存在なのである．（大塚久雄『近代欧州経済史入門』講談社文庫版（1996年）に付された中村勝巳「解説」に描かれる日本人研究者の態度も，この問いをくぐってきているものと思いたい．）

　こんな感想をもつ日本人として，著者の迫力に押されっぱなしでもいられず，ささやかな反論を試みたい．一つは「求道者」について．政治と科学的真理の追求とを分け，後者に沈潜する生き方を採るにあたりヴェーバーの科学論を支えにしたことから，求道者ヴェーバーの像が受容されたという．ただ，住谷悦治らが河上肇を求道者と呼んだように，この表現はマルクス主義者の方に当てはまるのではないか．弾圧にも屈せずに社会主義を奉じて科学的真理を求めたとされる彼らこそ，確信倫理に生きる求道者と見られていたのではなかっただろうか．

　もう一つは，安藤英治と折原浩の位置づけについてである．筆者は，帝政期ドイツの精神世界におけるヴェーバーの位置からテキストを解読するという，いわばテキスト内在的な研究の存在にふれ，すべての日本人のヴェーバー研究が日本の状況に関連しているわけではないとして，この2名を例に挙げている．(S.15) 安藤『ウェーバー紀行』の扱いでは著者もいささか困惑ぎみのようだが，そのヴェーバーなる人格への執着は歴史的関心によるものではなかろう．安藤はヴェーバーの特異な人格と思考様式のうちに，近代を突き詰めようとした精神の偉大さと悲劇を見た．彼は，日本の精神状況が「伝統と近代」のあいまいな共存を，それ自体が現代の一般的なあり方の一つだとして受け入れていることに一種のいらだちを覚えたのではないか．そして同時に，伝統から近代への移行を当為とすることで近代の悲劇に目をつぶることもできない，と感じた．こうした状況への違和感を安藤の研究動機に読めないだろうか．折原の一

連の徹底したテキスト解読作業についても似たようなことが感じられる．「近代主義者」は，自らがヴェーバーの近代的思考とその学的成果と解釈したものによって日本の指針を示そうとした．だがヴェーバー自身は徹底した近代的思考の産物たる概念用具により，まさにその近代の危うさまでをも暴こうとしている．主観的意味の理解という独特な立場は，近代的「価値」の潜んでいそうな社会的形象の脱構築につながる質のものだ．折原はこのことを明らかにして，これを「近代主義者」の立場への批判として提出することができよう．こう解釈すれば，この二人の作業も，やはり日本の現状況にかかわったものと見ることができるのではないだろうか．

(『三田学会雑誌』92-1，1999年4月)

2．スティーヴン・コールバーグ著
『マックス・ヴェーバーの比較歴史社会学』(甲南大学ヴェーバー研究会訳，ミネルヴァ書房，1999年)

ヴェーバーの読み方と使い方は多様にあるし，ヴェーバー研究も多様である．「こう読んではどうか」という研究が読み方を深め，使い勝手を良くしてくれることも多い．それほどにヴェーバーのテキストには含蓄があり，また謎めいたところもある．たとえば正当的支配の三類型，いかにもシャープな概念構成だが，いずれも単独では現実の動態を説明しえない．現実が合法的支配へと純化傾向を示すときには，価値的内容への希求累進という副産物をもたらさないか．彼の構成は普遍的合理化進行の陥穽を突く武器を秘めている，などと感じてしまう．『経済と社会』はこんなふうにも読める．そんな歴史哲学的先走りをひとまず脇におき，ヴェーバーの分析手法の高い力能を論理的に再構成すれば比較歴史社会学の方法を定式化できる，というのが本書の立場だ．その骨子は以下のようである．

著者によれば，米国の従来の研究は，行為の理解というヴェーバーの方法論的個人主義が行為をパターン化する様式と一対になって提起されている点を捉えなかった．彼はヴェーバーの叙述から「社会学的場」なるものが個別的行為

を類型的に現象させるという論理を読み取り，この場が「秩序／正当的秩序」とともに行為主体と構造を連結させる様式になっていると説く．場，すなわち社会的脈絡とは，行為主体に対して「一方で要求と制限を課し，他方で機会と可能性を提供する」ことにより行為に形態を与えるもの，と説明される．この論点が本書の特徴をなす．ヴェーバーは，行為主体を世界システム（構造）の従属変数としてしまう世界システム論も，個別的問題領域内での因果説明に終始する歴史解釈学派や因果分析学派も果たしえていないミクロ・マクロ接合を理論的に行っていたのだ．『経済と社会』の戦略と手順は，動機から行為を分類し，多くの重要な「場」を理念型で示し，また多元論の具現たる「社会諸領域と領域固有の理念型」を装備して，具体的な行為を普遍史的スケールの比較座標の上で因果的に理解することを可能とした．

巻末の訳者解説は海外での書評を紹介し，本書の反響の大きさと様々な評価を示しており，参考になる．そこにも指摘されているが，著者がヴェーバーの著作の基本動機・主要テーマを棚上げしたことは問題として残る．著者の性格そのままのていねいな推論と論理構成は評価するとして，ではその成果を我がものとした人はヴェーバーのような構想をもった叙述をはたして提出できるだろうか．呪術からの解放や普遍的合理化などの社会＝歴史哲学的契機の放逐は，社会学を制度化するためのコストとされてしまうのだろうか．

本書の問題領域について，日本では大塚久雄の２冊の岩波新書が「文化諸領域の相対的自律性」や抗争・親和の「緊張関係」の語で解説しており，つい較べたくなる．エートス・人間類型の強調は大塚の価値意識にもとづくが，そのことがヴェーバー理解としても分析手法の説明としても高いレベルをもたらしたと見たい．また大塚の素朴実証主義／マルクス主義との関係が，著者の歴史解釈学派・因果分析学派／世界システム論との関係と相似型であるように感じた．蛇足ながら，訳者中に社会学専攻がいないことは日本的受容の表われか．ヴェーバーが学生用の社会学講座開設に反対した理由を想起させる．本書ではエージェンシーを作用と訳しているが，行為主体と解したい．少し気になった．

(『週刊読書人』1999年10月22日)

＊原書名：Kalberg, Stephen 1994. *Max Weber's Comparative-Historical Sociology*. Cambrigde: Polity Press.

3．橋本努＋橋本直人＋矢野善郎編
『マックス・ヴェーバーの新世紀——変容する日本社会と認識の回転——』（未來社，2000年）

　一冊の書にすべてを望むことはもちろんできぬ．が，この一冊には20世紀日本のヴェーバー研究の到達地平がかなりのところ盛り込まれている．本書は1999年11月シンポ「マックス・ヴェーバーと近代日本」をベースに，16論稿と4エッセイ，資料を編んだもの．回転の遅い評者には，シンポ当日には熱気は感じられたが，テーマの関連や討論では「いまひとつ」に思われた．だが，ゆっくり本書を繙いてその内容の濃密さに圧倒された．シンポのねらいや限界，各報告，討論については，シンポ組織者である三人の編者が「資料」編で語っており，ここで繰り返さない．ともあれ35年ぶりの壮挙である．この濃密さについて考えた．寄稿者の論稿に関するそれぞれの単著が，ざっと数えて30冊はある．この一冊の背後にこれだけの蓄積があるので，それが凝縮されて示されたのだ．

　日本の研究水準の高さ，といっても受容風土の問題がからみ，一概には言えないが，それを見せつける点を紹介しておきたい．ヴェーバーの「テキスト解読」と，それを「解釈」して自らの思想を語り出すこと，の二つを仮に分けておこう．前者の例として向井論文を挙げる．彼は，従来のリッカートがヴェーバーに与えた影響について言われていたことをひっくり返している．論点としても，作法としても．論点としては，大林信治『マックス・ウェーバーと同時代人たち』（14-15頁）でもオークスらの批判がなされたが，向井の記述は，ヘニス『マックス・ヴェーバーの問題設定』（196頁）を正面から，その名を明示せず批判している．こうした米独の研究者をも批判しきる論点から，われわれは「新カント派の価値関係論の展開としてヴェーバー方法論を見る」態度を改めなければならないことを学ぶ．思想史像の書き変えが必要だ．「解釈」では

橋本努論文を挙げよう．彼の「問題主体」の提起は，従来，形成プロセスをうまく論理化しえなかったヴェーバー的「人格」観を乗り越えようとする挑戦である．社会倫理の場で，受容史局面の異なるどの世代にも受け入れられる論理を構想しようとする点は見落とされてはならない．

それぞれ尽きぬ興味が涌いてくる論稿が16本そろっている．大西，上山には「倫理」論文の構成について鋭い指摘があり，雀部，佐野はモムゼン・テーゼ批判の研究深化を示す，等々．どの論点も高度ではあるが，コロンブスの卵を思う．ヴェーバー研究に新たに興味をもつ人は，本書でまず水準を推し量ることができよう．30年前にはできなかったことだ．「ヴェーバーに刻印された世紀」を締めくくるのにふさわしい刊行である．

蛇足に私的関心から2点記す．まず訳語の問題．「ヴェーバーの構造化の理論」（佐久間）とは，理解社会学の成立の論理系にも重なり，早期に住谷が注目し，テンブルックも「マイアー」論文でその意義を確認していた．その端緒を日本語にすると「ゲマインシャフト行為は制定された秩序に準拠するときゲゼルシャフト結成となる」となろうか．巷間評価の高い訳書『理解社会学のカテゴリー』もあるのだが，ささやかな経験から折原のラディカルな作業の副産物の豊かさを実感した．次に領域の問題．近代批判のヴェーバー像が出されているが，その彼の経験科学の場での遺産をどこに見るか．思想家として評価し，経験科学的には捨てる（らしい）山之内の立場も一つの選択だろう．内田にも対案は見られなかった．この局面ではロシア革命論と経済社会学がまだ開拓を待っているのではないだろうか．

複数の「近代」化観，「システム」概念実体化の難問，「解放」契機を失った後の展望など，課題はたくさんある．だが自己を「問題主体」と知り，「ここに立って」見据えてやろうと覚悟をきめれば，本書の成果は武器になるだろう．21世紀に入っても，ヴェーバー研究からは目が離せない．

（『週刊読書人』2001年3月9日）

4．山之内靖著『日本の社会科学とヴェーバー体験』
（筑摩書房・1999年・xix＋324頁）

　1982～99年の論稿を収めた本書は，内容的広がりと密度において，その論評はおろか，紹介さえ評者の手に余るものであることを最初にことわっておく．そのうえで，著者の営為の流れと本書での到達点を示してみたい．社会科学の学会誌で取り上げる著作としては珍しい「体験」なる書名をもつものだけに，こんな手法も許していただきたい．

　本書は「社会科学と文化の政治学」「総力戦からグローバリゼーションへ」「ヴェーバー研究のパラダイムチェンジ」「社会科学の遠近法」の4部14章より成る．書下ろしの「まえがき」および第1章「総力戦・グローバリゼーション・文化の政治学」では，著者がこの間「市民社会派の批判的再吟味」を進め，そこからの「離脱」に至った過程が記されている．いわば著者の魂の軌跡であり，書名の「経験」の語もこれに重ねられていると読めた．まず著者の著作の軌跡を箇条書にまとめてみる．（著作は以下の年号で表記する．『現代思想』連載「初期マルクスの市民社会像」76-8，『現代社会の歴史的位相』82，『ニーチェとヴェーバー』93，『システム社会の現代的位相』96，『マックス・ヴェーバー入門』97）

　第1：初期マルクスのテキストにフォイエルバッハ的モメントを読み込み「受苦的存在」を取り出す（76-8）．第2：パーソンズのシステム社会論の批判的摂取を試み，着目すべき契機として「受苦者の連帯」に訴え，運動を担う人々に理論的支援を与えようとする（82）．第3：ヴェーバーにおけるニーチェ的モメントの析出の試み（93）．その系論としてa．ヴェーバー研究史の見直し．大塚久雄批判，ジンメル批判．ヴェーバーのジンメル批判構想の受け止め（93）．b．「戦士対司祭」図式によるヴェーバー像の書き換え（97）．第4：総力戦・動員体制によるシステム社会化の進行への注目．これと連動するヴェーバー受容史・日本社会科学史・「転向」の問題の吟味（96）．第5：グローバリゼーションの進行への注目――システム社会化を前提に．第6：現代の

社会科学の在り方への提言，マクロ社会科学の試み，文化の政治学（カルチュラル・スタディーズ）．第7：「受苦者の連帯」の可能性を秘める「新しい社会運動」に期待を寄せる（以上，96および本書99）．

第4に関連した著者たちのプロジェクトの成果が『総力戦と現代化』『ナショナリズムの脱構築』である．つまり本書は，上記の諸課題をすでに多くの著作で果たした著者が，その全体像に見通しを与えるために編んだ論集という性格を持つ．各々の部分がすでに論議されているが，本書固有の論点としては，1）総力戦下の日本社会科学の見直し，2）著者の視角からするグローバリゼーションへの見通し，そして3）全体系の射程，が挙げられよう．1）と3）を少々なぞっておこう．

「戦時動員体制のなかで青年期を過ごさなければならなかった市民社会派の人々の思想形成については，総力戦体制という世界史的な共通体験にそくして吟味する必要がある」（96：102）として大河内一男の著作を検討した著者は，「もし大河内の事例を戦時転向と言うのなら，大塚も丸山も戦時転向を経過していたと見る必要がある」（99：13）とする．資本主義に伴う放縦な消費や農業の衰退に危機感をもった大塚久雄はヴェーバー宗教社会学の摂取を通じて転換してゆく．彼は「新興工業としての化学工業」に顕著な如く，31年（金輸出禁止と満州侵略）以後の展開に強い関心を抱き，旧財閥の外に技術者型の革新的経営者の登場を，また軍需インフレ過程に日本社会の合理的改革の進展を見ようとした．この構図を問屋制商業資本 vs 産業資本に重ねたのである．丸山眞男は，初発の「ファシズムは市民社会の本来的な傾向の究極にまで発展したもの」という認識から離反し，問題をアジアにおける日本の近代的先進性と中国の伝統的後進性という狭隘な視野へと追いやった．のちに彼は，ここでの国体概念批判は伝統回帰によって国家的統合の拠点を築こうとした「近代の超克」グループと対決することを主題としたもので，ここに魂の救いを見ようとした，と弁明することとなる（99：55-7）．

戦時中のヴェーバー研究の進展は，占領地域の行政支配の戦略形成，その方式への批判を積極的理由とした．また，近代化に成功したアジア唯一の先進国

として西洋帝国主義からアジアを解放するのに貢献するという大義名分があり，日本の近代化成功 vs アジア社会の停滞なる図式が稼働され，これがヴェーバーのアジア論研究と連動していた．近代化による「近代の超克」の由縁である．通説的に言われる「日本資本主義論争とヴェーバー研究との連続性」は事実ではなく，そこには断絶があった．軍事ファシズム権力によって科学が国家目的に強制的に同化させられたことがもつ深い傷痕は覆い隠された（99：第2章）．とすれば，戦後の日本社会の後進性批判を旨とする市民社会派の形成は第二の転向といえる．こう著者は社会科学の存在被拘束性を説いた．

市民社会派の「近代」像に著者が抱いた違和感に始まるこの作業は，徹底したテキスト読みに支えられる．このことは各書の「まえがき」に現われている．「理性の自己展開は，人間の意識のいま一方の感性の所在を見失わせ，そのことによって人間的自然および対象的自然の両者に対し，抑圧的であるとともに破壊的かつ攻撃的な敵対者として対峙するようになる．ヴェーバー社会学が内包する課題にはより複雑なものがあり，ニーチェの思想と呼応するような西欧近代合理主義への批判のモメントもまた，否定しがたい強さにおいて含まれている」（82：vi-vii）．こうして著者は，日本の市民社会派が理念的「近代」の提唱にあたり理論的支柱としたマルクス＝ヴェーバーの像を疑問視し，フォイエルバッハ，ニーチェの解読により前二者の「近代批判」の面を受け止めることによって市民社会派批判＝離脱をはかる．その結果，ポストモダン＝現代の社会科学のあり方，および現代的諸問題把握の新たな視角を，市民社会派のトータルな批判の上に提示することになった．ニーチェとヴェーバーに共有された「悲劇の精神」が社会科学に突きつけた課題に答えようと著者が注目したのはメルッチのいう「自己再帰性」だ．「現代の複合システム社会とは，人間が人間に関係することによって産出された自己再帰的情報資源を中心として運行される社会」（96：309）だ，とすれば「社会的個人を行動へと駆り立てていく動機づけ，つまり信念体系の領域と切断した形で社会科学的知のありようを設定することはもはやできない．そういった客観的知のありようそのものを成り立たしめているのは，実はその背後にあるもの，いわば歴史的欲望と言っても

いいようなものである．この歴史的欲望をもう一度自分の中に発見し，それに批判的懐疑の目を向けてゆくという作業をせざるを得なくなっている」．ヴェーバーの宗教社会学に通底するこの作業は現在「文化の政治学」という形で始まっている（99：251-4）と著者は見る．

理解が怪しいままに，ささやかな感想を三つ記す．

1．宗教改革の位置づけについて．著者が，「カルチュラル・スタディーズ」は近代の精神文化においてその起点をなした宗教改革にまでさかのぼり，この文化革命によって構築された倫理的態度こそが形式合理性としての近代官僚制をもたらしたということ（ヴェーバー），あるいは，この文化革命によって構築された主体概念こそが人間労働を富の本質とする疎外された意識を誕生させたということ（マルクス），この認識を中心に据えなければならない（99：77）としたことに，かすかな違和感を覚えた．（キリスト教理解をめぐっては古川順一「ヴェーバーと大塚久雄——大塚久雄の見た市民社会という幻想——」『情況』2000.7がある．）その位置づけについて，ヴェーバーはこれを脱呪術化過程の頂点，合理化過程の一つの到達点とした．鉄の檻に向かう歴史は，古代ギリシアの科学，ユダヤ教の預言に始まる，というのではなかったか．著者は主知主義＝原罪まではさかのぼらない．「呪力剥奪」過程の一階梯に特殊な神学の呪力を持ち込むというこの出来事が，しかし意図と結果の乖離，無意味な時間の流れをさらに進めることとなった．こう見える．「職業としての学問」を重視する著者なら主知主義の始源に向かってもよかっただろう．

2．著者は「システム社会」概念を実体的に用いる．一切の救済願望の拒絶には叶う態度だが，現実の諸コンフリクトの出来はそれが一つの（つまり限界のある）説明図式であることを示す．この実体化は，新自由主義と教条的マルクス主義が様々な改革運動を非難して意図せざる「共犯」関係に立ってきたことを想起させる．それは「本質的には」何も改善しない，と．ヴェーバーは「にもかかわらず」何ものかに賭けることの意味を説いていたのではなかったか．戦後，大塚・丸山は明示的にも賭けた．（これはニーチェ論と責任倫理の応用問題の観がある．）意味喪失・永遠回帰のニーチェ流の歴史観に，意味創

造の決断がどう接合されるのか，または「救済願望」として退けられるのだろうか．

　3．著者は，システムをはみ出る自然システムや身体の問題が様々なアイデンティティの危機を引き起こす，と見る．ここから受苦者の連帯と新しい社会運動に注目するのだが，これはやはり，個々人の生き方，そして人々の合意としての（生態系を含む）社会のありようの変化を希求することにつながるだろう．それが功利や所有の観念を変容させて新たな規範→制度形成の途をたどるとなれば，ヴェーバー「専属」論を引き継いだ吉田民人の「制御能」論（『主体性と所有構造の理論』）の土俵が近づく．マルクスの社会科学→彼の思想（76-8）→ヴェーバーの社会科学（82）→彼の思想（93；97）とたどった著者は，結局のところヴェーバーとマルクスの社会科学でなく，マルクス思想の遺産の再生を投企するに至る．旧来の社会科学と決別したのではなかろうと想定したいのだが，その豊富な武器を装備した重層的な山之内型「体系」では，様々な位相の問題に適宜下位システムの枠と武器を対応させることになるだろう．ただ，この「体系」内のつながりが，上記第6の提起がラディカルなだけに，見えなかった．

　すでに諸方での高い評価もある．スケールの大きな試みは魅力的だ．と同時に，山之内型「体系」を支える位置にくる「新しい社会運動」が，著者の望む質を持ちえないとしたら，などと余計な心配をしてしまった．一つの時代の終わりを刻もうとする本書は，その意味で，大塚・丸山への弔辞でもあるのだろう．

（『土地制度史学』174，2002年1月）

5．ヴェーバー関連書四冊

　1993年に十指をこえる書の刊行をみたヴェーバー研究で，最近また新刊が目につく．数点を紹介する．

　今野元『マックス・ヴェーバーとポーランド問題』（東京大学出版会）は同

名の論文（『思想』2002年10月）ですでに核心部分が示されていた．著者は「ヴェーバーのポーランド問題への関与の実態を，一次史料に基づいて実証的に叙述しよう」とする．ヴィルヘルム期ドイツの自由主義陣営の思考において，自由主義とナショナリズムがどのような関係にあるのか，という基本テーマのもとで，政治評論家としてのヴェーバーを素材とした．ポーランド文化への侮蔑的評価を抱く彼のポーランド人農業労働者排除論は，1905年以降のロシア分析を経た世界大戦中の戦略的思考（外政上のロシア脅威の意識）では，旧露内ポーランド人勢力との連携，プロイセン領内ポーランド人との和解に至るが，ポーランド文化への評価は基本的に変わらなかった，という．ポーランド問題が複合的なことや，それがナショナリズムの展開に複雑に絡んだ諸相を，精力的なアルヒーフ・アルバイトによってかなり総合的に描写した力作で，ベルリン大学に提出された博士論文にもとづく日本語版とのこと．全ドイツ連盟やオスト・マルク協会との関連まで調べあげ，モムゼンのヴェーバー全集編纂の方針への批判から，全集版の註の誤りの訂正まで書かれている．ただしヴェーバーを「描写する」という基本課題では，いささか問題が残る．第1節では，ヴェーバーが『ローマ農業史』で「マイツェンにわざわざ献辞を捧げている」という．ポーランド・東方観の親近性を強調しようとしての表現のようだ．指導教授に献辞を捧げることを「わざわざ」とは言わないだろうから，異様さが目立つ．第2節では，ヴェーバーが92年論考で「文化」を定義したことにはふれずに，94年論考の記述を「特筆すべきこと」と紹介し，食糧事情の善し悪しが基準だが，「肉を食物として重視するというのは，彼が権力闘争を情熱的に志向したことと関連しているのかもしれない」とした．毎節のようにこの調子の過剰演出があって「彼を描写する」という目的を大きく損ねており，他の人物でも？ とつい疑ってしまう．著者が扱ったのは後出の「疑似問題」ではないだけに，惜しまれる．著者は「リベラル・デモクラシー」を独自に定義して分析基準に用いるが，歴史的には「リベラーレン対デモクラーテン」が問題だったし，ヴェーバーをこのどちらで押さえるかという問題もあって，外挿的評価が効いていない感が残る．浩瀚な史料渉猟に裏づけられた自信ゆえの総論部分

での慎重さと本論記述部分でのオフサイド，これが若さか（と羨ましくも思った）．

　おなじ演出でも効果抜群なのが牧野雅彦『歴史主義の再建』（日本評論社）である．ランケ史学からプロイセン学派，新ランケ学派への変遷をたどりつつ，他方で歴史学派経済学の方法問題を浮き彫りにしてゆく．今野が等閑視した「保守主義的な国民主義の潮流こそ，現実のドイツ統一にあたって大きな影響力を発揮した」ことも主張される．そして規則性と類型的把握を史的個性認識に繰込む方法を論じたヴェーバーが，「古代ユダヤ教」において，マイヤーを継承しつつ「歴史学派の国民経済学と歴史学の再統合」を試みた，と結論づける．政治史学と古代ユダヤ教研究史へと沈潜した成果を見事に演出した．著者のマイヤー解読は，ヴェーバー社会学生成へのニーチェ・インパクト論（山之内靖『マックス・ヴェーバー入門』岩波新書，他）への批判をなすが，思想の影響を社会科学的形象の水準で否定はしきれず，抽象的対立は残ると思う．本書の特徴的な表現として「も」を挙げてみたい．「ということもできる」「でもあった」とくり返されるが，それぞれが当該論点の読み方・位置づけに一石を投じようとする著者の理解の深さを示すものとなっている——これも演出なのか？

　折原浩『ヴェーバー学のすすめ』（未來社）は，羽入辰郎『マックス・ヴェーバーの犯罪』という告発本に対する「特別弁護人」として，「倫理」論文の本題から方法上の手続き，ルターの思想的変化をふまえたヴェーバーの文献利用の解説までを行っている．併せて，ヴェーバーの「人と学問」を「実存的危機のさなかに孕まれた近代的職業義務観の意義とその現代的帰結という原問題」に即して描き出そうという挑戦の中間総括を提示した．「倫理」論文に向き合い，その翻訳史・解釈史を振り返ることで日本のヴェーバー研究総体への批判意識を伝えようとする著者の思いは，平易な本書タイトルには収まらぬものだ．羽入の主張が（「全称判断」は論外として）問題設定としてそもそも「疑似問題」であり，社会科学的には無であって，しかも羽入文献学の成果がヴェーバーの史料理解にすら届かなかったことを，旧約・新約の翻訳事情に照

らして説明する．だが，この疑似問題の書が言説の公共空間に登場したこと自体を重く見て，またこれを黙殺ですます空気があったことを問題視しての状況批判こそを，本書の真に重い問題提起と捉えたい．

　ヴェーバー初期の大作『東エルベ・ドイツにおける農業労働者の状態』の邦訳（抄訳，未來社）が肥前栄一の手で出された．これで上記の過剰演出も日本語で分かる．訳者はロシア研究と農業史で貯えた知見を周到な解説で披瀝し，近年の成果として，比較史の重要な境界線としてエルベ河ではなく「聖ペテルブルク=トリエステ線」がもつ意義も盛り込んでいる．作業の息の長さを思う．

　かつてテンブルックは同時代的学問状況の検討不足を解釈史の問題としていたが，向井守『ウェーバーの科学論』（1997），ナウ『人間の科学』（1997，独文），竹林史郎『ドイツ社会学形成期の資本主義理論』（2003，独文），そして牧野の上掲書等により，急速に克服されてきた．「倫理」論文の理解も，著者の実存に内在した理解と並んで，文献的実証密度の高いものが出される条件が熟してきた．「倫理」論文百周年を迎えて，そう思う．そう受け止めるべきであろう．

（『週刊読書人』2004年2月27日号）

【付記】
　＊同誌04年3月26日号に今野元氏の反論が掲載された．極小スペースながら反論が5点にわたり明晰に記された．以下，論点を要約紹介する．1．ヴェーバーがマイツェンに献辞を捧げたこと．法学部の申請者が哲学部という外部の一教師に献辞を捧げたことに注意を喚起した．2．ヴェーバーは食事と人間の主体性との関連性に関心を示したのであり，「人間学」者ヴェーバーに注目する著者としては無視できない．3．「リベラーレン対デモクラーテン」はヴェーバーの父の世代の対抗図式であり，この時代の左派の内部対立は「自由主義対社会主義」だ．評者の時代錯誤である．4．「保守主義的な国民主義の潮流」の「等閑視」には筆者自身が予めはっきりと警告しておいた．5．肥前訳を読めば著者の「過剰演出」が分かるという評は，92年論文の全体ならびに位置価を考えれば，軽率で早計である．以上である．

　＊肥前訳の訳者解題（227ページ）では，当該資料を紹介した評者の旧稿［小林1990：104-13］を，'das polnische Tier' という「この毒を含んだ印象的な言葉

を見落としている」と厳しく批判する．

6．Erik Grimmer-Solem, *The Rise of Historical Economics and Social Reform in Germany 1864-1894*. (Oxford: Clarendon Press, 2003, xiii + 338pp.)

　著者エリック・グリマー＝ソーレムは，第1章「歴史学派とは何か？―批判的評価」での研究史の検討から「ドイツ歴史学派」の語が特定内容を指示できぬ，混乱をもたらすものだとして，代わりに「歴史的経済学」を提起する．そしてその内容規定が著者の主張となる．筋立ての骨子を以下に紹介する．

　歴史的経済学の創始者として取り上げられるのは，シュモラー，ヘルト，ブレンターノ，クナップの4人．みな19世紀半ばの急速な工業化・都市化の変動がもたらす様々な社会問題に敏感に反応し，実践的対応＝社会改革を目指した．この社会改革は経済学の改革を伴うことになる．彼らの学問形成期から学者・社会改革者としての影響力の絶頂をきわめた時期（最初のドイツ統一戦争から「新航路」終焉まで）が対象とされる．

　1．まず現実認識の道具としての統計学の重視がある．4人とも，欧州全体にわたる統計研究の隆盛を支えた中心人物の一人エンゲルとかかわりがあり，国内外の調査・見学活動を体験している．社会問題の実相を経験的に知り，かつ統計資料で理解を深めている．

　2．そこから，現実を説明できない古典派経済学への懐疑が生じる．不変の人間性から演繹される教義は経験的に検証される必要がある．ブレンターノとクナップの博士論文はテューネンの賃金論の研究であり，賃金基金説を批判した彼らは，同時に経済学の中で社会問題に焦点を当てるテューネンから大きな影響をうけた．ヘルトもリカードウを批判したケアリーを研究している．4人とも「分配的正義」の観点から古典派批判を行うが，古典派の体系が問題の源であれば，その方法も問題とされざるを得ぬ．ラウ，ロッシャー型の国家学の枠内におかれた古典派理論の無力さが露呈し，さらに社会主義者がリカードウを利用したことがドイツでの経済学の信用失墜を強めた．自然科学の経験的研

究方法の前進に影響を受け，彼らは統計的経験的に厳密な新たな経済学を求めた．

　3．1860年代に英仏に見られたのと同様，ドイツでも社会の改革と科学の改革が手を繋いだことは，社会改革が可能であり，必要である，という確信にもとづく．社会・経済の諸制度は，人間の改善意志・政策によって歴史的に変化してきた．諸制度の起源と機能様式の歴史的研究は，現実認識の素材と，社会改革の可能性への深い洞察とを提供した．

　4．研究教育方法の革新がこれに伴う．エンゲルの指導したÜbungでは参加者が各自に与えられたテーマについて報告し，議論が行われる．大学教授となった歴史的経済学者はこのSeminar形式の教育を行い，経験的知識の生産はこの分業体制で加速された．法制史料や統計データの収集解読に精通した経済学者の養成でもあった．

　5．こうした営為を教導する理念は，self-helpとstate-helpのバランスをとり，分配的正義が貫徹した中間層社会Mittelstandgesellschaftをめざす社会改革の実現，であった．以上の基本線は1860年代から73年社会政策学会設立までに形づくられていた．そしてその推進は，ドイツ自由主義派の無視，官房学的慈恵的救貧政策，古典派・オーストリア学派の自由放任策，集権官僚主義的社会政策，社会主義的革命路線との対抗を生んだ．だが歴史的経済学の市場は，世論から議会人，高級官僚にまで及び，間接的ながら80年代のビスマルク社会保険法や新航路下のベルレプシュ法制定にまで，確実に影響を与えるに至った．本邦では田村信一氏のシュモラー研究があり，改革の内容紹介はここでは省略する．

　以上の筋立てを一瞥するだけで，ただちに，経済学の方法（統計・理論・政策の関係）やドイツ自由主義の展開史，古典派と国家学の解体過程，学者とビスマルクの関係，歴史的経済学の国際的普及過程，シュモラーらの「中間層」観といった一連の論点を想起できよう．著者は，これら諸点に関する研究史整理や史料精査を通じて得た知見を，本書の筋立ての描写に用いている．著者は，歴史的経済学を主役とした社会史を描く．歴史的経済学者の活動を学術産業と

見立てた第2章「生産様式」では大学やカリキュラム・試験，統計局，学界組織，出版者，雑誌・辞典等のあり方を，大学史と専門職形成の研究成果や大学文書館史料にもとづいて紹介する．これは，最後の第7章「改革の科学から科学の改革へ：方法論争」末尾で19世紀後半のドイツの大学が主に応用経済学を求めたことの説明にも通じている．

ここでは方法についての一論点を紹介し，著者の関心の一端を吟味材料に供したい．

メンガー＝シュモラー論争は「方法」論争ではなく，経済学の目的をめぐるもので，演繹対帰納とか理論対事実というものでなかったことが，両者のその後の論稿からの引用で示される．シュモラーのもとからヴィーンに移ったジークムント・アドラー（ヴィクトールの弟）がメンガーにいじめられた例や，オーストリアでやや遅れた社会改革熱の高まりの時期に歴史的経済学が正当に評価されたという例も挙げられる．ただし著者は，この論争が経済学の目的や制度の起源をめぐるものだとすれば，論争は解決されなかったし，経済理論と経験的観察の緊張関係も現在にまでつづいていよう，と記して「方法論争」の側面を否定はしない．

歴史的経済学者における因果論と目的論の関係を，J. S. ミル受容やカント復興，社会統計と法則の関係の理解などの要素を折り込んで説明した著者は，最後にやや大胆な総括を述べる．「ミロフスキーが論じるように，経験的測定や検証から独立した権威的な数学的確実性を確立しようという野心は，熱力学と量子力学の展開が急速に古典的エネルギー論を切り崩していた時代に，その厳格に決定論的な物理学の枠を新古典派にはめた．……1940年代以前の新古典派経済学が確率論抜きの数理統計を用いていたと言ってよければ，同じように，シュモラーたちが数理統計に依拠することなく確率論的（非決定論的）な社会理解をしていた，と言うことができよう」．そして彼らが「統計的平均を決定する原因の可変性を強調した」のは数学的能力や統計的方法の知識の欠如ではなく，逆に知っていたからだとして，レクシス（一時期シュモラーの同僚であり，限界効用を批判し，マーシャルが評価し，エッジワースに影響を与えたと

もされる）を例に出す．彼の「分散」研究はケトレ統計学への「数学的な止めの一撃」たりえたのであり，彼らは，社会現象の統計的な決定論的理解の妥当性に厳しい制約を課していた，とする（276-7ページ）．

この記述は示唆に富む．事象の原因の多元性という認識は，社会現象の規則性のヨリ高次な説明を要求することになろう．そう考えると，シュモラーの「心理学」への期待はこの要請に応えようとするものであったのだろうか．さらに本書の対象を超えてヴェーバー研究にもかかわる．金子榮一『マックス・ウェーバー研究』（1957年，42-49ページ）がすでにこの問題にふれていたが，シュモラー世代の課題とは意識されてはいなかった．ちなみにレクシスはChance-systemの語を用いていた．理念型や理解社会学の形成過程の解明にも示唆を与えている．

本書では各章末尾ごとに歴史的経済学者の実践指向がくり返される．佐々木力『近代学問理念の誕生』第4章で，ヴィーコにとっての帰納法は「……普遍的理論化へのモーメントを最大限評価しつつも，その一般性の詐称を暴き，結局は個別的なものを重視する歴史主義的思索者にふさわしい手順」と言えないか，とされるが，そのヴィーコ像に本書で描かれたシュモラー像は重なって見える．田村氏の研究で修正されたが，日本ではやや観照的な「歴史主義的」思索の思想史的検討に片寄っていた気味があり，その意味では本書での実践性の強調は重要であって，それは佐々木氏の科学史観と同じ趣旨でもあるだろう．リンデンラウプを継ぐ史料探索の徹底や各章の内容の豊富さと面白さ，手薄だった1860年代の描写，これらは本書をページ数に見合わぬ大著にしている．

（『経済学史学会年報』46，2004年12月）

注

第 I 章

1) 全集 Max Weber-Gesamtausgabe は，モール社（Mohr Siebeck, Tübingen）から現在刊行中である．第 1 部：著作と講演，第 2 部：書簡，第 3 部：講義と講義草稿，からなる．最新の刊行状況についてはモール社のホームページで確認できる．(http://www.mohr.de/soziologie/editionen-textausgaben/max-weber-gesamtausgabe/baende.html)
2) 本書第 VII 章での「意味連関（Sinnzusammenhang）を捉える」社会学という理解もこうした研究史の上にある．
3) 山之内靖『ニーチェとヴェーバー』（1993）に収録された論稿の執筆の頃に，同様の関心にもとづいた前川 [1992] と樋口 [1998] の研究が進められていた．
4) 本書に収録した書評を参照のこと．
5) これについては大塚久雄『社会科学の方法』（岩波新書，1966 年）の平易な解説がいまでも有益である．この書は，マルクス主義的な歴史・社会観への批判としてもはや古典の域に入った観はあっても，その重要性には変わりがない．本書の第 II 章はこれを下敷きにした．
6) もう一つの「性愛（Erotik）」を作品史的に検討する作業も出されている．金子 [2002：79] は，「……性愛の改訂は宗教的同胞愛と恋愛との対抗を愛の質的対立として補完し，ゼクテに責任・信条倫理の相補性を見いだす．相補性が Max の『真の人間』の人格性を意味する」と結論づける．

第 II 章

1) やや古いが，天野啓太郎編『日本マックス・ウェーバー書誌』第 2 版（新泉社，1972），および天野啓太郎編および嘉目克彦編の「マックス・ウェーバー文献目録」（『知の考古学』1976 年第 8・9 号，社会思想社）をあげておく．これ以降，大規模なものは目にしていない．
2) 常行 [1990：134-86] は，新たなる観念（禁欲倫理）の担い手の単なる数だけの問題ではなく，当該社会で特定の社会層が占める位置価も重要なポイントであることを論じた．
3) ヴェーバーは資本主義の成立に先立って「資本主義の精神」があったことを言うの

で，厳密には，〈資本家－労働者〉という階級に分化する前の社会層をここに加える必要がある．後述の中産者である．
4) 亀井にインタヴューした住谷一彦にうかがった．さらに安藤 [1979：359-60] も参照のこと．
5) ヴェーバーは，「倫理」論文では資本主義的な生の一特質，つまり近代資本主義文化の一側面を明らかにし，それを形づくった原因を歴史的に遡って探った，としている．本文で確認した第一の点はこれにかかわる．第二の点は，資本主義という経済制度が資本主義の精神を生んだという議論への反論であるが，とはいえそれは，資本主義成立には「資本主義の精神」が不可欠である，ということを示すものでもある．これは，ヴェーバー自身が否定している「プロテスタンティズムの『倫理』が『資本主義』を生んだ」式の理解，つまり「倫理」論文は「資本主義成立の原因」を探ったものだという見方に途を開くものであった．
6) 以下，個々にページは示さないが，邦訳書［ルター 1960：11-47］からの引用．
7) キリスト者ならぬ筆者にはこの感覚は理解しにくい．以前，バニヤン『天路歴程』を覗いてみた．イメージ固めに小説を利用し，たとえばホーソーン『緋文字』を読んだ．その分だけ逆に，たとえば遠藤周作『キリストの誕生』やハインリヒ・ベル『アダムよ，おまえはどこにいた』のカトリック文学世界の方に惹かれた，という経験がある．
8) セクトについては，さしあたり安藤英治の研究［安藤 1992：204-25, 350-62］を参照．セクトの運動と原理（自発的結社）には市民社会論にかかわる重要な論点が含まれるが，本書では立ち入らない．
9) 論争史についてはとりあえず梅津［1989］の整理が参照できる．経済史的実証のレベルでの研究にも優れたものが出されている［常行 1990；マルシャル 1996］．また，こうした観念を誰が抱こうとするかに止目して，山本［2004；2008］が修正テーゼを提起している．執筆意図の重要部分にニーチェ的契機をみる読み方も出されている．前章で紹介した山之内は，「ヨーロッパ宗教改革における倫理的精神こそは現代の『鉄の檻』をもたらす歴史的起源であったという逆説に注目し，これこそが『プロテスタンティズムの倫理と資本主義の精神』の中心テーマだったことを確認しておいた」［山之内 1993：xxvii］と記している．
10) E. Troeltsch, *Die Soziallehren der christlichen Kirchen und Gruppen*, 1912 のこと．
11) 理念型に関する問題は次の第Ⅲ章で論ずる．ここでは本章の課題遂行に足りる概念構成の基本論理だけにとどめる．
12) 『職業としての学問』［尾高訳：54］の例．

13) 以下の説明は，コールバーグ［1996］によっている．
14) テンブルックのこの論文は1975年に出された．そこにはヴェーバー理解に関して，宗教的文化領域の固有法則性や『宗教社会学論集』を主著とみなすべきことなどが記されているが，その基本線は1966年の大塚久雄『社会科学の方法』（岩波新書）ですでに展開されていた．日本の研究史の水準の高さを示すものである．
15) この問題はすでに古川が論じている．彼は「ヴェーバーのピューリタニズムはキリスト教ではない」［古川 2004：159］と断じた．雀部もこれを「キリスト教の自己解消形態」ではないか［雀部 1993：253-4］，と指摘していた．

第Ⅲ章

1) マリアンネはリッカートのゼミナールでの学習成果をもとに「フィヒテの社会主義とそのマルクスの教説との関係」を書いたとのこと［Roth 1988：xx；Gilcher-Holtey 2004：43］．
2) 2008年現在．［Ⅱ/8：946］による．
3) ヘンリッヒはこの点に注目し，「所与の現実の無限性」というこの見方がヴェーバーと同じであることを言っている［Henrich 1952：15］．その後，60年代に入ってヘンリッヒと同様に「異質的連続」に注目し，ヴェーバーにとってはキーワードとしての重要性があることを改めて確認したのがユルゲン・コッカ［Kocka 1973：60-1, 79］であった．
4) 異質的連続の語は以下のように用いられた．「……一般化的科学の，考え得べき如何なる進歩も，量的個性と質的個性との此の溝に橋を渡すことはないであろう．何故かというと，我々が純粋なる量の国を去って質的現実に移るや否や，我々は同質的連続から異質的連続の中に陥り，それと共に諸客体の剰すところなき概念的支配の可能性は悉く尽きてしまうからである」［リッケルト：200］．
5) ここでは外しておいた「追体験的解明」等の説明は，第Ⅰ章での向井の紹介を参照のこと．
6) 橋本努の提出した「問題主体」をまずはこのレベルで受けとめておきたい［橋本：78-106］．
7) D. ヘンリッヒは，その著作のタイトルに示されるように「統一像」の想定を可能とした［Henrich 1952］．これにはテンブルックによる批判があった［Tenbruck 1959］．
8) A. v. Schelting, Die logische Theorie der historischen Kulturwissenschaft von Max Weber und im besonderen sein Begriff des Idealtypus, *Archiv für Sozialwissenschaft und Sozialpolitik*, 44, 1922: 623-752. 以下，石坂訳［シェルティング 1977］を用いる．

9) 直接には，1904年に新たに始められた雑誌『社会科学・社会政策アルヒーフ』（原書名は前注に掲げた）の綱領的文書として書かれた．
10) 方法論争は，経済学における「帰納」対「演繹」の方法をめぐる論争ではなく，経済学の目的をめぐるものであった，という見方がある．本節で示したようにメンガーは演繹そのものを否定したわけではないから，この見方は確かに正しい．ただ，以下に記すように，国民経済の「理論」の理解が両派で異なるがゆえの抗争であった，と補うことで，厚い研究史をもつ「方法論争」の歴史的理解のメリットを残したい，というのが本書の立場である．本書末尾に収録の Grimmer-Solem [2003] への書評も参照せよ．
11) 理念型の思源については通例イェリネックが挙げられるが，ジクヴァルトも検討対象となることを指摘したのはオイケン [1958: 373-4] である．
12) 後年の記述でもシュモラーの法則に対する懐疑的姿勢は明らかである．『国家学辞典』第3版（1911年）ではこう記している．「もっとも，つねに同一の属性・徴候の確証を，一定の規則性・形態の反復を法則と呼ぼうとするのかどうか，いかなる因果連関でも推定が行われればそう呼ぶのかどうか，それとも，その因果的力を証明したり，その作用を数字的な計測できたらそう呼ぶのかどうか，これはある意味で約束事の問題にすぎない．しかしながら，正確な用語法のためにも，そもそも現在の論理学や科学論の成果と結びつくためにも，また，国民経済における因果性・必然性の明確な概念のためにも，こうしたルーズであいまいな用語法を放棄したほうがよいであろう．人々は，『法則』というマントによって，その主張にもともとなかった必然性の見せかけを羽織らせたり，あるいは，それによって低次の真理に高いランクづけを与えたり，さらに，演繹的に適用できるふりをするのである」［シュモラー 2002: 145］．
13) シュモラーのプロイセン官僚制観とそれに対するヴェーバーの批判については，拙稿［小林 2006: 137-8］を参照．
14) 浜井 [1982: 234] はこの二つを理念型1，理念型2，としたいと記している．
15) ［モムゼン: 327-9］およびそこに挙げられた諸文献．
16) ちなみにヴェーバーのメンガー批判については，たとえばシェルティンク［1977: 36-7, 176-85］がある．シェルティンクを受けた T. パーソンズのヴェーバー批判は科学史上の理念型論の位置について，さらにパーソンズを介してヴェーバーに注目する富永は行為論の独自な可能性について，それぞれ独自の示唆を与えている．[パーソンズ: 199-212; 富永 1984: 411-9]
17) 「抽象理論の定理が，心理学的根本動機からの『演繹』として取り扱われるのは，たんに見かけだけのことであって，じつは，問題はむしろ，人間の文化にかんする科

学に固有の，ある範囲では欠くことのできない概念構成の一形式にあり，抽象理論はその一特例なのである．……（略）われわれには，抽象的経済理論は，歴史現象の『理念』と呼びならわされている総合の一例として現われている」[折原補訳：110-1] として，ここで有名な理念型の説明に入ってゆく．

18) 浜井［1982：142］は，これは批判的合理主義（H. アルバート）に継承された，と説く．コッカも社会学の実証主義論争との関連を説いた［Kocka：76, 84］

第Ⅳ章

1) ヴェーバーと社会学会のかかわりについては，[米沢 1991：2-106] の「第一部 社会学会の設立」に詳しい．

2) 経済学説全集にヴェーバーの巻［出口 1956］があったという事実を想起されたい．1964年と1999年の二つの東大シンポ報告者中，経済領域の研究者の比率は（数え方にもよるが）5割から2割になった．

3) Tribe [1995：ch. 4]．最近では住谷［2001］がGdSと重ねて考察している．

4) 本文中1906-17年のヴェーバーの書簡はすべて全集［MWG II／5～9］からであり，年月日のみを示した．それ以外の書簡や情報は典拠箇所を示した．

5) これはヴィンケルマンの主張の中味に賛成することを意味しない．筆者は，たとえば『経済と社会』扉の'Teil 1'の表記についての折原の批判は当たっている，と考える．

6) 文化科学的背景の検討は有益である．落としどころは，'Sozialökonomik zwischen Wirtschaftslehre und Wirtschaftssoziologie' [Nau：255] となるようだ．

7) 全集の註解には多大な労力が注がれている．だが当時ドイツにおられたシュヴェントカー氏（現大阪大学）が来日のおり，編集作業に携わる若手研究者の厳しい立場についてお話をうかがった．（2001年11月24日）

8) ここでヴェーバーが高く評価したシューマッハーは，のちにヴェーバー小伝を書いている［Schumacher 1928］．1880, 90年代の若きヴェーバー像の描写には同時代人ならではのものがある．

9) 保守的なシェーンベルクはブレンターノの項目の自由主義的傾向に書き換えを命じ，拒否され，結局この項目は以降の版でシェーンベルク執筆のものと差し換えられた［II／7：742］．またヘルクナーはベーメン出身である．

10) オスカー（Oskar Siebeck, 1880-1936）はビューヒャーのもとで博士号を得た人物．同門のハニッシュ（後出）とはそりが合わなかったらしい．

11) 邦訳は，この箇所での削除量がかなり多い第2版を底本としているので，話がかな

り分かりにくくなっている．伝記の初版と2版の相違の対照一覧［小林 1989］を参照ねがいたい．
12) この件は米沢［1991：73-4］も紹介している．
13) プレンゲに当てられていた「貨幣，信用，資本市場」と「生産と需要（景気循環と恐慌）」のうち前者は，同年11月にグートマンが，また1920年代の遅くにはハイエク（Fr. A. von Hayek）が引き受けたが，結局は出なかった．後者は1925年にレーデラーが「景気循環と恐慌」として出版した［II/8：45］．
14) 1920年のヴェーバーの第一分冊の形となるにあたっては，確かに方針の変更があったと想定できる．しかし，1914年頃にあり得る方針変更は，部分的な形式にかかわるものにとどまり，方法のレベルにかかわるとはおよそ考えられないからである．
15) 全集の注では，この著作とは，まずもって *Recht und Macht*（1910）だと断定的に記している［II/8：587］．
16) 文化諸領域の「固有な法則性」は以前より大塚［1966］がマルクス主義との対比で繰り返し強調したところであった．
17) 両者の関係について，「社会学－歴史叙述」分業という旧稿での理解［小林 1990：234］を訂正しておきたい．
18) ただ，第2・3巻は死後出版であり，しかも内容的に当初の「世界宗教の経済倫理」という課題をはみ出すようになってきた．古代ユダヤ教研究の狙いは「経済倫理」にはとどまらず，諸々の価値解釈を付された歴史像の提示までが意識的に試みられていたのかもしれない．そうであれば前注は，ヴェーバーによる第1巻出版という限りでの見方，としておくべきなのだろう．
19) すべてを現物にあたることはできず，初版については全集書簡の註記から拾った．
20) この構成にはスウェドボリ［Swedberg：156-8］が注目した．住谷［2001：142］でもふれられている．
21) 1914年11月6日，社主宛．ここでヴェーバーは，直接 GdS ではないが，他社（ライプツィヒのフィッシャー社）と競合するミヘルスの企画にふれている．それは社会学の扱いがまずく，新たな「理念（Ideen）」に欠けている，というコメントである．つまり GdS にはそれがある，という自負を語っている．
22) 本章の注15)を見よ．スウェドボリもヴィーザーへの不満の内容の特定に踏み込んでいる［Swedberg 1998：160］．ヴィーザーの方法的問題については，大須賀［2001］がある．
23) 日本で大塚が検討した［大塚 1932］のはレーデラー「景気循環と恐慌」のはずである．

24) いかに大変な作業であったかについては，全集の序文に描かれている［Ⅱ/8：1-4］．全集の編集者も興味深いコメントを記している．1910年当初，全81項のうち14項をヴェーバーが引き受ける予定であったが，編集過程で担当項が整理され，提出稿をみて自分で補うべき内容を書き，また同時期に「世界宗教の経済倫理」も書いていた．こうして大量の草稿を前に再考と書き直し作業を続けていたヴェーバーは，発展史的な見方から社会的行為の体系的分析へと関心を移し，諸領域における合理化過程の分析を導きの糸とした．問題設定や着想をも変化させたこの1913/14年の間に，彼は社会学者となり，自らの寄稿の内容がそうなってきているのでこれを「私の社会学」と語るようになった――というのである［Ⅱ/8：6-7］．

第Ⅴ章

1) *Theoretische Sozialökonomik*［Dietzel 1895］のこと．
2) ここでは立ち入らないが，この想定の背景には，オーストリア学派の批判をうけたドイツ歴史派経済学が，自陣の再構築の過程で「経済社会学」を生んだのではないか，というもう一つの想定がある．もちろん，ヴェーバーを歴史学派に含めることの可否や「経済社会学」の定義など，事前に解くべき問題があることは承知しており，その意味で，この点はドイツ経済思想史の見通しにかかわる備忘録として記すにとどめたい．
3) レヴィット［1966］の初出は1932年．最近のものとして，たとえばギデンズ『社会理論の現代像』宮島他訳，1986年，みすず書房，141-50ページ．D. セイア『資本主義とモダニティ』清野他訳，1993年，晃洋書房，157-91ページ，をここに挙げるにとどめる．
4) 中野の著書の副題に明示される．『マックス・ウェーバーと現代――《比較文化史的視座》と《物象化としての合理化》』［中野 1983］．
5) ［中村 1975：175；モムゼン 1977：264-71］．
6) 原文では各項のタイトルはない．以下，この第2章の参照箇所は『経済と社会』学習版［WG 1972］のページのみを (n) で示すが，作業中，終始富永訳を参照し，教えられるところ多かったことは明記しておく．
7) ノイラートは第1次世界大戦以前から戦時経済の研究を行い，また大戦中の経験をふまえて，戦勝目的のための資源配分が貨幣計算ではなく実物計算で行われうることを論じていた．とりわけ軍隊の中では貨幣計算は意味をもたず，利用可能な資源を作戦展開に向けて実物計算を行うことになる，と指摘する［Neurath 1919：178］．また貨幣の通用力の範囲について，妥当する質的空間的領域の範囲に Kaufbreite，妥当す

る量的範囲に Kaufstärke という語をあてて論じていた［Neurath 1919：183］．ヴェーバーはノイラートの戦時経済論には注目しており，前章でもふれたが，1916年にはGdS 増補部分の戦時経済論の項目の担当者として，第1候補にオイレンブルク，第2候補にノイラートを挙げていた［II/9：384-85］．1917年にヴェーバーの再就職先の話（ミュンヘン）がでていたとき，彼はハイデルベルクの教員数を10人と思っていたが，実際は7名，ほかには新任予定のノイラートだけだったという［II/9：687-9］．

8) 牧野［1993：180-3］には技術的計算と経済計算の区別の明晰な説明がある．ラックマンは「目的間考量」を入れた行為戦略に'plan'の語を提起して，ヴェーバーへの批判とした［Lachmann 1970：29-30］．

9) すでに牧野［1993：181-7］がこのヴェーバーのノイラート批判を紹介している．同じくトライブ［Tribe 1995：Ch. 6］でも論じられている．

10) 牧野［1993：186］が「闘争の報賞」と訳していた．

11) ［安藤 2005：163-4］．戦前より厚いスミス研究の蓄積を引き継いだスミス＝ヴェーバー関係の検討がある［住谷 1973；梅津1989：189-245］．

12) この「合理性」の危うさはタルコット・パーソンズ［Parsons 1947：35-7］も指摘するところである．

13) ここではカテゴリー論文と旧稿群を直接扱わないため，折原のいう「トルソの頭」問題はひとまず回避されることとなる［シュルフター／折原 2000：82-3］．以下は中野［1983：166-287］の論旨のやや自由な要約である．

14) 社会政策学会の工業労働調査については学会の歴史を記したベーゼ［Boese 1939］のものがまず参照されるべきである．学会は農業労働調査に続いて工業労働の調査を行うこととしたが，これにはヴェーバー兄弟の力も与っている．学会は1911年大会用のテーマのひとつに，ヴェーバー提案の「工業労働者の選択と適応」を採択した．背景には，8時間労働の要求と，社会政策をドイツ資本への足かせとする主張の対立があった．1905年に提起されていた「大工業労働者の出自」に関し，1907年秋の委員会で，シュモラーの要請でビューヒャーを委員長としヴェーバー兄弟を含む専門委員会が設置された．1908年6月13日の初会合で，調査の名称やアンケートの質問表が検討される．10月の会議でビューヒャーは名称に「選択と適応（職業変更と職業運命）」を，またヘルクナー主導の実施を提案，さらにマックスが6〜8月に書いた覚書「方法的序説」が提出された．ヘルクナー，シュモラー，アルフレート・ヴェーバーからなる特別委員会でシュモラーが覚書の配布と調査実施を提起した．覚書はマックス単独署名で専門委員会に提出された．調査には若手があたり，企業の協力が得られず難航するが，唯一ベルナイスが複数の綿工場の詳細な調査に成功した［Bernays 1912：

185-6；小林 1981]．報告書の刊行は大会後まで続き，学会叢書第133～135巻計6分冊に13本の報告が出された．第138巻には大会議事録が収録されている．
15) ヴェーバーの類型論はこのように構想されたものであった．組み合わせ用モザイクと見てしまっては，ヴェーバーが多用した「境界は流動的（flüssig）」の意味がとれなくなる．現実が流動的であるのは当然として，flüssig はヴェーバー概念論でのキーワードとさえ言える．
16)「ヒトがモノのお付き」と見える状況が生まれた．大塚がヴェーバーをマルクスに対する補完（という形での批判）として提示した（大塚久雄『社会科学の方法』岩波書店）のに対して，中野はヴェーバーの物象化論を示した．つまりヴェーバーとマルクスの同一面を出して大塚批判を行っていた．
17) カスプルツォクの浩瀚なディーツェル研究でもヴェーバーとの関係は扱われているが，ディーツェルの理論指向と独自な理論的立場を強調するあまり，本章で扱うヴェーバー側での反応，つまり現実への接近回路の開発という局面には目が向かないようである．シェルティンク論文をうけての両者の対比考察でも関心の方向性の違いばかりが描かれる [Kasprzok 2005：137-41, 183-5]．両者の関係について付言すると，1917年にディーツェルはヴェーバーをボン大学の経済学教授に迎えることを検討していたという [Graf 2004：103]．
18) ちなみにハスバッハ [Hasbach 1895：480ff., 751ff., 772] は，方法論争が歴史的方法と抽象的方法の対立ではないことを示唆し，議論の表舞台にはまずもって「政策」があったことを指摘する．[Grimmer-Solem 2003：263f., 273, etc.] の論旨を裏づけるものといえる．
19) ベーム＝バヴェルク [Böhm-Bawerk 1890：91] は，一面的にエゴイズムを扱うと言っているのだ，と主張していた．
20) [田村 1993：332-45]．またナウ はこう記す．「メンガーは全く公然とこの種の『心理学的公理』を支えにしようとした．これは充分に把握すれば人間の行為を演繹的に引き出すのであり，人間の心理学的な資質の分析から諸制度の社会的分析へと進みうることになる，と．シュモラーはこれに対してこの公理の非妥当性を，彼の研究によれば『社会心理学』の体系的な学問にむしろ対応する経済的態度の『経験的－記述的心理学』によって証明しようとした」[Nau 1997：234]．本書237ページを見よ．
21) [Dietzel 1884a：223] ここでは 'rein wirtschaftliche Gesellschaft' と表現される．また彼は Volkswirtschaft vs. Socialwirtschaft という対置によって Sozialökonomik ohne 'Volk' を強調する [Dietzel 1884a：228f.]．これはクニースが両者を重ねて考えていること [小林 2006：128] への批判でもあっただろう．

22) ハスバッハはアドルフ・ヴァグナーへの論評の中で，演繹法と帰納法の現実の説明能力について分析し，孤立化的抽象の現実への「接近価値」を論じた．いわば歴史学派からする理念型的接近に類した議論として興味深い［Hasbach 1895：791ff.］．
23) ヴェーバー自身も「『良心の自由』の発生史と政治的意味にとって基礎的重要性をもつのは，周知のようにイェリネックの『人権宣言』である．私個人もまた，ピュウリタニズムと新らしく取り組むようになったのはまさにこの書物のお蔭なのである」［梶山訳：246］としている．ちなみにヴィーン出身のイェリネックの人的関係の拡がりについては竹林の調査［Takebayashi 2003：416］を見よ．ナウ［Nau 1997：219］は，ヴェーバーがこの研究を方法論と一緒に1897年から始めていたことを報告している．
24) 竹林は，経済原則が，シュモラー，ブレンターノにあっては営利衝動と捉えられ，ビューヒャーでは分業論になった，という過程を追っている［Takebayashi 2003：86, 341］．ビューヒャーは，経済原則を最小手段の原理とも言い換えているが，彼は，その原理が分業の展開と職業編成という形で現われる，と捉えている．たとえばのちのGdSへの寄稿の中でも「……経済原則に導かれた何らかの共同体へと至ることのない個々人の並置的生活を，われわれは，快活な獣の生命活動とそう離れてはいない前経済的発展段階としてのみ認めうるにすぎぬ」［Bücher 1924：8］と記され，利己心も社会的分業＝職業分化をもたらすものと位置づけられている［ibid.：15］．
25)「旧歴史学派」の語をここで用いたが，田村信一がこの語法についての見直しを提起しており［田村 2009：101-21］，筆者もこれに同感するところが大きい．グリマー＝ソーレムが示すように，1860年代以降に新たな経済学への動きが形をとって現われたのであり，それが以前のあり方との画期をなすと言えよう．本書収録の書評および次章第1節を参照のこと．ただ，本書ではヘニスやその他の先行研究との対応のため，従来の用語法を踏襲した．
26)［Takebayashi 2003：77f., 86, 339ff.］とくにブレンターノについて，彼は「営利衝動を経営組織の形態の発展に関連させ，それを経済史的関連の中で描いた．営利衝動の史的展開を描くことによって，彼は，理論的経済学の原理の妥当性を歴史的に相対化しようとした」［ibid.：339］とされる．
27) Gesinnungにコールバークが当てた訳語である．彼はこの捉え方を重視し，最近の「倫理」論文英訳でキーワードとして扱った［Weber 2002：xlviii-l］．
28) これについては牧野が詳細な検討を行っており，動機づけの問題も論じている．［牧野 1993：171-226, 189-93］
29) 41項にも計画経済（社会主義）論がある．12項では主として生産にかかわる資源配

分（allocation）の面が扱われたのに対し，41項では消費のファンドをなす所得分配（distribution）の面が扱われている，という対比ができそうである．
30) この点については以下第Ⅵ章，第Ⅶ章で触れる．
31) トライブがこれを論じている［Tribe 1995：157-61］．
32) ヴェーバーはこの二つのテーマを一つのものとして進めた，と理解しておきたい．ここまでくると，矢野の合理化テーゼ批判の結論的主張［矢野 2003：189-94］とはかなり近い言い方になる．ジェンキンスは，合理化が進んだはずの現代に再呪術化とみられる現象が多様に展開していることを描く［Jenkins 2001：15ff.］が，こうした現状理解を一方におくならば矢野の結論のリアリティも——ジェンキンスの趣旨とはやや異なるが——増すように思われる．
33) 本章には，旧稿［小林 1999a：67-9］でのヘニス批判への補足という意図もある．「いかなる人間が」というヘニス命題から見て，ヴェーバーに独自といえる問題設定の形は，歴史学派の延長線上というよりは，新たな学の創出のところで獲得されたものであったと見るべきだ，と考えるからである．

第Ⅵ章

1) これについてはグリマー＝ソーレム［Grimmer-Solem 2003］の叙述は有益である．本書収録の書評も参照のこと．
2) たとえば，青山秀夫『近代国民経済の構造』［青山 1999］は終戦前に書かれていたとのこと．
3) ［Weber 1889：45-8, 82-91, 106-8, 147；安藤 1979：65-6］
4) 日本ではヴェーバーの「資本主義類型」論という形で従来より議論があり，その点でスウェドボリによる整理［Swedberg：45-53］はなじみやすい．彼はそこで「資本主義」類型論と合理性分析をヴェーバーの二大貢献だとしている．ちなみに「資本主義」論は，いまではあまりに常識的となっているため，ドイツ思想史・経済史領域以外ではその出自についてほとんど意識することがない．スウェドボリがその著でゾンバルトに言及した［Swedberg：220］のは見識である．
5) 動機レベルで用いられた「価値合理的」の語がここに出てくるのは，語法としては確かに理解しにくい．価値であれ目的であれ，想定されたそれらの（そして論理派生的に＝第二次的には「事後的に設定可能な」価値の）実現状態と比べた場合に現実はどう映るか，という形になると考えた．
6) なにせ40年前の論文への批判である．新稿である「社会学の基本問題」によって行為類型を考察した中野の書が1983年発行であり，この間に折原が見解を一部修正した

ように受け取ってよいと思われるので，筆者の「テキストの読み方」の例以上の意味はないかもしれぬ．ただし，その後の折原の影響力を（本人の主観とはかかわりなく）考慮すると，こうした論じ方が「社会学の基礎概念」を含む新稿への貶価，それも言われなき貶価となってしまった感があり，その後の研究に微妙に影を落としたのではないだろうか．

ただ，折原の変化は微妙である．近作でこれに触れた箇所では，13年論文と20年稿の比較検討をいっそうすすめて，後者が，それ自体としては「すっきり」して「理解が容易に」なったことを認めつつも，問題を抱えていることをさらに指摘している．「『合理化』という語も，『社会学的基礎諸概念』では，その多義性の指摘にかぎって用いられているにすぎない．問題設定そのものが脱落したのではなく，その解明が，（決疑論的編成を強化され，それだけ「静的図式」に整序された）類型概念の適用・運用に委ねられ，叙述としては先送りされたのであろう」［折原 2007：63］．とはいえ中野［1983］は，まさにこの「静的図式」に込められた動態的把握のポテンツを引き出してくれたのではなかったか．

ここであえて一つの感想を記そう．折原は別の文脈，「倫理」論文の解読法を示す著書の中で，「『合理化』を『嚮導概念』として，その極限／遡行極限に『非合理的なもの』を索出していく方法」と題する一節を設けている［折原 2004：192-8］．ここでは，目的合理的行為の一面的徹底化を引き止めている拮抗的要素としての価値合理性がどこに発するのか，という（人間存在の核心的）問題に迫ってゆく叙述がなされている．この叙述はあくまでも行為主体の意識にそった検討に終始する．出された内容が経済活動を直接指しているにもかかわらず，である．「木は実をみて知る」ではないが，いかに目的合理的な行為でも，また採られた手段が客観的に妥当であっても，結果が意にそぐわぬ場合はある．収益減少に言い訳は効かない．経済現象なら，結果を知った主体が，ではどうするか，ということになる．「そうした『合理化』の『帰結』『展開極限』のほうが，『そうした生き方を突き詰めていくと，いったいどうなるか，なにがもたらされるのか』というふうに問われた」［折原 2004：194］と記しているが，ここでは目的合理的行為はあたかもそのまま実現するものとされており，その結果への主体の先取り的反省の論理が展開されている．折原の問題構成は，主体にそくした論理構成で人生と営利の倒錯を語り，主体の意識で世界が完結しそうな勢いで論理をつないでゆくが如きである．この（本来は文脈が異なるのでフェアではないことを承知で引いた例に示される）行為主体への問いかけこそ，メタ経験科学に限りなく接近したといえる「社会学」の持ち味であろう．経済学者であったヴェーバーは，その持ち味を経済社会学でも活かそうとした．「なにがもたらされるのか」の答の一

つが実質非合理な現象の出来であった．パニックや恐慌，失業，格差拡大といった経済現象は，起こってしまえば，容易にそれをもたらした行為への反省の契機となる．現実的結果を見る，そしてそれを（なんらかの観点から）評価する，という契機を差し挟めない論理構成では，少なくとも「経済社会学」のポテンツは下がるのではないか．

7) 川島［1973：2］によれば，大塚久雄「共同体」論に用いられる「占取」とは，この Appropriation の訳語とのことである．

8) 邦語では「専有」が一般に用いられており，またその方が分かりやすい場合も多いのだが，本来的に「属する」ことを表現すべき語と考え，本章では文意による専属／専有の訳し分けをしていない．

9) いわば「X→Y→？」と記すことも出来よう．換言すれば，Y の価値分析は未来の構想につながる，ということだ．学問と政策を峻別しつつ，ヴェーバーは，政策を論じうる局面を保持している，と読むことも可能である．さきに見た13項を例にしてみると，価値合理性への強い指向をもった所得再分配策は，市場性を低めることで経済行為の目的合理性を阻害する．諸価値の葛藤・闘争という抽象度の高いレベルにおいて人は選択を迫られる．

10) 'die Soziologie（einschließlich der Nationalökonomie）' ［WG：9］と記されている．

11) このヴェーバー研究における基本問題について，筆者は［中村 1972］の第 1 章「『価値自由』の意味」に学んだ．だから古くからある論点の確認ということになろう．

12) 本章の注 6) で触れた折原の言う「拮抗的要素」の検討に回収される問題となる．第Ⅴ章の図 5-3 に，軸の交点を中心とする半円を書き込んで，行為はその外には出ないものだ，としたくなる誘惑に駆られた．

第Ⅶ章

1) 八木紀一郎の書評（『日本経済新聞』1998年12月13日）より．

2) 以下，基本的にはフレックの先駆的な伝記［Fleck 1996］による．もとは1979年に提出された博士論文（独語）である．

3) 1903/04年冬学期には，ブライジヒの中世史（人文主義とルネサンス），シュモラーの実践的経済学とゼミナール，ジンメルの社会学，ヤストロウの社会問題，メンツラー（Menzler）のカント「純粋理性批判」，などに出席している．テニエス宛書簡，1903年10月31日，より．(Neurath Nachlaß, Ser. n. 31, 934)

4) Wissenschaftliches Komitte für Kriegswirtschaft. Entwurf eines Arbeitsplanes dann Personaleinteilung (1916), Personenblatt (1918), 他，Karton 74, Kriegsarchiv III.

5) この博物館計画についてはヴォソギアンが明らかにしてくれた［Vossoughian 2004：49-67；Vossoughian 2007：134-8］．
6) メーレンドルフ宛書簡，1919年7月17日．（Neurath Nachlaß, Ser. n. 31, 973）
7) カンプフマイアー（Hans Kampffmeyer. b. 1874）は，英訳のヴェーバー伝の注［Weber, Marianne 1988：597］によれば，1910年にハイデルベルクでヴェーバーのもとに博士号を取得した，とのこと．
8) 政治的決定は，独裁から合議制までのスペクトルがあろう．オニールの研究によれば，ノイラートは1930～40年代，意思決定の多元制の方向へと大きく動いたようである［O'Neil 2007：88-92］．
9) 表記について．『人間の経済』の訳者玉野井が「ハンガリー語の表記，表音を正しく写しとるとするなら……ポラーニュイ・カーロリュイとなるはずである」［ポランニー 1980：8］と記している．「ポラーニ」の表記で覆えると考えた．
10) 参照箇所は，'aiming at making society as "übersichtlich," as a family's inner life is' となっており，ドイツ語（かマジャール語）から英語に訳されたものであろう（'Letter to a Friend, 1925.'［McRobbie, Kenneth & Polanyi, Levitt, eds. 2000：317］）．
11) ポラーニからは「機能的社会理論と社会主義の計算問題」（1924）［ポランニー 1975：101-7］を，ノイラートからは『ギルト社会主義，階級闘争，完全社会化』［Neurath 1922］をあげておく．ノイラートも先にみた論稿［Neurath 1925］を含め何度か『闘争』に掲載している．彼は党員となっており，全国党大会には参加者リストによれば一度だけ参加した．
12) ノヴィーによる社会化の「孤島戦略」という位置づけが参考にされるべきである［Novy 1978：124-5, 245；小林 2001：105-6］．
13)「形式的経済学」とされた側での真摯な反省として，ロウの「四分の一の真理」には触れておきたい．ノイラートのいう「似而非」ならぬ合理主義的検討の結論として，しかもノイラートの船の比喩［小畑 2002：203-14］を想起させるものだからである．「……西欧社会で形成されてきたような自由は，当然，半面の真理ならぬ『四分の一の真理』以上のものではない……．それにもかかわらず，自由は，われわれの中のあるものが絶対的な価値の存在を信じてそのために闘いを続けることは認めなければならないとしても，ひとつの『暫定的な価値』として採用されなければならない」［ロウ：341-2］．

文　献

【ヴェーバーの著作】（＝は略記を用いたもの）
RS = *Gesammelte Aufsätze zur Religionssoziologie, Bd.1.* 6. Aufl. 1972, Tübingen: Mohr.
Wg=*Wirtschaftsgeschichte.* 1923, München & Leipzig: Duncker & Humblot.（みすず書房プリント版, 1976.）
WG = *Wirtschaft und Gesellschaft.* 5. Aufl.(Stdienausgabe) 1972, Tübingen: Mohr.
WL = *Gesammelte Aufsätze zur Wissenschaftslehre.* 4. Aufl. 1973, Tübingen: Mohr.
MWG I/11 = *Max Weber Gesamtausgabe, Abteilung I, Band 11: Zur Psychophysik der industriellen Arbeit.* Hrsg. von Wolfgang Schluchter in Zusammenarbeit mit Sabine Frommer. 1995, Tübingen: Mohr.
MWG II/5 = *Max Weber Gesamtausgabe, Abteilung II, Band 5: Briefe 1906-1908.* Hrsg. von M. Reiner Lepsius und Wolfgang J. Mommsen in Zusammenarbeit mit Birgit Rudhard und Manfred Schön. 1990, Tübingen: Mohr.
MWG II/6 = *Max Weber Gesamtausgabe, Abteilung II, Band 6: Briefe 1909-1910.* Hrsg. von M. R. Lepsius und W. J. Mommsen in Zusammenarbeit mit B. Rudhard und M. Schön. 1994, Tübingen: Mohr.
MWG II/7 = *Max Weber Gesamtausgabe, Abteilung II, Band 7: Briefe 1911-1912.* Hrsg. von M. R. Lepsius und W. J. Mommsen in Zusammenarbeit mit B. Rudhard und M. Schön. 1998, Tübingen: Mohr.
MWG II/8 = *Max Weber Gesamtausgabe, Abteilung II, Band 8: Briefe 1913-1914.* Hrsg. von M. R. Lepsius und W. J. Mommsen in Zusammenarbeit mit B. Rudhard und M. Schön. 2003, Tübingen: Mohr.
MWG II/9 = *Max Weber Gesamtausgabe, Abteilung II, Band 9: Briefe 1915-1917.* Hrsg. von M. R. Lepsius und W. J. Mommsen in Zusammenarbeit mit B. Rudhard und M. Schön. 2008, Tübingen: Mohr.
Weber, Max [1889]: *Zur Geschichte der Handelsgesellschaften im Mittelalter. Nach südeuropäischen Quellen.* Stuttgart: Ferdinand Enke. (Reprint 1964, Amsterdam: P. Schippers N. V.)
―――― [1898]: *Grundriss zu den Vorlesungen über Allgemeine („theoretische") Nationalökonomie.* Tübingen: Mohr. (reprint 1990, Tübingen: Mohr)
―――― [2002]: *The Protestant Ethic and the Spirit of Capitalism.* New Introduction

and Translation by Stephen Kalberg. Los Angels: Roxbury.
〔邦訳〕
折原補訳＝富永祐治・立野保男訳，折原浩補訳『社会科学と社会政策にかかわる認識の「客観性」』岩波書店（岩波文庫），1998.
尾高訳＝尾高邦雄訳『職業としての学問』（第40刷）岩波書店（岩波文庫），1976.
清水訳＝WG 第1章，清水幾太郎訳『社会学の根本問題』岩波書店（岩波文庫），1972.
富永訳＝WG 第2章，富永健一訳「経済行為の社会学的基礎範疇」，尾高邦雄編『世界の名著61 ウェーバー』中央公論社，1979，301-484.
大塚訳＝大塚久雄訳『プロテスタンティズムの倫理と資本主義の精神』岩波書店（岩波文庫），1989.
梶山訳＝梶山力訳・安藤英治編『プロテスタンティズムの倫理と資本主義の《精神》』未來社，1994.
論選＝大塚・生松訳『宗教社会学論選』みすず書房，1972.

【その他の文献】

Bernays, Marie [1912]: "Untersuchungen über die Schwankungen der Arbeitsintensität während der Arbeitswoche und während des Arbeitstages. Ein Beitrag zur Psychophysik der Textilarbeit." In *Schriften des Vereins für Sozialpolitik*, 135-3, Berlin: Duncker und Humblot.

Boese, Franz [1939]: *Geschichte des Vereins für Sozialpoliotik. Schriften des Vereins für Sozialpolitik*, 188. Berlin: Duncker und Humblot.

Böhm-Bawerk, E. [1890]: Litteratur: Zur Litteraturgeschichte der Staats- und Sozialwissenschaften von Gustav Schmoller. In *Jahrbücher für Nationalökonomie und Statistik* N.F., 20. Bd.: 75-95.

Burkhardt, Johannes [1992]: 'Wirtschaft'. In *Geschichtliche Grundbegriffe*, Bd. 7. Stuttgart: Klett-Cotta.

Bücher, K. [1924]: Volkswirtschaftliche Entwicklungsstufen. In *Grundriss der Sozialökonomik*, I-1, 2. Aufl. Tübingen: Mohr.

Dietzel, H. [1884]: Litteratur: C. Menger, Untersuchungen über die Methode der Sozialwissenschaften und der politischen Ökonomie insbesondere. Beitrag zur Methodologie der theoretischen Wirtschaftswissenschaft. In *Jahrbücher für Nationalökonomie und Statistik* N.F., 8. Bd.: 107-34, 353-70.

―――― [1884a]: Beiträge zur Methodik der Wirtschaftswissenschaft. In *Jahrbücher für Nationalökonomie und Statistik* N.F., 9. Bd.: 17-44, 193-259.

——— [1890]: Die klassische Werttheorie und die Theorie vom Grenznutzen. In *Jahrbücher für Nationalökonomie und Statistik* N.F., 20. Bd.: 561-606.

——— [1895]: *Theoretische Sozialökonomik*. Leipzig: C. F. Winter'sche Verlagshandlung.

Erdelyi, A. [1992]: *Max Weber in Amerika*. Wien: Passagen Verlag.

Fleck, Lola [1996]: A life between science and poitics. In N. Cartwright, L. Fleck, T. Uebel, *Otto Neurath: Philosophy between Science and Politics*. Cambridge: Cambridge University Press: 7-88.

Gerth, H. H. and Mills, C. W. eds. [1946]: *From Max Weber: Essays in Sociology*. New York: Oxford University Press.

Gilcher-Holtey, Ingrid [2004]: Modelle "moderner Weiblichkeit". Diskussionen im akademischen Milieu Heidelbergs um 1900. In Bärbel Meurer (Hrsg.), *Marianne Weber. Beiträge zu Werk und Person*. Tübingen: Mohr.

Graf, F. W. [2004]: Ernst Troeltsch's Evaluation of Max and Alfred Weber: Introduction and Translation of a Letter by Ernst Troeltsch to Heinrich Dietzel. In *Max Weber Studies*, 4-1: 101-8.

Grimmer-Solem, E. [2003]: *The Rise of Historical Economics and Social Reform in Germany 1864-1894*. Oxford: Clarendon Press.

Hasbach, W. [1895]: Zur Geschichte des Methodenstreites in der politischen Ökonomie. In *Jahrbuch für Gesetzgebung, Verwaltung und Volkswirtschaft im Deutschen Reich*, 19-2: 465-90; 19-3: 751-808.

Hennis, Wilhelm [1987]: *Max Webers Fragestellung*. Tübingen: Mohr. （雀部・嘉目・豊田・勝又訳『マックス・ヴェーバーの問題設定』恒星社厚生閣）

Henrich, Dieter [1952]: *Die Einheit der Wissenschaftslehre Max Webers*. Tübingen: Mohr.

Jenkins, R. [2001]: Disenchantment, Enchantment and Re-Enchantment: Max Weber at the Millenium. In *Max Weber Studies*, 1-1: 11-32.

Kalberg, Stephen [1994]: *Max Weber's Comparative-Historical Sociology*. Cambrigde: Polity Press.

Kasprzok, Carsten [2005]: *Der Sozialökonom Heinrich Dietzel. Ein deutscher Klassiker*. Marburg: Metropolis Verlag.

Kocka, Jürgen [1973]: Karl Marx und Max Weber im Vergleich. Sozialwissenschaften zwischen Dogmatismus und Dezisionismus. In H.-U. Wehler (hrsg.), *Geschichte und*

Ökonomie. Köln: Kiepenheuer & Witsch: 54-84.（水沼知一訳「カール・マルクスとマックス・ウェーバー」,『思想』1976年7，8月）

Lachmann, L. M. [1970]: *The Legacy of Max Weber*. London: Heinemann.

Lindenlaub, Dieter [1967]: *Richtungskämpfe im Verein für Socialpolitik*. Stuttgart: Franz Steiner.

McRobbie, Kenneth & Levitt Polanyi eds. [2000]: *Karl Polanyi in Vienna. The Contemporary Significance of The Great Transformation*. Montréal: Black Rose Books.

Mommsen, Wolfgang J. [1959]: *Max Weber und die deutsche Politik 1890-1920*. Tübingen: Mohr.

───── [1998]: Max Weber als akademischer Lehrer. Vortrag gehalten an Rikkyo Universität an 18. 10. 1998.（関西学院大学で公刊予定があるとのこと）

Nau, H. H. [1997]: *Eine „Wissenschaft vom Menschen". Max Weber und die Begründung der Sozialökonomik in der deutschsprachigen Ökonomie 1871-1914*. Berlin: Duncker & Humblot.

Neurath, Otto [1919]: *Durch Kriegswirtschaft zur Naturalwirtschaft*. München: Callway.

───── [1920]: *Vollsozialisierung. Von der nächsten und übernächsten Zukunft*. Jena: Eugen Diederich.

───── [1922]: *Gildensozialismus, Klassenkampf, Vollsozialisierung*. Dresden: Kaden.

───── [1925]: Sozialistische Nützlichkeitsrechnung und kapitalistische Reingewinnrechnung. In *Der Kampf*, 18-10: 391-5.

───── [1991]: *Gesammelte philosophische und methodologische Schriften* (Otto Neurath Band 1). Wien: Hölder-Pichler-Tempsky.

Novy, Klaus [1978]: *Strategien der Sozialisierung. Die Diskussion der Wirtschaftsreform in der Weimarer Republik*. Frankfurt am Main/New York: Campus.

Oakes, Guy [1990]: *Die Grenzen kulturwissenschaftlicher Gegriffsbildung*. Frankfurt am Main: Suhrkampf (stw).

O'Neil, J. [2007]: Pluralism and Economic Institutions. In E. Nemeth, S. Schmitz, T. Uebel (eds.), *Otto Neurath's Economics in Context*. Springer: 77-100.

Parsons, T. [1947]: 'Introduction.' In Max Weber, *The Theory of Social and Economic Organization*. New York: Free Press.

Philippovich, Eugen von [1915]: Literatur: Ein neuer "Grundriß der Sozialökonomik". In *Archiv für Sozialwissenschaft und Sozialpolitik*, 39.

Polanyi, Karl [1925]: Neue Erwägungen zu unserer Theorie und Praxis. In *Der Kampf,* 18-1: 18-24.
Priddat, Birger [1993]: *Zufall, Schicksal, Irrtum.* Metropolis.
Roth, Guenther [1988]: Marianne Weber and Her Circle. Introduction to the Transaction Edition. In [Weber, Marianne 1988].
Schluchter, Wolfgang [1980]: *Rationalismus der Weltbeherrschung.* Suhrkamp.
────── [1984]: Max Webers Religionssoziologie. Eine werkgeschichtliche Rekonstruktion. In *Kölner Zeitschrift für Soziologie und Sozialpsychologie,* 36-2: 342-65.
────── [1995]: Einleitung. In MWG I/11, Tübingen: Mohr.
Schumacher, Hermann [1928]: Max Weber. In Hrsg. v. Verbande der Deutschen Akademien, *Deutsches Biographisches Jahrbuch. Überleitungsband II: 1917-1920.* Stuttgart u. a.: Deutsche Verlags-Anstalt: 593-615.
Schwentker, Wolfgang [1997]: *Max Weber in Japan.* Tübingen: Mohr.
Smith, Adam [1976]: *The Theory of Moral Sentiments.* Oxford: Oxford University Press. (水田洋訳『道徳感情論』筑摩書房, 1973)
Swedberg, R. [1998]: *Max Weber and the Idea of Economic Sociology.* Princeton N. J.: Princeton University Press.
Takebayashi, S. [2003]: *Die Entstehung der Kapitalismustheorie in der Gündungsphase der deutschen Soziologie.* Berlin: Dunker & Humblot.
Tenbruck, Friedrich [1959]: Die Genesis der Wissenschaftslehre Max Webers. In *Kölner Zeitschrift für Soziologie und Sozialpsychologie,* 11: 573-630. (住谷・山田訳『マックス・ヴェーバー方法論の生成』未來社, 1985)
────── [1999]: *Das Werk Max Webers.* Tübingen: Mohr.
Tribe, K. [1995]: *Strategies of Economic Oder.* Cambridge: Cambridge University Press. (小林・手塚・枡田訳『経済秩序のストラテジー』ミネルヴァ書房, 1998)
Vossoughian, Nader. [2004]: *Facts and Artifacts: Otto Neurath and the Social Science of Socialization.* Ann Arbor: ProQuest.
────── [2007]: The War Economy and the War Museum: Otto Neurath and the Museum of War Economy in Leipzig, c. 1918. In E. Nemeth, S. Schmitz, T. Uebel (eds.), *Otto Neurath's Economics in Context.* Springer: 131-9.
Weber, Marianne [1926]: *Max Weber. Ein Lebensbild.* Tübingen: Mohr.
────── [1988]: *Wax Weber: A Biography.* Translated and edited by Harry Zohn. New

Brunswick & Oxford: Transaction Books.
Winckelmann, Johannes [1986]: *Max Webers hinterlassenes Hauptwerk*. Tübingen: Mohr.

青木孝平 [1992]:『ポスト・マルクスの所有理論』社会評論社.
青山秀夫 [1950]:『マックス・ウエーバーの社会理論』岩波書店.
―――― [1999]:『近代国民経済の構造 青山秀夫著作集4』創文社.
安藤英治 [1979]:『人類の知的遺産62 マックス・ウェーバー』講談社.
―――― [1992]:『ウェーバー歴史社会学の出立』未來社.
―――― [2005]:安藤英治(聞き手),亀嶋庸一(編),今野元(訳)『回想のマックス・ウェーバー』岩波書店.
安藤英治・内田芳明・住谷一彦編 [1969]:『マックス・ヴェーバーの思想像』新泉社.
今関恒夫 [1989]:『ピューリタニズムと近代市民社会』みすず書房.
ヴィンデルバント [1929]:篠田英雄訳『歴史と自然科学・道徳の原理に就て・聖』岩波書店(岩波文庫).
内田芳明 [1968]:『ヴェーバー社会科学の基礎研究』岩波書店.
―――― [1970]:『マックス・ヴェーバーと古代史研究』岩波書店.
―――― [1972]:『ヴェーバーとマルクス』岩波書店.
―――― [2000]:『ヴェーバー 歴史の意味をめぐる闘争』岩波書店.
宇野弘蔵 [1966]:『社会科学の根本問題』青木書店.
梅津順一 [1989]:『近代経済人の宗教的根源』みすず書房.
梅津順一・諸田実編 [1996]:『近代西欧の宗教と経済――歴史的研究』同文館.
オイケン,W [1958]:大泉行雄訳『国民経済学の基礎』勁草書房.
大河内一男 [1936]:『独逸社会政策思想史』日本評論社.
大須賀直樹 [2001]:「ヴィーザーと『法の錯誤』」,『立教経済学研究』54-4.
大塚久雄 [1932]:「〔紹介〕レーデラー『世界経済恐慌における信用の問題』」,『大塚久雄著作集第5巻』1969, 岩波書店.
―――― 編 [1965]:『マックス・ヴェーバー研究』東京大学出版会.
―――― [1966]:『社会科学の方法――ヴェーバーとマルクス――』岩波書店.
大塚久雄 [1969]:『大塚久雄著作集第1～10巻』岩波書店.
大林信治 [1973]:「ウェーバーとニヒリズムの問題――ニーチェとの対比――」,『理想』480, 1973-5: 28-44.
小沢弘明 [1995]:「ウィーン労働者の住体験と労働者文化」,小沢・佐伯他『労働者文化と労働運動』木鐸社.

小畑清剛 [2002]:『法の道徳性（下）』勁草書房.
折原浩 [1969]:『危機における人間と学問』未來社.
——— [1996]:『ヴェーバー『経済と社会』の再構成——トルソの頭』東京大学出版会.
——— [2004]:『ヴェーバー学の未来——「倫理」論文の読解から歴史・社会科学の方法会得へ』未來社.
——— [2007]:『マックス・ヴェーバーにとって社会学とは何か——歴史研究への基礎的予備学』勁草書房.
金子榮一 [1957]:『マックス・ウェーバー研究——比較研究としての社会学』創文社.
金子公彦 [2002]:「〈資料紹介〉マックス・ヴェーバーの宗教社会学における「序論」（Einleitung）と「中間考察」（Zwischenbetrachtung）の改訂」,『横浜市立大学大学院生論集——社会科学系列』: 63-79.
川島武宜 [1973]:「共同体分析のための若干の問題提起—— Max Weber の"Appropriation"の概念を中心として——」, 川島武宜・住谷一彦編『共同体の比較史的研究』アジア経済研究所: 1-22.
岸田紀 [1977]:『ジョン・ウェズリ研究』ミネルヴァ書房.
九鬼周造 [1981]:『西洋近世哲学史稿　九鬼周造全集第七巻』岩波書店.
小島定 [2000]:「二十世紀初頭のロシアにおけるマックス・ウェーバーの受容——現代ロシアの『ウェーバー・ルネサンス』との関連において」,『情況』7月号.
小林純 [1981]:「ドイツ機械制綿工業における労働力の編成と選択について」,『立教経済学研究』35-3: 237-65.
——— [1989]:「資料 マックス・ヴェーバー伝の改訂（正・続）」,『高千穂論叢』23-3, 24-1.
——— [1990]:『マックス・ヴェーバーの政治と経済』白桃書房.
——— [1998]:「ヴィーンのオットー・ノイラート——1920年代の実践活動——」, 住谷一彦・和田強編『歴史への視線——大塚史学とその時代——』日本経済評論社.
——— [1999]:「社会化と労働者運動——1920年代ヴィーンのノイラート——」,『立教経済学研究』52-3: 1-22.
——— [1999a]:「クニース経済学における『アナロギー』と『ジッテ』の位置価」,『立教経済学研究』53-1: 55-69.
——— [2001]:「1920年代ヴィーンの住宅建設——ノヴィーとノイラート——」,『立教経済学研究』54-3: 99-128.
——— [2006]:「カール・G・A・クニース——ドイツ歴史学派の倫理的経済思

想——」,大田・鈴木・高・八木編『新版経済思想史——社会認識の諸類型——』名古屋大学出版会: 126-39.
コリンズ [1997]: 友枝敏雄他訳『ランドル・コリンズが語る社会学の歴史』有斐閣.
コールバーグ [1996]: 柴田史子訳「理念と利害」,『聖学院大学総合研究所紀要』8: 193-232.
ザイファート [1996]: 茨木竹二訳「ドイツにおけるマックス・ヴェーバー研究の現状」,『聖学院大学総合研究所紀要』9: 208-45.
雀部幸隆 [1993]:『知と意味の位相——ウェーバー思想世界への序論』恒星社厚生閣.
────── [2001]:『ウェーバーとワイマール』ミネルヴァ書房.
佐藤俊樹 [1993]:『近代・組織・資本主義』ミネルヴァ書房.
佐藤慶幸 [1966]:『官僚制の社会学』ダイヤモンド社.
佐野誠 [1993]:『ヴェーバーとナチズムの間』名古屋大学出版会.
シェルティング [1977]: 石坂巌訳『ウェーバー社会科学の方法論——理念型を中心に——』れんが書房.
シュタマー編 [1976, 1980]: 出口勇蔵監訳『ウェーバーと現代社会学 上・下』木鐸社.
シュモラー, G [1937]: 戸田武雄訳「国家科学及び社会科学の方法論に対するC. メンガー及びW. ディルタイの著述」,[メンガー 1937a]に収録.
────── [2002]: 田村信一訳『国民経済,国民経済学および方法』日本経済評論社.
シュルフター／折原浩 [2000]: 鈴木・山口訳『「経済と社会」再構成論の新展開』未來社.
シュルフター [1990]: 河上倫逸編『ヴェーバーの再検討』風行社.
住谷一彦 [1965]:「GdS 編纂者としてのマックス・ヴェーバー」, 大塚久雄他『マックス・ヴェーバー研究』岩波書店.
────── [1969]:『リストとヴェーバー——ドイツ資本主義分析の思想体系研究』未來社.
────── [1973]:「スミスとヴェーバー」,『季刊社会思想』3-1, 社会思想社: 111-28.
────── [2001]:「マックス・ヴェーバーの社会経済学」,『思想』927, 2001-8: 126-44.
鼓肇雄 [1971]:『マックス・ヴェーバーと労働問題』御茶の水書房.
田中豊治 [1986]:『ヴェーバー都市論の射程』岩波書店.
田中真晴 [2001]:『ウェーバー研究の諸論点—経済学史との関連で』未來社.
田村信一 [1993]:『グスタフ・シュモラー研究』御茶の水書房.

―――――［2009］:「歴史学派」, 田村・原田編『ドイツ経済思想史』八千代出版.
常行敏夫［1990］:『市民社会前夜のイギリス社会――ピューリタニズムの社会経済史――』岩波書店.
出口勇蔵編［1956］:『経済学説全集第6巻 歴史学派の批判的展開』河出書房.
出口勇蔵［1964］:『ウェーバーの経済学方法論』ミネルヴァ書房.
テンブルック［1997］:住谷・小林・山田訳『マックス・ヴェーバーの業績』未來社.
徳永恂［1968］:『社会哲学の復権』せりか書房.
富永健一［1984］:『現代の社会科学者――現代社会科学における実証主義と理念主義――』講談社.
―――――［1998］:『マックス・ヴェーバーとアジアの近代化』講談社.
中野敏男［1983］:『マックス・ウェーバーと現代』三一書房.
―――――［1993］:『近代法システムと批判――ウェーバーからルーマンを超えて――』弘文堂.
中村貞二［1972］:『マックス・ヴェーバー研究』未來社.
―――――［1975］:「マックス・ウェーバーと現代――モムゼン教授の講演をめぐって」,『現代思想』1975-2 : 168-88.
野口建彦［2006］:「ポラニーの知的遺産と二人のノーベル経済学賞受賞者のポラニー評価」(日本大学経済科学研究所 Working Papers 06-01).
橋本努［1999］:『社会科学の人間学――自由主義のプロジェクト』勁草書房.
橋本努／橋本直人／矢野善郎編［2000］:『マックス・ヴェーバーの新世紀』未來社.
パーソンズ, T.［1974］:稲上毅・厚東洋輔訳『社会的行為の構造4』木鐸社.
ハーバーマス［1970］:『イデオロギーとしての技術と科学』紀伊国屋書店.
浜井修［1982］:『ウェーバーの社会哲学 価値・歴史・行為』東京大学出版会.
林直道［1952］:『マックス・ウェーバーの思想體系』青木書店.
樋口辰雄［1998］:『逆説の歴史社会学』向学社.
ビュヒァー［1942］:権田保之助訳『増補改訂 国民経済の成立』第一出版.
古川順一［1995］:「マックス・ヴェーバー」, 大田他編『経済思想史』名古屋大学出版会.
―――――［2004］:「リベラリズムの思想と社会学の構想――ヴェーバーのピューリタニズムはキリスト教か」, 小柳公洋・岡村東洋光編『イギリス経済思想史』ナカニシヤ出版.
ヘニス, ヴィルヘルム［1991］:雀部・嘉目・豊田・勝又訳『マックス・ヴェーバーの問題設定』恒星社厚生閣.

ベラー，ロバート [1996]：池田昭訳『徳川時代の宗教』岩波書店（岩波文庫）．
ベンディクス，R. [1966]：折原浩訳『マックス・ヴェーバー』中央公論社．
ポラニー，カール [1975]：吉沢・野口他訳『大転換——市場社会の形成と崩壊——』東洋経済新報社．
ポランニー，カール [1975]：玉野井・平野編訳『経済の文明史』日本経済新聞社．
———— [1980]：玉野井・栗本訳『人間の経済I——市場社会の虚構性——』岩波書店．
前川輝光 [1992]：『マックス・ヴェーバーとインド』未來社．
———— [1993]：「ヴェーバー=ニーチェ=ユング」，『未來』324, 1993-9：16-9．
牧野雅彦 [1993]：『ウェーバーの政治理論』日本評論社．
マーフィー [1994]：辰巳伸知訳『社会的閉鎖の理論』新曜社．
マッテス [2003]：小林純訳「社会史か世界史か?」，鈴木・山本・茨木編『歴史社会学とマックス・ヴェーバー（下）』理想社: 211-234. (Org.: Mattes, Joachim 2001. Gesellschaftsgeschichte oder Weltgeschichte? 第2回日本=ドイツ社会学会議における報告原稿)
マルクス [1956]：武田・遠藤・大内・加藤訳『経済学批判』岩波書店（岩波文庫）．
マルシャル，G. [1996]：大西晴樹訳『プロテスタンティズムの倫理と資本主義の精神——スコットランドにおけるウェーバー・テーゼの検証』すぐ書房．
水沼知一 [1981]：「マックス・ヴェーバー『経済と社会』編集史における若干の問題点(1)」，『経済と経済学』46.
向井守 [1997]：『マックス・ウェーバーの科学論』ミネルヴァ書房．
武藤光朗 [1947]：『マックス・ウェーバー』夏目書房．
メンガー，カール [1937]：安井琢磨訳『国民経済学原理』日本評論社．
———— [1937a]：戸田武雄訳『社会科学の方法に関する研究』日本評論社．
モムゼン [1977]：『マックス・ウェーバー——社会・政治・歴史——』中村・米沢・嘉目訳，未來社．
ヤスペルス [1942]：森昭訳『獨逸的精神マックス・ウェーバー』弘文堂．
八木紀一郎 [1988]：『オーストリア経済思想史研究』名古屋大学出版会．
———— [2000]：「ハイデルベルクの経済学教授クニース」，『大学史研究』16.
矢野善郎 [2003]：『マックス・ヴェーバーの方法論的合理主義』創文社．
山口和男 [1974]：『ドイツ社会思想史研究』ミネルヴァ書房．
山田正範 [1987]：「ヴェーバーの社会科学方法論」，住谷・小林・山田『マックス=ヴェーバー　人と思想』清水書院．

山之内靖 [1993]：『ニーチェとヴェーバー』未來社．
――――― [1997]：『マックス・ヴェーバー入門』岩波書店．
――――― [1999]：『日本の社会科学とヴェーバー体験』筑摩書房．
山本通 [2004]：「M. ヴェーバーの『倫理』テーゼを修正する（上・中・下）」，『商経論叢』（神奈川大学）49-4，50-1，50-2．
――――― [2008]：「ヴェーバー『倫理』論文における理念型の検討」，橋本努・矢野善郎編『日本マックス・ウェーバー論争』ナカニシヤ出版．
湯浅赳男 [1971]：『官僚制の史的分析』御茶の水書房．
吉田民人 [1991]：『主体性と所有構造の理論』東京大学出版会．
嘉目克彦 [2001]：『ヴェーバーと近代文化人の悲劇』恒星社厚生閣．
米沢和彦 [1991]：『ドイツ社会学史研究――ドイツ社会学会の設立とヴァイマル期における歴史的展開――』恒星社厚生閣．
リッケルト [1939]：佐竹哲雄・豊川昇訳『文化科学と自然科学』岩波書店（岩波文庫，底本は1926年の第7版）．
ルカーチ [1968]：暉峻・飯島・生松訳『理性の破壊（上）（下）』白水社．
ルター [1960]：石原謙訳『新訳キリスト者の自由・聖書への序言』岩波書店（岩波文庫）．
レヴィット [1966]：柴田・脇・安藤訳『ウェーバーとマルクス』未來社．
ロウ，アドルフ [1973]：竹内靖雄訳『経済学の認識』ダイヤモンド社．
若森みどり [2006]：「カール・ポランニー」，『経済思想8』日本経済評論社．
――――― [2008]：「カール・ポランニーにおける「経済と社会」――『人間の経済』の主題と方法――」，『経済学史学会大会報告―第72回全国大会』：84-9．

【資料】

Otto Neurath Nachlaß. In Sammlung von Handschriften und alten Drucken (bis April 2008 'Handschriften-, Autografen-und Nachlass-Sammlung'), Österreichische Nationalbibliothek (Josefsplatz, Wien).

Kriegsarchiv III. In Österreichischem Staatsarchiv (Erdberg, Wien).

あとがき

　2008年2月2日に勤務先の大学構内にあるチャペルで一つのセレモニーが行われた．それは2007年度の「辻荘一・三浦アンナ記念学術奨励賞」授与式というもので，受賞者は森裕子さんという方．式に続いて記念講演が行われた．森さんの研究は，ボーデン湖近辺の修道院に残された10〜15世紀のグレゴリオ聖歌関係資料の分析である．講演は，素人にも分かる用語でその研究の面白さを伝える，きわめて興味深いものだった．聖歌は教会・修道院で歌われるものだから，合唱の指揮者が現場で，よりよき響きを追求する．他方，聖歌は楽譜の形で伝えられており，それは記符法上の規範・規則にのっとっていたはずであり，記符者はこの制約と戦わねばならない．この，いわば実践と理論との往反関係のなかで，パピルスに記された楽譜を薄く削いで書き直しが行われることにもなる．資料上に書き直された音符を見出し，そこにいかなるドラマがあったのかを推測することができる．森さんは音楽学の中身に深入りせずに，作業の概要を淡々と語りながら，グレゴリオ聖歌の展開にかかわった当時の人々の営みを想像させてくれた．森さんご自身，カトリック教徒で，合唱指揮の実践者にして音楽学者であり，彼女なればこその作業だったに違いない．この分野には全くの素人ながら職務上出席した私でさえも，息を呑むような，そんな素敵な講演であった．

　ヴェーバーが「文化諸領域の固有な合理化」という合理化観をいだく契機となったのが音楽の分野だった，そう言われてきた．その例証として第IV章で引いたヴェーバーの書簡には，社会的基礎，そして修道院の語が見える．邦訳名『音楽社会学』の論稿に書かれたこととはいったん別に，彼を音のラツィオの検討にまで誘ったものは，森さんの研究が示唆するような世界だったのではないか——私はそう思わずにはいられなかった．この一件が本書を準備する即座の契機となったわけではない．ただ職務で「研究」がやや遠ざかり，また最近

はノイラートへの関心を優先させていた私が，ヴェーバーを，そして合理化を，再度強く意識することになったのは確かである．この職務を命じた同僚諸氏には，それまで恨み（？）にも似た感情が勝ってはいたが，このときばかりは感謝の想いが湧いた．こんな素敵な機会を与えてもらったのだから，これには何とかしてささやかにお返ししなければ，という気持ちが，いわば本書計画の心理的動機となった．

　もう一つ，これも偶然だが，2008年5月の経済学史学会全国大会（愛媛大学）で，若森みどりさんの報告「カール・ポランニーにおける「経済と社会」──『人間の経済』の主題と方法──」を拝聴した．アメリカに渡ったのち，ポラーニがヴェーバーの『一般経済史』を意識しながら自らの講義ノートを準備していた，というのである．英訳版に付されなかった部分にはヴェーバーの「経済社会学」章のエッセンスの一つ，「実質合理性」の議論が含まれており，ポラーニは『経済と社会』でこれを検討していたのである．ヴェーバーの批判的継受という，私の中でよく見えていなかった部分が，いわば突然に姿を現わした．ジグソー・パズルの欠けていたピースを見つけたような気になった．

　こうした偶然を活かせるだけの作業をこれまできちんとやってきたとは言えないが，なんとなく筋道が少しずつ見えてきた．そこで既発表の論稿を，この筋道を固める材料に用いて作業を試みた次第である．それらの初出を以下に掲げる．

「ヴェーバー理念型ノート」，『高千穂論叢』昭和62年度(1)，1987．
「『職業としての学問』によせて」，『情況』1993年6月号，情況出版，1993．
「クニース経済学におけるアナロギーとジッテの位置価」，『立教経済学研究』
　　　53巻1号，1999．
「マックス・ヴェーバー─研究の現在」，経済学史学会『経済学史学会年報』40
　　　号，2001．
「マックス・ヴェーバーのGdS編纂」，『立教経済学研究』56巻1号，2002．

「ヴェーバー経済社会学の若干の考察」,『立教経済学研究』58巻4号(小笠原茂教授記念号), 2005.
「M. ヴェーバー——宗教と経済——」, 八木紀一郎編『経済思想7—経済思想のドイツ的伝統』日本経済評論社, 2006.
「幸福学者ノイラート——知識と実践——」,『立教経済学研究』60巻4号, 2007.
「自由のプロジェクト——ヴェーバー経済社会学の見方——」,『現代思想:総特集マックス・ウェーバー』11月臨時増刊 (35巻15号), 青土社, 2007.

こう並べて見ると, ポラーニについてはまだ馴染んではいない私が本書最終節をポラーニで閉めたのは無謀だったかもしれない. ただ, 2002年3月にヴィーンの地下鉄駅フォアガルテンシュトラーセのすぐそばに宿をとって楽しんだ私としては, 帰国後に *Karl Polanyi in Vienna* に収録された F. Thirty, 'Vorgartenstrasse 203: Extracts from a Memoir' を読んでいろいろと想いを馳せたこともあって, 若森報告に乗っかることにした. 若森さんにはその後, 英語圏のヴェーバー受容についてお話をうかがう機会をつくっていただき, 感謝している. 2005年ヴィーンで開かれたノイラート・シンポでは, ノイラートの実物経済論がポラーニの 'substantivistic economy' に影響を与えたという報告 (G. Becchio, Torino) がなされたこともあって, ヴェーバー受容の文脈で「この二人を並べる」ことに意味があろうと考えた. だからヴェーバー=ノイラート=ポラーニの関係の吟味は自らへの宿題でもある.

本書収録の書評はいずれも頼まれ仕事ではあるが, それぞれにいろんな想いがある. ここ「あとがき」でなら, 少し書いてもよかろう. シュヴェントカーさんは1990年当時, (定年退職された住谷一彦先生を継いで)川鍋正敏先生を受け入れ担当者として立教大学の客員研究員であり, 驚異的なスピードで日本語を修得中, かつ資料収集をやっておられた. そしてこの大仕事, 頭の下がる

思いである．池袋での食事／飲み会の席では，興味深い話をいろいろと聞かせていただいた．

　コールバーク氏とは妙なご縁．私は彼の生徒第一世代である．彼はチュービンゲン大のテンブルック氏のもとに留学中であったが，1977年の夏学期にドイツで初めて授業を担当することになった．社会学部の Textseminar というもので，『経済と社会』が教材．学生は私を含め4名．彼の隣にはいつもガールフレンドのクラウディアさん（その後結婚された）が座って，ドイツ語表現矯正役（？）をつとめ，ときに 'Ne, Stephi, ...' とお役目を果たしていた．私の質問パターンがいつも同じとみえて，「社会学では概念を問題にするのだ」と言われたことを今でも記憶している．来日のおり茨木竹二さんが，書評対象の原本を素材に研究会を開き，私にもお声をかけてくださったので，十数年ぶりに再会できた．

　山之内靖先生の本の書評には一夏まるまるかかった．『現代思想』のコピー取りから始めたが，メルッチの訳書をいれると7冊分を相手に悪戦苦闘した．研究会ではいつも刺激的な発言で私たち世代を挑発しておられた先生の書を，そもそも理解したつもりになるまで読めたのか，自信がなかった．このさなか，『現代社会の歴史的位相』に対する故水沼知一先生の書評を読み返して「目的合理性と形式合理性」なる論点を思い出したことがあった．いま思えば，なぜすぐに本書のテーマに向かわなかったか，という反省はあるが，当時はまだ消化できなかった．

　エリックさんとも妙な縁．彼はベルリンの文書館で会ったドイツ経済史家の金子邦子さんに，日本に行く予定があるので日本の経済思想史家を紹介してほしいと頼み，鈴木信雄さんを紹介された．1996年の末に来日して鈴木さんに電話して，明治期のことを知りたいと相談し，鈴木さんが困って何人かの候補を挙げ，その中に私がいたようだ．逗留先（みわ夫人のご実家）が拙宅からそれほど遠くなかったので彼は一人で訪ねてきた．私ではらちがあかず，二度目には日本を専門にしていた和田強君も拙宅に来てもらい，ずいぶんメモをとっていた．1998年4月，今度は私が妻と二人でオクスフォードを訪ね，彼の仕事場

であるナッフィールド・カレッジやその他諸々の観光ガイドをやってもらった．翌99年春，私が訳書『経済秩序のストラテジー』を著者トライブ氏にウースターまで届けてご挨拶をした帰りにも短時間立ち寄ったが，その折，なんとトライブ氏が彼の博士論文の主査となる予定だ，と聞かされた．書評対象はその論文が書籍になったもの．2006年3月，米国ウエズレイアン大に勤務する彼は複数の大学の学生をまとめたドイツ研修団の引率役でレーゲンスブルクにいた．ヴィーンにいた私は，ヴェーバーを見習い（？）ミュンヘンでワーグナーのオペラ観劇としゃれこみ，エリックのところにも泊めていただいた．このたびの夫妻は生まれたてのお嬢さんと一緒だった．見どころの多い神聖ローマ帝国の都をたっぷりとガイドしてくれた．その間，夫妻は英語，みわさんと私は日本語，私とエリックはドイツ語で話した．私の英語はたどたどしいドイツ語以下なので．

　今野氏には5点にわたり反論をいただいた．まず「過剰演出」とは関係ない第3点について一言．ヴェーバーを自由主義者とみるか，民主主義者でおさえるか，という議論は問題にならないのか．佐野誠氏の近作『ヴェーバーとリベラリズム』（2007）ではC. シュミットにそくして論点を整理し，近代国家の諸条件を考慮していたがゆえに「議会主義と民主主義とリベラリズムとは，ヴェーバーにとって三位一体的な関係にあった」とされた．そういう解釈もある．政治学博士の今野氏にもこれ以外の解釈の余地はない，ということであれば，私の政治思想史の学習不足，と反省したい．「時代錯誤」とされたことは，「歴史的には」とことわったつもりだった（ドイツ経済史では柳澤治『ドイツ三月革命の研究』でおなじみなので）が，その後段の問題設定が無意味と判定されたのでは修辞の意味をなさなかった，と詫びねばなるまい．本題の「過剰演出」だが，これはますます大変なことになっていった，という印象をぬぐいきれない．東京大学出版会から出され腰巻きに「伝記の決定版」と書かれた今野氏のヴェーバー評伝には，一子相続法にふれた箇所があるが，畏れ入ってしまった．「……同じ左派自由主義陣営のルヨ・ブレンターノなどとは異なり，農民の単独相続には賛成の意向を表明していた．卓越した人間たちの登場を何よ

りも待望し，それを育む環境の一つとしては家門にも期待するというヴェーバーの姿勢は，あるいは彼自身が第一子長男であったことにも由来しているのかもしれない」(124ページ)と書かれていたのである．1920年代に日本の農村問題解決の手がかりを得ようという機運のなかで沢村康が欧州農地制度の調査をやっていたが，それ以来の研究史があるところだ．ヴェーバーの農政関係論稿のタイトルだけみても，臭いがぷんぷんする領域であって，「人間学」者ヴェーバーへの注目という観点では済まないはずだと思うのだが．この著者は日本の研究史を相手にする必要などないようだから，ドイツ語で出せばよかったのに，と思う．「はじめに」でも触れたが，私はこれだけ言説の場を荒らした書き手のものは今後遠慮したいという気になった．例の『犯罪』本の著者は，狂言廻し役の「妻」を登場させていた．なぜあのような叙述スタイルをとるのか，私には理解できない．できないが，しかし，みなそう書かずにはいられない，何か止むに止まれぬ事情があるはずだ，と推測すべきなのだろう．

　肥前榮一先生には担当した書評対象の本の中で厳しい批判をいただいている．当時の私は，「見落としている」どころか，まさしく問題にしていなかった．ヴェーバーの建策はスラブに対しての「文化防衛論」なのだから，そのくらいの表現は出るかな，くらいにしか考えていなかった，と思う．その政策の経済的機能を考えるのが精一杯だったはず．1980何年だったか，ポーランド国境閉鎖について，相田慎一さんから「社会民主主義勢力から見てこの政策は何を意味することになると思うか」と問いつめられたことを記憶するくらいである．知識も関心も低かった．だからその分，今野氏の『創文』(442号)や『思想』(942号)の論稿には注目し，感心もした．そしてその分，今野氏への書評は苦しかったのだが．

　なお書評については，『三田学会雑誌』『週刊読書人』『歴史と経済』(旧『土地制度史学』)『経済学史研究』(旧『経済学史学会年報』)の編集部より転載許可をいただいた．御礼申し上げる．収録にあたり表記の統一をはかったことをおことわりしておく．

あとがき　271

　本書のようにささやかなものでも，このような形にまとめるまでには多くの方のお世話になった．

　折原浩先生には，1990年テンブルック氏初来日のおりの聖学院主催の講演会でお声をかけていただいて以来，ご鞭撻いただいている，というより背中を突っつかれている．私の作業テンポがのろく，申し訳なく思っている．ヴェーバーのGdS「編纂」ではなく，「編集」であるというご指摘もいただいた．本書では折原先生をややシンボリックに標的にしたてたが，的外れでないことを祈るのみ．

　学部演習でスウェドボリのものを扱うことがあった．フォアガルテンシュトラーセで一緒だった大盛，沖，荊尾，土屋の4君は，*Max Weber: Essays in Economic Sociology*, 1999 の日本語版コピーをまず準備した．邦訳のない「市場」章は私訳を用意した．夏休みには私も含め5人で分担して *Max Weber and the Idea of Economic Sociology*, 1998 の全訳を作成し，秋以降の教材にした．苦労した分，思い出に残る．

　同じく学部演習では，*Max Weber Studies* から論文を選んで訳出することもやった．ジェンキンス「脱呪術化，呪術化，再呪術化」が当たった田島さん，レプジウス「ミナ・トーブラーとマックス・ヴェーバー」担当の土屋さん，お二人もずいぶん苦労した模様．後者の不倫話の邦訳はまだホームページに載せてある．女子学生にはいささか酷な（不謹慎な）内容だったか．

　ヴィーンの諸機関利用については，相田慎一さん，中山智香子さんに負うところが大きい．とくに中山さんは，ヴィーン学団研究所所長シュタットラーさんへの紹介の労をとってくださり，さらには国立文書館の情報も提供して下さった．大須賀直樹君と一緒に研究所を訪ね，ノイラートのポラーニ宛書簡のマイクロフィルムを見たものの，表裏の印字が重なっておよそ読めなくて残念がったことが記憶に残っている．ちなみにBecchioさんにこの手紙のことを聞くと，あれは読めませんね，と（さすがに）ご存知であった．

　本書でつかったヴェーバー物象化論は中野敏男さんの研究成果である．ここ数年，これをどうつなぐか，ということがずっと頭にあったように思う．同世

代のトップランナーとして研究交流の場を用意され，私にも声をかけて下さった．「はじめに」で触れた研究状況を考えれば，これは大切なことだ．健康に留意されてご活躍されることを願う．「ヴェーバー研究会21」の事務局担当諸兄姉にも感謝している．

　自己のヴェーバー理解をまとめる作業は，鈴木信雄さんからの電話で宿題になったもの．日本経済評論社の『経済思想』企画の中に「あなたがヴェーバーを書けよ」とのご命令．おかげでノイラートへの沈潜（？）は破られたが，本書の第2，5章あたりの枠を考えることになり，結果的にずいぶん大きな借りができてしまった．こなれぬ試作の枠で幾度か講義をやってみたが，付き合わされた学生諸兄諸姉には迷惑だったかもしれぬ．お詫びしたい．エリックとのいきさつでも鈴木さんが登場したことは先に記した．じつは『経済思想史』（名古屋大学出版会）への「クニース」寄稿も鈴木さんに頼まれたもの．誰に興味があるかと聞くので，クニースに関心はあるが，と答えたら，それでいいという．この手の教科書でクニースの章はありえない，と返したが，いいからそれで歴史学派をなんとかせい，と押し切られた．むちゃぶりの効用を噛み締めている次第．

　職場の宮本真子さんには日常的にお世話になっている．本書作成に限ってみても，マジャール語やポラーニ関連文献を教えていただき，また森裕子さんの講演記録を調べていただき，と，少なからぬ貢献をいただいた．得がたいことである．

　田中豊治氏，柳父圀近氏，梅津順一氏のお三方とは，以前研究会を一緒に開いていたので，その後も様々な形でご指導をいただいてきた．研究の先達には，いまごろになっての感もあるが，一区切りついたことをご報告申し上げたい．

　いつもながら，混乱する話を整理してみるのには菊池壮蔵君とのコーヒー談議が一番効く．この間は電話相談までやっていただいた．適切な助言をうまく活かせないもどかしさはあるが，感謝している．

　なお前掲既発表論稿の作成にあたり，草稿や内容の一部を，経済学史学会関東部会で2回，比較経済史・思想史ゼミナールでは4回，また横浜市立大学大

学院演習でも報告し，貴重なご意見をいただいた．お付き合いいただいた方々に，あらためて御礼申し上げる．また本書作成にあたり，日本経済評論社の谷口京延氏にはあたたかな助言と細やかな配慮をいただいた．感謝申し上げる．

　今年，大原美術館（倉敷）を訪ねる機会をえた．同じ敷地内の東洋館に展示されている甲骨文字の多くは，儀礼と犠牲（生け贄）の量に関するものであった．その解読に費やされた先人の苦労の量は，素人の私などの想像の域を超えるものだろう．展示品に付された解説を読みながら，第Ⅱ章で触れた宗教的合理化の始点をかいま見たような気になった．そして同時に，私たちがいま漠然とイメージする歴史の流れのひとこまひとこまについても，それぞれに膨大な研究史が積み重なっていて，その成果があって初めて「合理化」などという大きな話を口にすることができるのだということを思った．ヴェーバーは，自力で資料操作できない東洋史について自分は素人だと称したけれども，この謙虚さがあってこそ，自己の専門的テーマの意味を問いつめることができるのだ，と改めて納得した次第である．

　個々の要素には素人でも，信頼できそうな成果に依って複数の要素を組み合わせて新たな観点を設定することはできるかもしれない．いや，新しくなくてもいいだろう．本書に書かれているのは「ヴェーバーの私的解釈」だけで，歴史・社会的現実はまったくと言えるほど出てこない．だから次に時空限定の現実の一部を説明するとき，その観点を巧く生かせればよいのではないか．これも宿題にしたい．

　　　2009年11月　　　　　　　　　　　　　　　　　　　　　　小　林　　純

【付記】本書出版にあたり，2009年度立教大学出版助成金の交付を受けた．関係各位に御礼申し上げる．

人 名 索 引

ア行

青木孝平　24
青山秀夫　18, 249
アドラー（Siegmund Adler）　236
阿部勇　217
天野啓太郎　239
アリストテレス　10
アルトマン（Sally Altmann）　112, 127
安藤英治　8, 221, 240
イェリネック（Georg Jellinek）　242, 248
今野元　230-3
茨木竹二　218
ヴァグナー（Adolf Wagner）　79, 157, 197, 248
ヴィーコ（G. Vico）　237
ヴィゴドチンスキー（Willy Wygodzinski）　128
ヴィーザー（Friedrich v. Wieser, 1854-1926）　12, 19, 89, 95-8, 102-3, 113, 116, 123-6, 166, 244
ヴィーデンフェルト（Kurt Wiedenfeld）　96, 120-1
ヴィルブラント（Robert Wilbrandt）　128
ヴィンケルマン（Johannes Winckelmann）　5, 89, 137, 243
ヴィンデルバント（Wilhelm Windelband）　57-8, 63
ヴェーバー, アドルフ（Adolf Weber）　93, 128
ヴェーバー, アルフレート（Alfred Weber）　4, 95-6, 117, 127, 147, 245
ヴェーバー, マリアンネ（Marianne Weber, 1870-1954）　5, 54-5, 109, 241
上山安敏　225
ヴェンティッヒ（Heinrich Waentig）　97
ヴォソギアン（N. Vossoughian）　252
内田芳明　17, 25, 218, 225
梅津順一　240
ヴント（Wilhelm Wundt）　198
エッジワース（F. Y. Edgeworth）　236
エーレボ（Friedrich Aereboe）　96-7

エーレンブルク（Hans Ehrenburg）　147
エンゲル（Ernst Engel）　234-5
エンゲルス（Fr. Engels）　202
オイケン（Walter Eucken）　242
オイレンブルク（Franz Eulenburg）　112, 121, 246
大内兵衛　217
大河内一男　227
大須賀直樹　244
大塚久雄（1907-96）　i, iv, 8, 20, 217, 219, 223, 226-30, 239, 241, 244, 247, 251
大西晴樹　225
大林信治　14, 224
オークス（Guy Oakes）　224
尾高朝雄　217
オニール（John O'Neil）　252
オルデンベルク（Karl Oldenberg）　104, 113
折原浩　17, 18, 88-9, 115-6, 118, 121, 123, 185-7, 221-2, 225, 232-3, 246, 249-51

カ行

ガース（Hans H. Gerth）　3
金子榮一　237
金子公彦　239
亀井貫一郎（1892-1987）　32, 240
カルヴァン（Jean Calvin）　35-6
カスプルツォク（Carsten Kasprzok）　247
河上肇　221
川島武宜　24, 217, 251
河田嗣郎　217
カント（I. Kant）　55
カンプフマイアー（Hans Kampffmeyer）　199, 252
鬼頭仁三郎　217
九鬼周造　55
グートマン（Franz Gutmann）　112, 244
クナップ（Georg Friedrich Knapp）　98, 234
クニース（Karl Knies, 1821-98）　10, 98, 167,

171-2, 247
クリース（Johannes Kries）　14
クーリッシャー（Josef Kulischer）　125
グリマー=ゾーレム（Erik Grimmer-Solem）
　234-7, 242, 248
グリュンベルク（Karl Grünberg）　122
クレペリン（Emil Kraepelin）　147
クロムウェル（Oliver Cromwell）　40
ケアリー（H. C. Carey）　234
ケトレ（L. A. Quételet）　237
ケラー（Franz Keller）　110
ケルゼン（Hans Kelsen）　217
コッカ（Jürgen Kocka）　241, 243
ゴットル（Fr. von Gottl-Ottlilienfeld）　11, 13, 19,
　112, 114, 127
ゴートハイン（Eberhard Gothein）　95, 97
コール（G. D. H. Cole）　207
コールバーグ（Stephen Kalberg）　20-21, 118,
　222-3, 241, 248
コーン（Gustav Cohn）　95

サ行

佐々木力　237
雀部幸隆　17, 225, 241
佐野誠　225
ザルツ（Arthur Salz）　114, 127
シェーファー（Lili Schäfer, 1880-1920）　115
シェルティング（Alexander v. Schelting, 1894-
　1963）　iv, 53, 69-70, 80-4, 241-2, 247
ジェンキンス（R. Jenkins）　249
シェーンベルク（Gustav Schönberg, 1839-1908）
　90-4, 105-8, 111, 122, 131-2, 243
ジクヴァルト（Christoph Sigwart）　77, 242
ジーフェキング（Heinrich Sieveking）　99-104,
　113, 120
ジーベック，パウル（Paul Siebeck, 1855-1920）
　12, 88, 90-109, 111-6, 124-5, 131-2
ジーベック，オスカー（Oskar Siebeck, 1880-
　1936）　96, 104, 112, 243
シュヴィートラント（Eugen Schwiedland）
　101, 104, 117, 128
シュヴェントカー（Wolfgang Schwentker）
　215-22, 243
シュタイニッツァー（Erwin Steinitzer）　127
シュタイン（Lorenz v. Stein）　79

シュパン（Othmar Spann）　112, 198
シュピートホフ（Arthur Spiethoff）　96, 112
シューマッハー（Hermann Schumacher）　92-3,
　99, 103, 107, 243
シュマーレンバッハ（Eugen Schmalenbach）
　101-2
シューマン（Wolfgang Schumann）　198
シュミット（Carl Schmitt）　3
シュモラー（Gustav v. Schmoller）　20, 65, 77-
　80, 155-6, 159-60, 169,
　172, 197, 234-7, 242, 246, 248
シュルツェ=ゲファニッツ（Gerhart v. Schulze-
　Gaevernitz）　97, 113, 120
シュルフター（Wolfgang Schluchter）　17, 18, 83,
　115, 121, 123, 215
シュンペーター（Joseph A. Schumpeter）　19, 24,
　96, 113
ジンガー（Kurt Singer）　217
ジンメル（Georg Simmel）　13, 226
スワルト（Friedrich Swart）　112, 128
スウェドボリ（Richard Swedberg）　iv, 18-20,
　90, 244, 249
スコッチポル（T. Skocpol）　21
スチュアート（James Steuart）　199
スミス（Adam Smith）　32, 142, 246
住谷悦治　221
住谷一彦　iv, 88-89, 122, 218, 225, 243-4
ゼーリンク（Max Sering）　111
ソマリー（Felix Somary）　112
ゾンバルト（Werner Sombart）　93, 101, 126, 249

タ行

竹林史郎（Shiro Takebayashi）　233, 248
田中豊治　21
玉野井芳郎　252
田村信一　20, 235, 248
ツヴィーディネック（Otto v. Zwiedineck-
　Südenhorst）　100, 128
土屋喬雄　217, 220
常行敏夫　239
ディーツェル（H. Dietzel, 1857-1935）　iv, 97,
　138, 155-60, 163-4, 168, 247
ティリー（Richard Tilly）　21
ディール（Karl Diehl）　93-94
ディルタイ（Wilhelm Dilthey）　12-4, 77

デカルト 203
テニエス（Ferdinand Tönnies） 110-1, 197-9
テューネン（Johann H. v. Thünen） 234
テンブルック（F. H. Tenbruck） 10, 21, 225, 233, 241
ドストエフスキー 116
トーニー（R. H. Tawney） 217
富永健一 v, 21, 242, 245
トライブ（Keith Tribe） 243, 246, 249
トルストイ 116
トレルチ，ヴァルター（Walter Troeltsch） 92-3
トレルチ，エルンスト（Ernst Troeltsch） 43, 240

ナ行

ナウ（Haino H. Nau） iv, 10-2, 90, 155, 233, 247
中野敏男 iv, 21-23, 118, 139, 152-3, 245-6, 249-50
中村勝巳 219, 221
中村貞二 251
ニーチェ（Fr. Nietzsche） 8, 14-16, 226, 228-9
ノイラート（Otto Neurath） v, 121, 140, 164, 166, 197-204, 207, 213, 245-6, 252
ノヴィー（Klaus Novy） 252
野口建彦 20

ハ行

ハイエク（Freiedrich A. v. Hayek） 207, 244
バウアー（Otto Bauer） 198-9
ハウスラート（Hans Hausrath） 97
バウムガルテン（Otto Baumgarten） 109
バクスター（Richard Baxter） 37
橋本努 i, 224-5, 241
橋本直人 i, 224
ハスバッハ（Wilhelm Hasbach） 160, 247-8
パーソンズ（Talcott Parsons, 1902-1979） 3, 208, 226, 242, 246
ハニシュ（Johannes Hanisch） 101-2, 243
浜井修 242-3
羽入辰郎 232
ハルムス（Bernhard Harms, 1876-1939） 106-11
ハーン，オルガ（Olga Hahn） 198
ハーン，ハンス（Hans Hahn） 198
ピアスン（Harry W. Pearson） 210-2
ビアマー（Magnus Biermer, 1861-1913） 92

樋口辰雄 16, 239
ビスマルク（Otto v. Bismarck） 235
肥前榮一 233
ビューヒャー（Karl Bücher, 1847-1930） 19, 95-104, 107, 111, 113, 124-5, 131, 166, 243, 246-7
ヒルシュ（Julius Hirsch） 120
フィヒテ（J. G. Fichte） 55, 84
フィリッポヴィッチ（Eugen Philippovich） 95-6, 103, 105, 118, 131
フォイエルバッハ（L. A. Feuerbach） 226, 228
フォーゲルシュタイン（Theodor Vogelstein） 127
福田徳三 217
フックス（Carl Johannes Fuchs） 98-9
フッサール（E. Husserl） 217
フランクリン（Benjamin Franklin） 32-3, 38, 43
古川順一 16, 229, 241
フレック（Lola Fleck） 251
プレーツ（Alfred Julius Ploetz） 147
プレンゲ（Johann Plenge） 98, 101, 104, 111-2, 126, 244
ブレンターノ（Lujo Brentano） 96, 160, 199, 234, 243, 248
ベーゼ（Franz Boese） 246
ヘットナー（Alfred Hettner） 103
ヘニス（Wilhelm Hennis） 9, 90, 119, 172, 224, 248
ヘヒト（Hecht） 97
ヘルクナー（Heinrich Herkner） 92, 243, 246
ヘルト（Adolf Held） 234
ベルナイス（Marie Bernays） 246
ヘルフェリッヒ（Karl Helfferich） 98
ベーム＝バヴェルク（Eugen v. Böhm-Bawerk） 12, 247
ベラー（Robert N. Bellah） 217
ベルンハルト（Ludwig Bernhard） 93-4, 107
ベンサム（J. Bentham） 200
ベンディクス（Reinhart Bendix） 3, 21
ヘンリッヒ（Dieter Henrich） 241
ボードレール（C. Baudelaire） 46
ポラーニ（Karl Polanyi, 1891-1976） v, 20, 204-13, 252
ボルトキェヴィッチ（L. v. Bortkiewicz） 95, 97, 197

マ行

マイアー (Eduard Meyer) 10, 15, 197, 232
マイツェン (August Meitzen) 231
前川輝光 16, 239
牧野雅彦 232-3, 246, 248
マーシャル (Alfred Marshall) 95, 236
マッテス (Joachim Mattes) 21
マーフィー (Raymond Murphy) 23-4
マルクス (Karl Marx) 3, 23, 29, 80, 138, 202, 219, 226, 228-9, 247
丸山眞男 217-8, 227-30
三木清 217
ミーゼス (Ludwig v. Mises) 20, 197-8, 200, 203
水沼知一 89
ミヘルス (Robert Michels) 98, 121, 128, 244
ミュンスターベルク (Hugo Münsterberg) 13
ミル (John Stewart Mill) 157, 236
ミルズ (C. Wright Mills) 3
ミロフスキー (P. Mirowski) 236
ムーア (Barrington Moore Jr.) 21
向井守 12, 16, 115, 224, 233, 241
メランヒトン (Ph. Melanchthon) 34
メルッチ (Alberto Melucci) 228
メーレンドルフ (Wichard v. Möherendorf) 199, 252
メンガー (Carl Menger, 1840-1921) 11, 65, 70-9, 155-7, 160, 164, 169, 208, 236, 242
モムゼン (Wolfgang J. Mommsen) 3, 4, 89, 215, 231
モルデンハウアー (Paul Moldenhauer) 97
モンベルト (Paul Mombert) 113

ヤ行

八木紀一郎 20, 251
ヤスパース (Karl Jaspers) 2, 220
ヤッフェ (Edgar Jaffé) 93, 120
矢野善郎 i, 249
山之内靖 15-6, 225-30, 239-40
山本通 240
吉田民人 24, 189, 230
嘉目克彦 16
米沢和彦 16, 244

ラ行

ライスト (Alexander Leist) 127
ライトナー (Friedrich Leitner) 127
ラウ (K. H. Rau, 1792-1870) 234
ラックマン (L. M. Lachmann) 246
ラッハファール (Felix Rachfahl) 110
ラートゲン (Karl Ratgen) 95, 97-8
ラートブルフ (Gustav Radbruch) 14
リカードゥ (D. Ricado) 234
リッカート (Heinrich Rickert) 13, 55, 58-9, 62-4, 66, 80, 224
リンデンラウプ (Dieter Lindenlaub) 25, 237
ルター (Martin Luther) 33-6
ルーマン (Niklas Luhmann) 23
レヴィット (Karl Löwith) 2, 139, 217, 245
レクシス (Wilhelm Lexis) 95, 236-7
レーデラー (Emil Lederer) 102, 113, 126-7, 217, 244
ロー (John Law) 199
ロウ (Adolf Lowe) 252
ロッシャー (W. Roscher) 79, 84, 95, 234
ロッツ (Walter Lotz) 95

ワ行

若森みどり 20, 204

【著者略歴】

小林　純（こばやし・じゅん）
1950年生まれ．立教大学経済学部教授．
東京都立大学経済学部卒業，立教大学大学院博士課程退学．高千穂商科大学商学部講師・助教授，立教大学経済学部助教授を経て，2000年より現職．
共著書：『マックス=ヴェーバー 人と思想』（清水書院，1987年），『経済史』（東京堂出版，1998年），『歴史への視線』（日本経済評論社，1998年），The German Historical School（Routledge，2001年），『新版経済思想史』（名古屋大学出版会，2006年），他．
論文：「1920年代ヴィーンの住宅建設──ノヴィーとノイラート──」（『立教経済学研究』54-3，2001年），他．
共訳書：モムゼン『マックス・ヴェーバーとドイツ政治 1890～1920 II』（未來社，1994年），テンブルック『マックス・ヴェーバーの業績』（未來社，1997年），トライブ『経済秩序のストラテジー』（ミネルヴァ書房，1998年），他．

ヴェーバー経済社会学への接近

2010年2月15日　第1刷発行	定価（本体5600円＋税）

著者　　小　林　　　純
発行者　　栗　原　哲　也
発行所　株式会社　日本経済評論社
〒101-0051　東京都千代田区神田神保町3-2
電話　03-3230-1661　FAX　03-3265-2993
E-mail：info8188@nikkeihyo.co.jp
URL：http://www.nikkeihyo.co.jp/

装幀＊渡辺美知子　　印刷＊藤原印刷・製本＊高地製本所

乱丁落丁本はお取替えいたします．　　Printed in Japan
Ⓒ KOBAYASHI Jun 2010　　ISBN978-4-8188-2093-7

・本書の複製権・翻訳権・上映権・譲渡権・公衆送信権（送信可能化権を含む）は，㈱日本経済評論社が保有します．
・JCOPY　〈㈳出版者著作権管理機構　委託出版物〉
本書の無断複写は著作権法上での例外を除き禁じられています．複写される場合は，そのつど事前に，㈳出版者著作権管理機構（電話 03-3513-6969，FAX 03-3513-6979，e-mail: info@jcopy.or.jp）の許諾を得てください．

大塚久雄論

楠井敏朗著

A5判　四六〇〇円

近代社会成立の経済的・人間的条件について比較研究を続け、また「マルクス=ヴェーバー研究」をはじめ日本の社会科学研究をリードした大塚久雄の人と学問を語る。

大塚久雄『共同体の基礎理論』を読み直す

小野塚知二・沼尻晃伸編著

四六判　二八〇〇円

大塚の共同体論をめぐり、近代以前の共同体が以降のそれとどのように関係しているか。理論・農業の現代的視点と日本・中国・ドイツ農村の歴史的視点から今後の論点を模索。

歴史への視線
―大塚史学とその時代―

住谷一郎・和田強編

四六判　二八〇〇円

大塚史学の一角をなした松田智雄、その形成を目の当たりにした小林昇・長幸男が語る学問形成の道程。また賀川豊彦・高野岩三郎など大塚と同年代の知識人たちのプロフィールにも言及する。

日本の経済思想 2
経済思想第10巻

鈴木信雄責任編集

A5判　三三〇〇円

経済理論、経済史、経済政策、そして社会思想・社会哲学という領域で、時代と格闘しつつ、独創的な業績をあげた山田盛太郎、大塚久雄など一〇人の思想家をとりあげる。

内田義彦論
―ひとつの戦後思想史―

鈴木信雄著

四六判　二八〇〇円

日本社会に蔓延る権威主義に抗して、「自立した個人」の育成と「柔軟で公平な社会」の実現を目指した内田義彦の市民社会思想の核心に迫る。

（価格は税抜）　日本経済評論社